COACHING
MUDE seu MINDSET
para o sucesso

Copyright© 2018 by Literare Books International.
Todos os direitos desta edição são reservados à Literare Books International.

Presidente:
Mauricio Sita

Capa e diagramação:
Lucas Chagas

Revisão:
Camila Oliveira e Giovanna Campos

Diretora de Projetos:
Gleide Santos

Diretora de Operações:
Alessandra Ksenhuck

Diretora Executiva:
Julyana Rosa

Relacionamento com o cliente:
Claudia Pires

Impressão:
Epecê

Dados Internacionais de Catalogação na Publicação (CIP)
(eDOC BRASIL, Belo Horizonte/MG)

C652   Coaching: mude seu mindset para o sucesso / Coordenador Jaques
        Grinberg. – São Paulo (SP): Literare Books International, 2018.
        16 x 23 cm

        Inclui bibliografia
        ISBN 978-85-9455-120-7

        1. Assessoria pessoal. 2. Assessoria empresarial. 3. Liderança.
    I.Grinberg, Jaques.
                                  CDD 658.3124

Elaborado por Maurício Amormino Júnior – CRB6/2422

Literare Books International
Rua Antônio Augusto Covello, 472 – Vila Mariana – São Paulo, SP.
CEP 01550-060
Fone/fax: (0**11) 2659-0968
site: www.literarebooks.com.br
e-mail: contato@literarebooks.com.br

PREFÁCIO

Muitos conhecem o desafio de realizar seus sonhos, de estar feliz e satisfeito com a vida pessoal e profissional. Com a leitura deste livro, você poderá entender, compreender e alterar o seu *mindset* (comportamento mental). Uma obra pensada por profissionais de diversas áreas para quem quer e pode maximizar os próprios resultados, seja no âmbito profissional ou pessoal.

Para começar, o que é *coaching* e *mindset*:

Coaching: conduz o cliente a descobrir o melhor caminho e o mais rápido para alcançar os seus objetivos. Força o pensamento por meio de perguntas e desafios para despertar potenciais. O processo de *coaching* é realizado com a ajuda de um profissional conhecido como *coach* e o cliente é chamado de *coachee*. O processo de *coaching* não é terapia e tem um começo e fim com um único objetivo. Todo o processo é focado neste objetivo, com exercícios para serem feitos entre um encontro e outro, conhecido como *to do* (para fazer). Os resultados são comprovados cientificamente e existem diversos tipos e áreas, tais como: de vida, profissional, financeiro, para passar em provas, emagrecimento, liderança e muitos outros.

Mindset: é como nós compreendemos e avaliamos ou julgamos o que acontece em nossa vida. É a soma de ideias, valores e crenças de uma pessoa que gera decisões e atitudes. Existem dois tipos de mentalidades distintas: a fixa e a progressiva. A fixa é quem acredita que não pode mudar, que dons e determinadas capacidades não se aprendem. Quem tem mentalidade fixa possui uma tendência a ter pensamentos negativos, tanto no âmbito pessoal como profissional. Já as pessoas com mentalidade progressiva acreditam que seus dons e determinadas capacidades podem ser desenvolvidos. Geralmente, quem tem mentalidade progressiva transforma desafios (dificuldades ou problemas) em oportunidades.

> "É preciso mudar antes que seja preciso mudar."
>
> JGC

Um grande abraço e uma ótima leitura,

Jaques Grinberg
www.queroresultados.com.br

SUMÁRIO

**Como ter um relacionamento amoroso saudável
e ser bem-sucedido na carreira**
Adriana Moraes..7

Advocacia planejada
Alessandra Julião...15

O segredo do *coaching*
Alex Fabiano Costa...23

Autoconhecimento como alavanca para o sucesso
Alexsandra Alves Bee de Souza & Antonio Gilvando de Souza.....................31

Autoconhecimento e propósito
Aline Koppe...37

Entendendo o processo da mudança
Álvaro Flores...43

Mude seu *mindset* por meio da sua autoestima
Ana Paula Gularte..51

Como você enxerga o mundo é o mundo que gostaria de ver?
Ana Paula Schmitz..57

Mentalidade para o sucesso e a geração de riqueza
Andressa Akemi...65

Por que viver a mesma vida, se você pode ser mais feliz e saudável?
Andressa Rodrigues...73

Acadêmico em ação: aprimorando competências do pesquisador
Andreza Regina Lopes da Silva..81

Como enfrentar as transições de carreira e ser bem-sucedido
Astrid Vieira...89

A mentalidade do líder *coach*
Camila Benatti...95

***Coaching* transformacional**
Carlos Raúl Villanueva..101

Self leader
Carmen Vera Rodrigues de Souza..109

O fracasso como via para o sucesso
Caroline Reis..117

A importância do motivo (o porquê), para a mudança do *mindset*
Deusdedith Fortunato de Lima..125

Gestão e liderança
Fabiana Mello..131

Mente subliminar, o ponto fraco do *coaching* tradicional
Felipe Gibim...139

Desenvolvendo um *mindset* de sucesso diante dos desafios do século XXI
Fernanda Cavalcante Batista Rodello...147

A importância do *coaching* para o seu sucesso
Gercimar Martins..155

O poder da mente
Helder Leite..163

Leader coach e time de alta _performance_
Idenilson Vieira...171

Qual é o propósito?
Ivo Oliveira..179

O que é ser inteligente?
J. F. Araújo...187

Mindset fixo ou de crescimento? Qual é o seu?
Jamile Dertkigil...195

Seja produtivo e torne sonhos em realidade
João Paulo Mesquita..203

A vida dos sonhos: seu *mindset* mostra o caminho
Kátia Manzan...211

Mindset gerando a transformação de resultados
Leonardo Vieira Santos..219

Como ativar o seu real potencial!
Lucedile Antunes...225

Autoengano: uma faca de dois gumes
Luciana Forte...231

Executivos de sucesso têm foco no desenvolvimento emocional
Lucila Marques...239

Mudança de *mindset*: papéis comportamentais e *life coaching*
Luiz dos Santos Neto..247

***Coaching* em saúde integrada**
Marcelo Cunha Ribeiro...253

Programado para vencer
Marcelo Simonato...261

Pensamentos positivos geram atitudes milionárias
Marcilene Gomes...269

Sorte, competência ou destino: onde está o segredo do sucesso para você?
Marina Rachid..277

Como ter uma mente poderosa e ser uma pessoa de sucesso!
Mário Silva..285

Por uma conexão mental de sucesso
Onofre Biceglia Filho...301

Por um plano de carreira de sucesso
Paul André Viana Bahamondes..307

Como acalmar a mente, ativar a memória e a atenção do seu super cérebro
Renata Aline..315

**Reprogramação neurocomportamental:
a mudança começa em seu cérebro!**
Renata Taveiros de Saboia..323

Crise da felicidade
Renato Alahmar..329

Mude o curso da mente
Roberto Kenji Y. Ojima..337

Sucesso, sorte e azar
Rodrigo Motoike Aguiar...345

***Coaching* sistêmico familiar e empresarial**
Salim Ivan Ary...353

A voz que vem do coração
Sônia dy Ventura..363

A melhor ferramenta para o sucesso
Wagner Steffen..369

Encontre o seu propósito
Yoshie Komon..377

1

Como ter um relacionamento amoroso saudável e ser bem-sucedido na carreira

Vivemos num mundo em que somos compelidos a nos dedicar integralmente a uma profissão, até alcançarmos os melhores resultados possíveis em cada área de atuação. Ao mesmo tempo, nunca se viu tantas pessoas que almejam ter um relacionamento sério e estável, sem conseguir alcançá-lo e sem saber os motivos pelos quais não conseguem manter vínculos fortes. Então, será que há um paradoxo aqui?

Adriana Moraes

Adriana Moraes

Coach, palestrante e consultora de relacionamentos há 6 anos. Foi proprietária de uma franquia de agência de relacionamento em São Paulo, até 2017. Autora do *e-book Vale a pena amar* (2017). Palestrante de temas como "amor e carreira", "relacionamentos superficiais", "amar e ser pleno". Autora de vídeos veiculados em suas redes sociais (*Facebook, Instagram* e *YouTube*).

Contatos
www.adrianamoraescoach.com.br
adriana@adrianamoraescoach.com.br
Facebook: Adriana Moraes Coach
Instagram: adriana_moraes_coach
YouTube: Adriana Moraes Coach
(11) 94027-2169 (WhatsApp)
(11) 4314-7700

Estar consciente das mudanças é fundamental

A o longo dos anos como *coach* de relacionamentos, me deparei com várias pessoas querendo ter um relacionamento sério, sem saber por que ainda não tinham conseguido. E, no momento em que analisavam suas vidas, levavam um susto, pois percebiam que apenas deram foco na área profissional!

Vivemos num cenário que exige excelência profissional, independência financeira e uma carreira bem-sucedida das novas gerações.

Em busca desse ideal as pessoas se voltaram de forma exclusiva aos estudos e a formulação de uma brilhante carreira, substituindo os planos de se formar, constituir uma família e continuar a crescer na profissão.

Para as mulheres, esse planejamento provocou uma enorme mudança de vida. Os homens também ficaram sem entender o ocorrido, pois foram educados para continuar no mesmo papel, porém não encontraram mais as parceiras disponíveis como antes. Afinal, o foco passou a ser a carreira.

Hoje em dia é muito comum as pessoas se conhecerem e já terem estabelecido planos de vida e de carreira, num mesmo padrão conhecido. Veja se você se identifica: primeiramente, se formar na faculdade; depois, fazer uma pós-graduação ou MBA fora do país; ter contato com uma nova cultura e língua diferente. Após isso, retornar para o mercado de trabalho, trabalhando todas as horas possíveis, fazendo cursos extras, infindáveis *workshops*, diversas reuniões, congressos aos finais de semana, tudo para construir uma carreira de sucesso e consolidação financeira.

Não haveria nada de errado com essa trajetória profissional de sucesso, se isso não envolvesse um descuido com a vida afetiva.

A questão é que, as pessoas passaram a acreditar que mesmo fazendo tudo isso, um dia (daquela história do "Era uma vez".) a pessoa ideal apareceria para constituir um relacionamento amoroso fantástico. No entanto, não restam dúvidas de que a realidade está bem diferente do conto de fadas imaginado. O fato é que acharam que podiam se dedicar exclusivamente em um campo da vida e deixar o outro de lado, e no momento em que quisessem, poderiam estabelecer um relacionamento amoroso com aquela pessoa ideal.

Preciso pontuar que não haviam respostas prontas à nova composição social que se estabeleceu. Tivemos que vivenciar o que a nova realidade causou aos relacionamentos. Não há culpados. Somos vítimas da própria evolução da humanidade.

Nesse contexto, agregue-se ao advento da Revolução Tecnológica, trazendo a comodidade de uma vida cada vez mais virtual, que estabeleceu um mundo de "modernidade e amores líquidos", trazido pela *Internet* e redes sociais. Porém, esses são fáceis de descartar, como já nos explicou o grande filósofo, Zygmunt Bauman.

Hoje, é fácil estabelecer relacionamentos superficiais. Uma porque os planos delineados não deveriam envolver outra pessoa, o que poderia desestabilizar o caminho projetado, sem estragar os projetos já determinados; outra, porque melhor seria não se envolver e desfocar do que de fato é importante naquele momento, a carreira.

Afinal, no ideário social, seria melhor não sofrer em relacionamentos reais, mas sim viver curtos e menos dramáticos relacionamentos virtuais, para que se possa deletar a outra pessoa, sem maiores delongas e explicações.

Há dois grandes equívocos aqui. O primeiro é de que não seria necessário ter relacionamentos consistentes durante a vida, mas somente no momento em que encontrasse a pessoa ideal. Agindo desse modo, não há permissão para nenhuma experiência relacional.

E, quando finalmente aparecer essa pessoa, há uma enorme possibilidade de perdê-la, por não saber se relacionar, nem estabelecer vínculos, não ter mais paciência nem equilíbrio emocional para lidar com diversas situações da relação, enfim um problema.

Fora isso, com esse comportamento, também se torna mais evidenciada uma parcela da população que pode ser chamada de "evitante", ou seja, está sempre disponível no mercado amoroso, pois entra e sai rapidamente das relações, sem conseguir e desejar aprofundar vínculos.

O segundo grande engano se deu pela crença de não ser possível dividir a atenção em áreas diferentes. Melhor seria dar foco exclusivo na carreira, mas esqueceu-se de que o ser humano precisa e deve cuidar de diversas outras áreas de sua vida. A roda da vida tem que girar!

No *coaching*, um dos instrumentos mais usados é a chamada "Roda da vida". Com ele, a pessoa pode dar a nota condizente com seu estado atual de qualidade em sua vida pessoal, profissional e relacional.

Acontece que as áreas mais negligenciadas pelas pessoas em geral têm sido a pessoal e relacional, o que tem provocado uma imensa frustração pelo recorrente fracasso nas relações afetivas. Fora o prejuízo à saúde física, que tem levado ao distanciamento de suas carreiras. Veja o grande paradoxo!

Relacionamento estável num mundo fluido

Novamente, o brilhante estudo do filósofo Zygmunt Bauman diz sobre vivermos uma vida fluida, sem apegos, escondida atrás das redes sociais, da grande "teia" da *Internet*.

Por outro lado, há muitas pessoas tentando se conectar emocionalmente pelas redes, pelos aplicativos de namoros, na busca de uma pessoa perfeita, mesmo que seja do outro lado do mundo.

Relações virtuais são construídas de uma forma absurdamente fácil. Ama-se alguém que nunca encontrou, não conhece os defeitos, não teve experiências conjuntas. Numa relação virtual é muito mais fácil esconder as partes negativas, uma doença, psicopatia, desequilíbrios emocionais. Assim, se tornou bem mais simples e cômodo se relacionar, afinal, há a sensação de ter encontrado a pessoa perfeita!

Procurar alguém "perfeito" no mundo virtual se constituiu na melhor forma de ser feliz no amor. Não que os aplicativos não possam ser eficazes, longe disso, eu até indico seu uso, a questão é como usar esse mecanismo para ter e viver relacionamentos reais e saber escolher a pessoa certa, sem se iludir com a perfeição.

Essa busca pela relação perfeita faz com que as pessoas se percam na idealização. Ao sinal da primeira dificuldade ou defeito do outro, já se justifica encerrar imediatamente o relacionamento! As pessoas simplesmente se descartam da forma mais fácil que há, deletadas ou bloqueadas no mundo virtual.

A questão é que, agindo dessa maneira, jamais se estabelecem relações concretas, aí também está a dificuldade de namorar e casar! Além disso, ainda são criadas as famosas desculpas de que "ninguém presta", ou "ninguém quer nada sério", "tem o defeito x", enfim, tudo para justificar a inabilidade crescente em se criar vínculos efetivos para construir um relacionamento amoroso.

Ainda nos falta a consciência do que tem ocorrido na atualidade, as mudanças de comportamentos sociais, a influência do mundo digital, que também provocam esse desajuste das relações.

Com a desculpa de que agora não é o momento certo, simplesmente são estabelecidos relacionamentos superficiais, descartadas as pessoas, não se criam vínculos nem relações com uma boa base e estrutura!

Neste contexto, em seu livro *O poder do agora*, Eckhart Tolle desconstrói essa forma de viver a vida, pois viver é agora, não podemos viver na expectativa de um futuro que jamais pode acontecer.

Carreira e missão de vida

Ter uma carreira para as mulheres desta geração é fundamental para a autoestima, pois nos permite ser reconhecidas como seres pensantes. Poder contribuir com o crescimento da sociedade nos traz empoderamento, por termos reconhecimento intelectual, profissional e liberdade financeira.

No entanto, as mulheres se dedicaram fortemente a alcançar seu espaço no mercado de trabalho, que por essência é masculino, criado pelos homens e suas características. Isso tem causado um forte impacto em suas vidas, especialmente a relacional.

Para as mulheres é muito mais complexo se adequar a este mercado, pois muitas vezes, acabam tendo que abrir mão de sua essência feminina, por exemplo, deixar de praticar um esporte, um *hobbie*, um cuidado consigo, ou da família, adiar a maternidade, em prol da carreira.

Essa situação só traz prejuízos a todos, inclusive às próprias empresas e empregadores que ainda não se deram conta de que pessoas que amam e estão num relacionamento saudável são mais produtivas, bem-humoradas, efetivas.

Outro ponto importante a se pensar é se este atual mercado de trabalho se adequará às mulheres ou se elas precisarão criar um novo espaço.

Neste contexto, é fundamental destacar como as mulheres da atualidade têm sofrido o que apelidei de "Síndrome da mulher maravilha", pois foram conduzidas a serem excepcionais em todas as áreas de suas vidas, sendo mulheres lindas e de corpos esculturais, mães protetoras, profissionais brilhantes, esposas dedicadas.

Essa pressão social sobre a mulher tem trazido sérios prejuízos à sua saúde física e mental. Fala-se em diversas síndromes como as de *burnout*, mas também de altos índices de problemas cardíacos em razão do estresse absurdo que sofrem para serem perfeitas.

Em razão disto, repensando a forma de viver, as mulheres estão procurando outras alternativas laborais, empreendendo, sendo autônomas, mudando de cargo ou até de profissão, ganhando menos, porém com mais flexibilidade de horários, enfim encontrando novas alternativas mais adequadas às suas perspectivas. Não basta alcançar metas financeiras e status profissional, se não estiver feliz com suas decisões de vida e de trabalho.

O dilema é fazer essas escolhas com consciência, maturidade e plenitude, para que não haja arrependimento nem culpa pela decisão tomada. Trocar a vida de executiva por empreendedora, sem ter aptidão para isso, pode ser mais custoso do que continuar na corporação.

De outra parte, a discussão sobre qualidade, propósito e missão de vida estão latentes neste processo de novos rumos de trabalho.

Missão de vida é o seu sentido, seu propósito neste mundo, o motivo que te trouxe à essa vida. O que você faz que pode impactar a vida das pessoas positivamente. Qual o legado que você pretende deixar para sua família e futuras gerações?

Dentro de sua missão de vida é possível ser uma pessoa melhor, evoluir, ser plena e realizada.

Assim, qualquer decisão que tomar, se estiver dentro de sua missão, não importa o quanto isso te ocupará, você estará feliz e conseguirá se dedicar a qualquer área de forma plena.

Descobrir se trabalhar muito ou pouco, se *online* ou presencial, se empreender, ser empregada ou ser executiva, também passa por saber as implicações de cada uma dessas opções, tais como ter mais ou menos poder financeiro ou status, dominar seu tempo ou o inverso, escolher os rumos de sua vida pessoal, para enfim poder tomar uma decisão com base em sua missão e propósito de vida!

Na maioria das vezes, chegar a essa definição é bastante complexo, mas um dos processos mais eficientes para te auxiliar é o *coaching*, usado para mudar padrões de pensamento.

Saiba que, independentemente de sua posição, ser executiva, empreendedora ou do lar, se for tomada com base na sua missão de vida, você será admirada por seu parceiro e por todos ao seu redor! Então, não tenha medo de ser feliz!

Mude seu mindset e crie um relacionamento saudável e uma carreira bem-sucedida

É necessário tomar consciência de toda questão envolvida para se criar um novo padrão de pensamento, a fim de equilibrar a vida. Não precisa ser excepcional numa área da vida, mas sim estar realizado com suas escolhas.

Não se pode mais permitir que as cobranças e imposições sociais determinem sua vida. Faça as escolhas que tiver de fazer na sua área profissional, mas tenha sempre em mente sua missão!

Não há mais justificativas para vivermos sem propósito. Há diversas ferramentas para nos ajudar a seguir o caminho que faça mais sentido na carreira. Jamais perca de vista a necessidade relacional própria da natureza humana. Vá fundo em sua essência, elimine suas crenças limitantes, mude seu *mindset*.

Relacionar-se é preciso. Somente trabalhar e não ter tempo para fazer o que se gosta, como esportes, encontrar amigos, viajar, ler um livro, ver um bom filme, namorar, não traz satisfação e equilíbrio para sua vida.

Sem estabelecer uma nova relação com a dinâmica do seu trabalho, como poderá ter e construir um relacionamento amoroso compensador e saudável?

É importante saber que relacionamento é construção, um processo diário e eterno. Não será tarefa fácil, assim como construir sua carreira também não é, mas se feito com equilíbrio e com base na missão de vida, te dará muito prazer e satisfação. Será compensador!

Por isso, saiba que a mudança no *mindset* é uma tarefa sua, que permitirá alcançar uma carreira de sucesso, com consciência e plenitude nos relacionamentos!

Referências

BAUMAN, Zygmunt. *Amor líquido: sobre a fragilidade dos laços humanos.* Tradução: Carlos Alberto Medeiros. Rio de Janeiro: Zahar, 2004.

FISHER, Helen. *Por que amamos: a natureza e a química do amor romântico.* Tradução: Ryta Vinagre. 4. ed. Rio de Janeiro: Record, 2015.

GOLEMAN, Daniel. *Inteligência emocional: a teoria revolucionária que define o que é ser inteligente.* Rio de Janeiro: Objetiva, 2012.

LEVINE, Amir; HELLER, Rachel S.F. *Apegados.* Tradução: Marcos Maffei. Ribeirão Preto: Novo Conceito Editora, 2013.

TOLLE, Eckhart. *O poder do agora.* Tradução: Iva Sofia Gonçalves Lima. Rio de Janeiro: Sextante, 2002.

2

Advocacia planejada

Por que alguns advogados têm sucesso e outros não? Mude seu *mindset* para alcançá-lo. Comece nesse momento a dar os passos corretos para obter êxito em sua carreira. Utilize as pedras em seu caminho e construa degraus em direção ao sucesso! Melhore a sua performance e atinja os resultados desejados! O sucesso será a consequência dos seus esforços. Foque!

Alessandra Julião

Alessandra Julião

Idealizadora do projeto "Advocacia Planejada", é *coach* jurídico, perita, avaliadora judicial, professora de direito e palestrante. Pós-graduada em direito do trabalho e processo do trabalho pela Escola Superior de Magistratura do Trabalho da Paraíba. Possui formação em *leader*, *personal* e *professional coaching*, pela Sociedade Brasileira de *Coaching* e *Institute of Coaching Research*. Alessandra Julião é membro da Sociedade Brasileira de *Coaching* e já foi membro da Comissão de Ação Social da OAB Seccional Paraíba, como *coach*. Há dez anos ministra treinamentos para profissionais de diversas áreas, e palestras para acadêmicos de direito, advogados e escritórios de advocacia.

Contatos
cojur.clickpages.com.br
coachpbbr@gmail.com
Instagram: cojur1
YouTube: Alessandra Julião
LinkedIn: www.linkedin.com/in/cojur1

Por que alguns advogados têm sucesso e outros não? Essa é a grande pergunta feita por pessoas que ainda não iniciaram a sua carreira na advocacia e as que já militam.

Sabemos que a carreira jurídica é bastante competitiva, e diante da globalização e da era tecnológica e digital, é necessário que cada vez mais os profissionais busquem uma nova roupagem para estarem próximos do seu futuro cliente. Além de obter ferramentas para ajudar no desenvolvimento profissional, e se manter atualizado em relação às legislações.

O projeto "Advocacia Planejada" foi criado pensando no causídico que deseja obter resultados em sua carreira jurídica. Voltado para acadêmicos de direito, advogados e escritórios de advocacia, tem como missão desenvolver o potencial do profissional da área jurídica, com foco nos resultados, por meio da metodologia do planejamento, *coaching*, empreendedorismo e *marketing* jurídico.

Planejamento

Para ter sucesso é importante ter um bom planejamento e dedicação. Assim, o indivíduo saberá os passos corretos que deverão ser dados para atingir os resultados.

Não se deve tomar decisões sem saber onde se deseja chegar, e de que forma o planejamento ajuda na tomada de decisões. É importante ter metas claras, e cumprir as etapas para que o caminho escolhido possa levar ao objetivo desejado.

No filme *Alice no país das maravilhas*, a personagem principal estava perdida quando encontrou em seu caminho um gato e duas estradas, uma para a direita e outra para a esquerda. Então, ela resolveu perguntar:

— Gato, qual o caminho que devo seguir?

E o gato então perguntou:

— Onde você deseja chegar?

E ela então respondeu:

— Não sei!

Mais uma vez o gato falou:

— Se você não sabe onde quer chegar, qualquer caminho serve!

Moral da história: é preciso ter em mente onde deseja chegar, saber qual é o seu objetivo. Isso só é possível a partir do planejamento para a escolha do caminho correto.

O sucesso profissional depende de dois elementos fundamentais: preparação e oportunidade. A oportunidade surge quando você está preparado, não existe outra fórmula. O planejamento é essencial, é necessário ir em busca de conhecer o mercado no qual deseja atuar, ter metas claras e definidas.

A carreira começa a partir do momento em que você escolhe o seu curso, a partir dali o planejamento se faz necessário. Etapas devem ser cumpridas, ciclos serão fechados, para que a nova etapa vá surgindo e, assim como num jogo de vídeo *game*, você possa mudar de nível.

Sua carreira começa no primeiro dia de aula na faculdade, estar focado é o que lhe dará a garantia de se tornar um bom profissional.

Existem casos em que algumas pessoas acabam por não se identificar com o curso escolhido, e outras terem a certeza de que fizeram a escolha certa. No entanto, o planejamento é peça fundamental em todo o processo.

Com ele, você passa a entender as suas escolhas, tomar decisões com segurança e avaliá-las.

Como a faculdade de direito não passa ao aluno informações sobre o planejamento e sua importância, buscar informações de como fazer é uma boa escolha, então, deixo aqui algumas sugestões:

1 - Você precisa elaborar um plano de carreira, fazendo anotações dos seus objetivos e quais metas deve cumprir. Colocar no papel é o ponto mais importante, não adianta apenas ter em mente;

2 - Defina seu objetivo. Para isso, responda algumas perguntas: quero advogar ou prestar concurso? Quero trabalhar sozinho, ter sócio, ou cooperar com algum escritório? Qual a área em que quero me especializar? O que importa é a realização profissional, financeira ou pessoal? Qual a minha grande paixão profissional? Tenho as habilidades e os conhecimentos necessários?

3 - Ter metas de curto, médio e longo prazo, cumprir as etapas para cada uma delas. Não adianta queimar etapas, melhor fazer algo organizado, até porque, o tempo é necessário para você se sentir seguro no que faz;

4 - Tenha foco, ele é essencial para atingir o alvo. Ou seja, o planejamento é o melhor recurso para obter bons resultados!

Coaching jurídico

É uma metodologia cientificamente aprovada por meio de ferramentas testadas e certificadas. Ajuda no desenvolvimento do profissional da área jurídica e a definir e atingir os seus objetivos.

Não se trata de terapia, o *coaching* trabalha com as realizações futuras. Ele pode ser benéfico para os acadêmicos de direito, advogados e escritórios de advocacia em áreas tão diversas, como gerenciar relacionamentos com clientes e colegas, aprimorar habilidades de comunicação e negociação, produtividade e elaborar questões de estresse e equilíbrio entre trabalho e vida pessoal.

Ter um profissional *coach* ao seu lado, ajudará a dar os passos em direção ao seu objetivo e fará com que você possa ter a percepção do profissional que é ou deseja ser.

Veja os treinadores de futebol, que orientam e estão ao lado do jogador para que eles consigam obter êxito e ter sucesso, assim é o profissional *coach* em sua vida.

Tudo começa com a identificação do estado atual (onde está) e do estado desejado (onde deseja chegar): quais as suas limitações, entender o que lhe impede de alcançar os resultados, além de administrar da maneira correta a sua vida e as suas ações. Por meio do *coaching*, você terá uma alta *performance* voltada para os resultados desejados. Você saberá que é capaz, terá foco, ação, e saberá estabelecer suas metas.

Quantas vezes você deixou de fazer algo em sua vida por não se sentir seguro ou capaz? Quantas pessoas disseram que você não iria conseguir? Quantas vezes o medo o impediu de ter sucesso? Quantas pedras existem no seu caminho? De quem depende o seu sucesso? O que é isso para você?

Todos almejam o sucesso, mesmo quando não sabem o que ele é, ou a dimensão do sentido dessa palavra.

Para obter resultados diferentes, é importante ter atitudes diferentes. O *coaching* age buscando resultados mentais nas mudanças de atitudes, eliminando bloqueios mentais e se abrindo para a mudança do *mindset*.

Empreendedorismo jurídico

Concluiu o curso de graduação, fez especialização e prestou o exame da ordem. E agora? Agora, vem o grande desafio para muitos profissionais. É sabido que no curso de direito, nenhuma faculdade ensina como empreender, como você deve abrir seu escritório e quais ações devem ser tomadas.

No empreendedorismo jurídico, o novo advogado precisa estar preparado para adentrar ao mundo dos negócios, ter uma visão sistêmica, e obter habilidades que vão além das legislações que irão aplicar em seus atendimentos e processos.

O empreendedorismo jurídico é uma nova vertente da atividade jurídica, onde a performance do advogado deve buscar adquirir habilidades e meios de implementar ações para se inserir no mundo jurídico como empresário.

O advogado deve estar ciente de quais etapas devem ser cumpridas para dar início a sua empresa, o "escritório".

O que é necessário para empreender juridicamente? Como me tornar ou ter um escritório de advocacia?

Além de exercer a atividade de advogado, é necessário também saber administrar. Dessa forma, alguns passos são necessários:

1º Definir a área jurídica de atuação;

2º Qualificação profissional: participar de cursos que possam agregar valor à sociedade de advogados;

3º Buscar informações junto à OAB sobre sociedade de advogados e qual a lei que rege. Agir de acordo;

4º Definir o público-alvo;

5º Buscar parcerias profissionais (principalmente para quem está começando);

6º Fazer a escolha do local do escritório, de acordo com o perfil do cliente que deseja atender;

7º Atualizar-se com relação aos *softwares* utilizados pelos tribunais;

8º Elaborar um plano de negócio para o escritório.

O profissional jurídico deve pensar como empresa, e ter atitudes inerentes a sua função e posição no mercado jurídico. É possível encontrar *softwares* que ajudam na gestão de escritórios de advocacia. Você é a sua empresa, pense como empresário!

Marketing jurídico

O grande desafio para escritórios de advocacia e advogados, é a captação de clientes sem ferir o código de ética. Ter clientes é fundamental para a prosperidade de qualquer empresa ou profissional.

São milhares de advogados em todo o mundo, e a competitividade está cada vez mais acirrada. Os profissionais precisam buscar meios de chegar até o cliente ou de tê-los em seus escritórios. Mas, como isso é possível?

Bem, o *marketing* jurídico traz, para os advogados, diversas opções de ferramentas e estratégias para atingir o futuro cliente. Afinal de contas, quem não aparece, não é lembrado!

Porém, até mesmo para o *marketing* jurídico é importante que se faça um planejamento das ações que possam ter eficácia em obter clientes.

Uma das opções de ações sem ferir o código de ética, é o *marketing* de conteúdo. Adote e conquiste novos clientes.

Nele, você produz conteúdo que interessa ao público e tira as dúvidas das pessoas.

É importante estar atento ao artigo 39 do código de ética da OAB:

Art. 39. A publicidade profissional do advogado tem caráter meramente informativo e deve primar pela discrição e sobriedade, não podendo configurar captação de clientela ou mercantilização da profissão.

Identificando-se com as informações que você produz, o futuro cliente, ao perceber que suas necessidades são atendidas, identifica-se com o seu escritório ou com o profissional que você é.

Por meio de conteúdos como publicações de artigos, entrevistas e informações sobre determinado assunto, será criado um relacionamento como a sua persona (o possível cliente), sendo considerado útil. O seu perfil será visto como uma pessoa especialista no assunto.

Algumas opções de *marketing* de conteúdo:

• Dar entrevistas sobre determinado assunto, em programas de TV e rádios relacionadas ao direito;

• Publicar artigos em *blogs*, revistas, jornais e redes sociais.

De forma alguma é permitido ao advogado, fazer uso de mídias para divulgar informações de seu contato ou de outros advogados.

Investir em *marketing* de conteúdo faz com que seu nome, sua marca e seu escritório, passe a ser conhecido como um profissional que tem autoridade no assunto.

Vale salientar que de forma alguma é permitida a divulgação de meios de contato, com fim publicitário.

Compartilhe seu conhecimento e lembre que o conteúdo deve ser para sua persona. Crie uma percepção positiva da sua imagem.

A "Advocacia Planejada" ajuda o advogado a ter alta performance, atingir seus resultados, ganhar visibilidade, desenvolver-se, viver da advocacia e, principalmente, encontrar um sentido para a sua vida na realização profissional.

Aproveite as dicas fornecidas, mude seu *mindset*, pare de procrastinar, e você verá que as novas atitudes trarão os resultados que você sempre desejou.

As melhores realizações da nossa existência são aquelas que executamos sem esmorecer diante dos obstáculos.

Confie no seu potencial interior, tenha atitude, não deixe que a procrastinação o impeça de reagir e agir. Tudo depende exclusivamente de você.

Se você quer mudar ou melhorar sua vida profissional, nossos serviços de *coaching* podem ajudar. Trabalhamos para criar e acompanhar um plano de ação específico, para ter uma carreira jurídica bem-sucedida que você goste. Também podemos ajudá-lo a identificar e superar quaisquer obstáculos que possam estar interferindo em seu sucesso.

Desfrute de uma carreira jurídica bem-sucedida, que atenda aos seus objetivos pessoais e profissionais. Aumente a sua eficácia como advogado, melhorando o seu equilíbrio entre vida profissional e pessoal.

3

O segredo do *coaching*

Neste capítulo, você compreenderá a importância do *coaching* no processo de autorreflexão e sua eficácia na atitude mental, para o alcance de resultados bem-sucedidos, a partir de estratégias bem estruturadas. Perceberá que todo seu potencial está disponível em si mesmo e que a capacidade de superar qualquer obstáculo também está em você

Alex Fabiano Costa

Alex Fabiano Costa

Graduado em pedagogia, pós-graduado em psicopedagogia institucional, na revisão de textos em língua portuguesa, no MBA em liderança sustentável, *coaching* executivo e mestre em educação. Professor de formação acadêmica nas disciplinas de administração, gestão de recursos humanos e gestão pública. É, ainda, autor, tutor e coordenador de uma elogiadíssima pós-graduação em *coaching*, pela Unyleya. Servidor concursado da INFRAERO, por 17 anos, foi desligado da Estatal em 2017, para se dedicar exclusivamente ao *coaching* e aos treinamentos de desenvolvimento humano. Autor do livro *O poder da linguagem: inteligência emocional com coaching*, também é *master coach*, *practitioner* em Programação Neurolinguística (PNL), orador, palestrante há mais de 10 anos, além de ser o *Head Trainer* da Escola de Coaching, de Brasília.

Contatos
www.ecbbrasilia.com.br
ecb@ecbbrasilia.com.br
Facebook: coachingbsb
Instagram: ecbbrasilia
(61) 99692-5624

> "Pois a convicção de si mesmo – sua opinião – determinará sua expressão na vida."
>
> Neville Goddard

Por que o método *coaching* é bem-sucedido? Por que tem sido capaz de influenciar pessoas a mudarem de atitude e planejarem melhores mudanças em suas vidas e carreiras?

A atual era da informação não tem admitido comportamento débil, lento e sem foco. Porém, o ser humano moderno é frágil, socialmente imaturo e emocionalmente infantilizado.

As relações humanas, a partir da profusão das tecnologias da informação e comunicação, estão cada vez mais complexas, também do ponto de vista das rupturas que estamos sendo forçados a nos adaptar.

Muitas pessoas estão se sentido assoberbadas, exaustas, extremamente pressionadas a alcançarem, constantemente, melhores resultados. É possível que você, leitor, esteja nesse turbilhão de sensações, frustrações e ansiedade, neste momento.

Tentar atender às próprias exigências pessoais, mais às expectativas dos outros, diante do receio de falhar e não ser aceito, não tem sido tarefa fácil. A consequência é que estamos lidando com dois extremos. De um lado, pessoas altamente impulsionadas e motivadas ao sucesso. De outro, pessoas frustradas, com sentimento de derrota. Poucas são as que estão no meio termo.

Decepção é um sentimento de frustração devido a uma expectativa não correspondida. E, expectativa exacerbada é o que anda sobrando entre os seres humanos. Todos esses dissabores do cotidiano ajudam a interferir em como nos vemos e em como avaliamos nossos resultados. Esse julgamento possui a propriedade de nos alegrar ou entristecer; nos jogar para cima ou para baixo. A cada reflexão interna ou mesmo externa, quando ouvimos um *feedback*, por exemplo, reforçamos o autoconceito.

> "Se você pensa que pode ou se você pensa que não pode, de qualquer forma você estará certo."
>
> Henry Ford

É nesse contexto que o *coaching* se insere como fator de impulsionamento verdadeiramente diferenciado, levando pessoas à alta *performance*, com mais otimismo, engajamento e, consequentemente, melhores resultados. *Coaching* é um processo de transformação pessoal, de superação e, sobretudo, de focar em solução de forma prazerosa. O princípio é apoiar as pessoas a se tornarem e conquistarem o que desejam, seja em termos de ser, ter ou fazer.

Ao passo que o processo maximiza o potencial da pessoa, diminui as interferências, melhorando consideravelmente seu desempenho. Essa melhora é alcançada aplicando a equação proposta pelo renomado *coach* Timothy Gallwey, a qual denominou como Fórmula da *Performance* (desempenho), em que temos: P = p - i. Isto é, *performance* é igual ao potencial pessoal, menos as interferências.

Existem muitos fatores que atrapalham as pessoas a conquistarem o desejado resultado bem-sucedido. Contudo, nada é mais prejudicial – a meu ver – do que um autoconceito fragilizado. Essa é uma interferência absurdamente presente em cada um de nós.

Portanto, embora você seja uma pessoa extremamente capaz e cheia de competências para desenvolver bem suas atividades (potencial pessoal), um autoconceito cheio de complexos de inferioridade, frustração e desânimo gera uma interferência capaz de prejudicar, significativamente, sua *performance*. No mundo corporativo, poderíamos afirmar que competência admite você à vaga do emprego e o promove ao cargo de confiança, mas um comportamento inadequado é capaz de demiti-lo. Afinal, comportamentos inadequados podem derrubar a mais alta competência técnica. Assim, o autoconceito, o qual influencia o comportamento, está fundamentado sobre três premissas:

1- Autorreflexão – percepção do diálogo interno (comunicação/linguagem sobre quem sou);

2- Autoimagem – percepção da visão do próprio ser (pensamento/foco sobre quem sou);

3- Autoestima – percepção das próprias sensações (sentimento/fisiologia sobre quem sou).

Ou seja, o autoconceito pode ser tanto um limitador pessoal, quanto um impulsionador. Saber lidar com as características pessoais de autorreflexão, autoimagem e autoestima refina a percepção sobre a realidade a sua volta e possibilita ajustes importantes na melhoria contínua.

Portanto, autoconceito está alicerçado em uma base com três blocos de identidade neurológica (emocional, cognitiva e instintiva). Se seu autoconceito for frágil, será uma enorme barreira na superação de desafios.

Tudo está relacionado à forma, ao modelo de como pensamos o que pensamos. É aqui que se insere a figura do *mindset* (modelo ou atitude mental). De acordo com pesquisadores, nós possuímos dois tipos de *mindset*: um fixo e outro de crescimento. O fixo está relacionado à inteligência mais estática: pessoas com tendências a maior acomodação, defensivas e fechadas a críticas. O *mindset* de crescimento está relacionado à inteligência mais dinâmica: pessoas que curtem desafios, mais persistentes, que se esforçam mais, sabem ser criticadas e são mais livres. Possuímos ambos, mas há uma predisposição a desenvolvermos mais um modelo em detrimento do outro.

A fim de enriquecer e clarear o entendimento acerca desses *mindset*, os povos antigos da Mesopotâmia viam essa perspectiva a respeito dos perfis comportamentais dos próprios povos que ali habitavam, por meio da observação dos principais rios que cortam o oriente: o Rio Nilo (Egito), mais retilíneo, considerado o maior rio reto do mundo e os curvilíneos, que são os rios Tigre e Eufrates, os quais cercavam a Mesopotâmia.

Assim, os gregos os chamavam de Tesis (linear, inflexível, imediato etc., "a paciente reflexão com a realidade domesticada pelas regras") e Metis (flexível, intuitivo, resiliente, perspicaz, ágil etc., "sabendo conciliar todos os recursos em um objetivo"), respectivamente. Portanto, a comparação era que Metis correspondia ao perfil de pessoas mais versáteis e flexíveis, enquanto Tesis, o perfil de pessoas consideradas mais pontuais, diretas e unidirecionais. O *mindset* é bastante influenciado pelos princípios e valores adicionados em nossa identidade neurológica, assim como crenças instaladas, experienciadas ou herdadas ao longo da nossa jornada na vida.

Os valores possuem uma certa ordenação, espécie de hierarquização em nosso *mindset* e costumam determinar escolhas preconcebidas, ainda que inconscientemente. Preconceito é uma forma de valor armazenado na memória.

Pessoas cujo valor – dedicação à família– seja o mais acentuado na escala de ordenação/hierarquização, tendem a priorizar tudo para o seio familiar em detrimento de realizações pessoais. Realizar uma especialização *stricto sensu*, fazer longas viagens a trabalho ou qualquer atividade que afaste essa pessoa de sua família será um verdadeiro martírio. Justo, porque, seu *mindset* foi programado em consonância/congruência com seus valores.

Valores e crenças são âncoras poderosas para nos fixar em lugares firmes, seguros e de acomodação ou conforto. Uma pessoa que prioriza o valor "amor à vida" terá extrema dificuldade em aceitar a ideia do aborto, diferente de uma pessoa com o valor "amor às liberdades individuais".

Estou mencionando apenas exemplos para elucidar o contexto a respeito do *mindset*. Veja que não há que se falar em juízo de valores ou certo e errado, apenas ordenação, hierarquia de valores.

Valores e crenças se misturam, filosoficamente, como os conceitos de ética (princípio) e moral (prática). Enquanto a ética estaria relacionada a questões da filosofia moral, existente em seu comportamento, a moral serve para estabelecer o padrão acordado para o convívio social.

Assim, valores seriam aquelas ideias incorporadas como atributos da pessoa. Princípio ético (valores), por exemplo, de não pegar o que não é meu, porque meu valor é de ser honesto.

Já a questão das crenças são apropriações de convicções, uma condição em que a pessoa exerce tal conduta porque acredita naquilo ou deixa de fazê-lo porque não acredita. Aqui, mais relacionado à moral.

Se determinado valor pessoal impede ou apenas não desfavorece sua atitude, a crença, por outro lado, possui a característica ou de impedir ou de impulsionar sua atitude. Portanto, valores e crenças costumam travar ou liberar você para realizações.

O segredo está mesmo naquilo que faz sentido para você. Ou seja, será o que realmente faz sentindo para você que gerará significados profundos e energia suficiente para a ação.

E o *coaching* proporciona esse significado marcante, a autorreflexão suficiente para levar a pessoa a conscientização sobre seu estado atual, gerando clareza e foco necessários para atitudes congruentes, sobretudo a partir, também, da ressignificação de valores e crenças sempre que necessário. Muito se fala em *coaching*, a respeito do processo de autossabotagem, o qual pode ocorrer por conta de emoções, valores, crenças, percepção e memória (recordações ruins e traumáticas), basicamente. Tudo isso influencia sua atitude e desencadeia alavancagem ou sabotagem.

A própria falta de atitude é atitude por omissão. Tudo na vida é ou são escolhas. Ou você escolhe fazer algo ou escolhe não o fazer. "Ou você está ocupado nascendo ou está ocupado morrendo", contextualiza Bob Dylan.

A observação mais importante é: o cérebro humano necessita de estímulos para mudança de hábitos e comportamentos. O *mindset* é programado com um sistema de recompensas, ou você se agrada em ser mais acomodado ou mais inconformado.

Precisamos desenvolver olhos na mente para compreender que "o limite de nosso mundo é do tamanho do limite de nossa linguagem", ou seja, eu sou do tamanho daquilo que consigo enxergar. O horizonte de cada um é de uma dimensão distinta. Você é do tamanho do seu sonho.

Assim, nossas atitudes possuem essa grande tendência de serem, completamente, congruentes com nossos valores e sistemas de crenças.

Estudos científicos têm demonstrado, no entanto, que as pessoas que possuem um modelo mental mais otimista (*mindset* de crescimento), mais voltado à atitude em resolver as coisas, são as pessoas mais bem-sucedidas.

Por outro lado, as pessoas que vivem procrastinando tarefas e se eximindo de responsabilidades, sempre justificando seus problemas, são mais próximas da depressão e do insucesso (*mindset* fixo), de acordo com os pesquisadores.

Entender como nosso cérebro funciona é primordial para sairmos de ciladas e embaraços. É aqui que o *coaching* entra de forma poderosa!

O ser humano é um "animal" de comportamentos e hábitos. Comportamentos são ações do cotidiano e a repetição dessas ações geram/gravam hábitos. Esses estão diretamente imbricados em nosso *mindset*, de modo que ele influencie e seja influenciado pelos seus hábitos. É um processo indissociável. Qual o problema com tudo isso? O problema é que os seus e os meus resultados estão no topo da nossa jornada, mas que dependem de uma base sólida e efetivamente bem estruturada. A vida pode ser curta, mas é larga. Há muitas possibilidades ao nosso redor.

Recapitulando, seus resultados jamais serão maiores do que o seu autoconceito. Seu autoconceito é definido por como você se vê, como se ouve e como se sente. Esses fatores influenciam e são influenciados pelo seu *mindset*, o qual também influencia e é influenciado por seus hábitos, que, por sua vez, determinam seus resultados.

Sua percepção da vida, seus valores, crenças e estado emocional estão presentes em tudo e em todas as fases da sua existência, influenciando todo o seu ser. Observe a figura a seguir:

Figura: imagem ilustrativa da matriz de resultados. Fonte: adaptação do autor.

Conseguiu visualizar como tudo funciona? O que sua voz interior lhe disse a respeito da pirâmide, especificamente sobre seu autoconceito? A imagem gerou qual sensação em você? Não se deixe enganar, se você é otimista, enxergará as coisas com otimismo; se for uma pessoa com predisposição negativa, pessimista, crítica demais, analítica demais, será levada a enxergar a maior quantidade das situações adversas exatamente como alimenta seu cérebro diariamente.

A forma como fomos criados e toda representatividade associada a respeito do que aprendemos sobre as coisas é uma referência, um padrão de comportamento e de pensamento. É como um programa instalado e atualizado diuturnamente em nosso cérebro. Mas, veja, não é o mero fato de ser otimista, de pensar positivo, no melhor estilo – *The Secret* – apenas. Isso não é o bastante. É necessário mergulhar profundamente para ressignificar sentidos existenciais e da própria expectativa. As ferramentas do método *coaching* são capazes de provocar esse mergulho em autorreflexão e atitudes mais assertivas.

Lembre-se: o que as pessoas dizem negativamente a seu respeito gera impactos avassaladores, mesmo inconscientemente.

Quer melhorar seus resultados? Que tal melhorar seu *mindset* e seu autoconceito com *coaching*? A ótima notícia é que você pode aprender a se blindar e encontrar superação em cada dilema do cotidiano. Temos um curso completo de *coaching*, totalmente *online*, que atenderá todas as suas necessidades apontadas neste capítulo para melhorar seu autoconceito e aprimorar o seu *mindset*. Aguardo você!

Referências

COSTA, Alex Fabiano. *Manual da formação profissional em coaching com PNL da Escola de Coaching de Brasília.* 3. ed. Brasília, 2018.

DE MASI, Domenico. *O futuro chegou.* 1. ed. Rio de Janeiro: Casa da Palavra, 2014.

4

Autoconhecimento como alavanca para o sucesso

Quando decido que quero me tornar aquilo pelo qual eu fui criado, quando se toma consciência de que esta é a decisão mais importante da vida, as coisas começam a fluir de forma natural e constante

Alexsandra Alves Bee de Souza & Antonio Gilvando de Souza

Alexsandra Alves Bee de Souza & Antonio Gilvando de Souza

Alexsandra Alves Bee de Souza
Master, *Leader* e *Professional Coach* pelo Instituto de Alta Performance Humana IAPerforma. Formada em Ciências Contábeis pela Faculdade Rezende de Freitas. Técnica em Enfermagem pela Escola Técnica São Camilo. Atua hoje como *Coach* na área pessoal e profissional, fazendo treinamentos e palestras.

Antonio Gilvando de Souza
Tenente Coronel da Polícia Militar do Estado do Mato Grosso, Bacharel em Segurança Pública pela Academia de Polícia Militar Costa Verde – APMCV. Especialista em Gestão Pública pela APMCV – ICE, Bacharel em Administração pela Faculdade de Administração (FAF) – Alta Floresta–MT; Bacharel em Ciências Jurídicas – Direito – pela Universidade Cruzeiro do Sul (UNICID) – São Paulo – SP. Pós-graduado em *Lato Sensu* – Especialização em Política Estratégica e Desenvolvimento Regional Aplicado a Segurança Pública–, Curso Superior de Polícia com Ênfase em Estudo de Comando e Estado Maior. *Professional*, *Leader* e *Master Coach*, pelo IAPerforma, com reconhecimento internacional pela World Coaching Council.

Contatos
alexsandrabee@gmail.com
Instagram: alexsandrabee
facebook: AlexsandraCoach
(66) 99964-3017

Contatos
antoniogilvando@hotmail.com
(66) 99654-6313

> Neste momento, você está em uma encruzilhada. Esta é a oportunidade de tomar a decisão mais importante de sua vida. Esqueça o passado. Quem você é agora? Quem você realmente decide ser? Não pense em quem você foi. Quem é agora? Quem você decide se tornar? Tome essa decisão conscientemente. Cuidadosamente. Poderosamente.
>
> Anthony Robbins

Quantas vezes sua vida se tornou um desafio? Quantas vezes ela pareceu um quebra-cabeça daqueles enormes, que não conseguia montar? A vida é uma dádiva, e devemos aprender a aproveitá-la da melhor forma possível. Aí, você deve se questionar: mas, como aproveitar, se nem consegue administrar os desafios que surgem em sua vida. Vou lhe contar um segredo: a vida só pode ser aproveitada quando eu descubro quem realmente sou, quando sei de onde vim e para onde vou.

Quando decido que quero me tornar aquilo pelo qual eu fui criado, quando se toma consciência de que esta é a decisão mais importante da vida, as coisas começam a fluir de forma natural e constante.

Vejo muitas pessoas, hoje, tateando de um lado para o outro, querendo um mundo melhor, querendo que a sua cidade seja melhor, que seu cônjuge seja melhor, que seus filhos sejam melhores e, assim por diante, mas que nunca cogitam a ideia de que elas podem ser melhores, de que sempre temos algo a melhorar. De que quando eu mudo, tudo ao meu redor muda também.

E como você faz para mudar? Simples! Decidindo. Não existe mudança sem decisão. E o fato de eu afirmar que é simples, não significa que seja fácil. Simplicidade é diferente de facilidade. E só há duas formas que nos impulsionam a uma mudança, a dor ou o prazer.

Segundo Anthony Robbins, "o segredo do sucesso é aprender como usar a dor e o prazer, em vez de deixar que usem você. Se fizer isso, estará no controle de sua vida. Se não fizer, é a vida quem o controla". Isso só confirma que, enquanto não sei quem sou, é impossível alcançar o sucesso, a plenitude, a paz que tanto se almeja. Pois, somente uma pessoa que tem controle sobre suas emoções pode usar a dor e o prazer em seu benefício, para crescimento e amadurecimento. Se vê tantas pessoas no mundo com idade de adulto, mas com a mentalidade de adolescente. O que fazer quando se descobre que a vida está passando e você ainda não amadureceu, não se conheceu? Que sabe de tudo o que acontece no mundo, na família, na vizinhança, mas não quem é?

E o que ocorre com quem não sabe qual é a própria identidade? Se frustra, chora, briga, tenta achar culpados e alguns ainda passam o resto de suas vidas nessa fase. Mas, existem aqueles que reconhecem que são autores de sua história e, ali mesmo, naquele momento de dor decidem, agem em prol da própria mudança. Essa construção do eu é uma das mais lindas que o ser humano pode fazer por si e pelo outro. Sim, ao decidir pela autorreconstrução, os benefícios são inúmeros, e a qualidade de vida aumenta de forma gigantesca, proporcionando, assim, realização e plenitude.

Existem algumas características básicas que se tornam destaques quando uma pessoa muda seu pensamento, e procura seu autoconhecimento. Desejo citá-las, para que possa ter um guia, um mapa, uma direção para que comece essa jornada extraordinária.

Características básicas da pessoa que conhece a si mesma:

1ª Elimina preconceitos: quando se começa o processo de autoconhecimento, os preconceitos são eliminados, o "achismo" vai embora, pois tomamos consciência de que a vida é um eterno aprendizado, e que cada pessoa tem suas realizações e frustrações. Em consequência disso, vem a segunda característica.

2ª Elimina julgamentos: os julgamentos somem quando eu descubro que tenho muito a melhorar, quando vejo que também cometo erros e que, ao invés de julgar o outro, preciso focar no meu aprendizado e me aprimorar.

3ª Elimina críticas: só para esclarecimento, não existe crítica construtiva, o que existe são críticas, e estas nunca são saudáveis ou agradáveis. Substitui por sugestões, sem negatividade. E, nelas, deixa o outro decidir o que é melhor para ele, sem magoá-lo.

4ª Elimina a vitimização: esse é um dos processos mais importantes do autoconhecimento, pois a pessoa para de se colocar no lugar de vítima e começa a ser autorresponsável. Para de culpar o outro pelas suas escolhas e erros, e assume o controle da própria vida.

5ª Elimina a fofoca: quando se decide ter o autoconhecimento de verdade, não sobra tempo e nem disposição para querer falar do outro, para saber o que acontece de ruim na vida dele. Isso traz crescimento para o eu.

Sempre falo que é importante focar de forma tão intensa no seu autoconhecimento, a ponto de não sobrar tempo para ver os erros e defeitos das outras pessoas. Nesse processo, deve-se utilizar o tempo buscando aprendizados que levem ao estado de alta *performance*.

Focar nos outros é um dos grandes empecilhos do crescimento próprio, é como viver as sombras, sem luz, tentando esconder as próprias falhas e inseguranças. E um grande causador disso é o medo, medo de se expor, medo de ser julgado por pessoas que não possuem o autoconhecimento, medo de ser vulnerável. Medo de assumir sua própria identidade e ser feliz.

E quando esse medo toma conta dos pensamentos, o autoconhecimento para, e se começa a dar ouvidos aos críticos de plantão, aos preconceitos de quem julga, e consequentemente, vem a vitimização. Sempre tenha em mente que ninguém pode impedi-lo de realizar seus sonhos além de você mesmo e, que nesse palco da vida, sempre haverá dois tipos de torcida, os que torcem por seus resultados negativos e os que vibram, torcem e se alegram com suas vitórias.

Mas, também existe algo a mais que nos impede de termos o autoconhecimento e eu acredito que seja a zona de vivência mais perigosa, chamada "zona de conforto". Quem deseja desenvolver o autoconhecimento, jamais pode se permitir estagnar na zona de conforto, pois, ao se limitar a isso, não crescerá. E, junto com isso, vem o tempo mais perigoso, que se chama "amanhã"! Sim, isso mesmo, pois só possuímos o hoje, e as mudanças que desejamos realizar têm que ser feitas hoje, pois o amanhã pode não chegar. Você conhece alguém que sempre deixa tudo para depois? Que começará a dieta amanhã, a estudar amanhã, cuidará melhor de si mesmo amanhã e nunca foca no hoje, no agora? E quando se dá conta, já se passaram mais cinco, dez, quinze anos, sem saber quem se é e sem realizar as mudanças necessárias.

Com o decorrer do tempo, criam-se mais e mais bloqueios emocionais, além de crenças que o limitam, começando também a gerar prejuízos financeiros. Sim, bloqueios emocionais e falta de autoconhecimento trazem perdas financeiras. Esse tipo de pessoa gasta o dinheiro para ter prazeres imediatos e não foca nos prazeres a longo prazo. Prefere viver de momentos, ao invés de viver na essência. Sempre falo que a felicidade é a essência, e não o momento. Para que se possa ser feliz na essência, é necessário se conhecer.

Chave do sucesso

Então, você deve se perguntar: qual é o segredo para alavancar a sua vida, para ser abundante e pleno? Aqui, você lerá as cinco características de uma pessoa de sucesso que vive plenamente:

1º Sabe quem é: quem tem sucesso, sabe quem é e não aceita menos do que pode ter. Possui autoconhecimento e, com isso, elimina julgamentos, críticas, vitimização e fofoca, pois usa o tempo para se aperfeiçoar.

2ª É grata: sim, toda pessoa que adquiriu o sucesso e é feliz, possui a gratidão. Sem gratidão é impossível ser feliz na essência. A gratidão move o mundo de uma forma extraordinária.

3º Sonha: sempre tem um sonho a realizar e, aqui, falamos de sonhos possíveis e realizáveis. Possui uma missão, um objetivo de vida maior, que a move a melhorar a cada momento.

4º Busca conhecimento: o sucesso de uma pessoa está interligado ao autoconhecimento e à busca de mais conhecimento para crescer. Ao saber quem se é e buscar recursos para se aprimorar, o sucesso só se torna uma consequência dessa jornada.

5º Entra em ação: e, por último, mas não menos importante, entra em ação. Depois que se sabe quem se é, aprende a ser grata, começa a sonhar, busca conhecimento e o instante para entrar em ação, e começar a se mover em prol de sua missão de vida.

E quando se entra em ação, a roda da vida começa a girar e, com isso, as realizações e sucesso vêm.

A vida é feita de ciclos. Para que se tenha um equilíbrio em cada área da vida, é preciso que esse ciclo gire e, assim, evite a estagnação em algum setor. Todo esse processo é realizado em sua mente, todo o seu potencial está vinculado à forma que você pensa. O seu pensar determina se terá sucesso ou não. Jamais se acostume com o que não o faz feliz ou abundante.

Por isso, o autoconhecimento é uma alavanca para o sucesso, pois, quando se sabe quem se é, os pensamentos são gerenciados de forma mais precisa e equilibrada, eliminando, assim, tudo o que o sabota ou o limita. Dessa forma, é possível obter a sensação mais agradável, ou seja, a paz interior e, consequentemente, alcançar o estado desejado, tendo resultados extraordinários e sucesso pleno.

Vale ressaltar que o autoconhecimento é algo extremamente individual, pois cada ser humano é único e exclusivo.

Referências

ROBBINS, Anthony. *Desperte seu gigante interior.* 28. ed. Rio de Janeiro: BestSeller, 2016.

ROBBINS, Anthony. *Poder sem limites: o caminho do sucesso pessoal pela programação neurolinguística.* 22. ed. – Rio de janeiro: BestSeller, 2016.

Vários Autores. *Coaching: aceleração de resultados.* São Paulo: Literare Books International, 2015.

5

Autoconhecimento e propósito

O que lhe traz prazer? Que tipo de emoções você experimenta com mais frequência? Já pensou que, a cada minuto, inúmeras oportunidades podem fazer sua vida tomar um rumo completamente diferente do que você imagina?

Aline Koppe

Aline Koppe

Coach pessoal e profissional certificada pela Sociedade Brasileira de Coaching – reconhecida internacionalmente pela Association for Coaching (AC) e Institute of Coaching Research (ICR). Graduada em engenharia de produção, MBA em gerenciamento de projetos e especialização em gerenciamento em negócios internacionais – Canadá. Estudiosa em comportamento humano, gestão de pessoas e desenvolvimento. Aprofundou os estudos em *leader coach, executive coach* – Michael Hall, *trainer* e *master* em PNL. Consteladora sistêmica familiar pela Metaforum International neurociência, hipnoterapia, psicologia positiva e psicanálise. Lidera grupos de *coaching*, promove palestras, *workshops* e treinamentos.

Contatos
alinekoppecoach@gmail.com
Facebook: Facebook.com/alinekoppecoach
Instagram: @alinenkoppe
(22) 99783-3476

O maior enigma sobre o que a sociedade vem debatendo é a busca de autoconhecimento e propósito. Qual o verdadeiro propósito da vida? Você já se perguntou sobre isso? Geralmente, estamos em busca de desenvolver habilidades, contudo, sem um propósito. Isso faz com que diversos treinamentos se iniciem sem foco no que está sendo feito. E, para quê? Talvez apenas pelo aumento de salário, pois para alcançar determinado cargo, precisa-se de tal treinamento.

Atualmente, o que vemos são muitas pessoas com diversos formações no currículo, e com a sensação de um vácuo interno, como se estivessem sempre em busca de algo, ou alguma coisa, muitas vezes perdidas. Quando não mapeado, isso traz muita ansiedade, somatiza doenças e tantas outras coisas. É a tal busca desenfreada de ter, e não de ser alguém.

Nessa situação, podemos mudar o *mindset* para entender onde estamos. Conseguimos, com muita assertividade, colocar foco e ter engajamento para determinar onde queremos chegar. Sendo assim, é possível desenvolver novas habilidades, que poderão impulsionar determinados recursos como, por exemplo, o autoconhecimento, que nada mais é do que a realização de algo que leve o sujeito a ser mestre de si mesmo e, consequentemente, um ser humano melhor.

Você já se perguntou onde está? Onde quer chegar? Quem é realmente você? Por meio das respostas adquiridas, será possível se surpreender com alguns pontos particulares a respeito da sua vida. Talvez esteja somente seguindo o barco, sem muitos questionamentos, parâmetros e, muito menos, foco. E, dessa forma, ainda não adquiriu o conhecimento da totalidade de recursos e potenciais de que é capaz, seja realizando um novo projeto do lugar onde desempenha suas atividades laborais, comprando uma nova casa, mudando de emprego ou, até mesmo, percebendo a necessidade de adquirir ou potencializar habilidades. O mais importante de tudo isso é que, se você respondeu não saber alguma das perguntas acima, procure entender qual ganho secundário está sendo alimentado para colocá-lo nessa atual posição.

Outro ponto muito importante, para que tenhamos qualidade e ganho em todo esse processo, é que saibamos estar em movimento, assumindo nossa responsabilidade de onde ir e possibilitando o necessário para um mapeamento de acordo com um propósito. Sabemos que todo esse processo pode levar dias, meses ou até mesmo anos. É fundamental mentalizar que talvez tenhamos resultados não tão satisfatórios, o que poderá proporcionar excelentes oportunidades de melhoria. Olhar para o agora e querer o resultado imediato pode ser um gatilho para o medo. Carol Dweck, em seu livro *Mindset*, fala sobre o poder do ainda e da tirania do agora.

O fato de se arriscar desperta medo por fazer algo que ainda não se sabe direito, não se sair bem e pensar que existem pessoas fazendo isso muito melhor. Posso lhe dizer que, caso venham alguns desses pensamentos, experimente substituir o "eu não sei fazer isso" por "eu ainda não sei fazer isso". Esse simples método o ajudará nesse processo de identificar o seu estado atual para, então, ir rumo ao estado desejado. Outro ponto a ser considerado é deixar de competir com o outro, olhando para seu processo.

Considere o fato de que, há algum tempo, você não sabia muitas das coisas que hoje desempenha tranquilamente. Então, pense: o que ainda não sabe fazer, poderá aprender, para atingir melhores resultados. Lembre-se de que: os grandes líderes tinham uma habilidade em comum, a resiliência.

De alguma forma precisamos, como citado, entender onde estamos atualmente em nossa vida, quais cursos, que tipo de emoção é mais frequente na rotina, se há rotina e se há a possibilidade de sabotagem e procrastinação. Tudo isso, antes mesmo de partir para uma ação em busca da tão sonhada realização. A partir desse atendimento, serão fornecidos parâmetros para saber onde deverá estar o foco, quando for realizar qualquer ação em busca do propósito.

Com todos esses questionamentos e muitos mais, entender seus pontos fracos e fortes poderá lhe dar a oportunidade de trabalhar no que ainda não está consolidado. Isso fará com que seja possível adquirir novos conhecimentos, para lidar com as metas propostas de acordo com os seus interesses. Portanto, é necessário que esteja completamente engajado com algo verdadeiro para realizar o seu propósito de forma assertiva e pautada nos seus objetivos.

Como já vem sendo citado por alguns autores, como o Mihaly Csiksentmihalyi, quando estamos engajados no fazer, entramos em estado de fluir. Ele ainda define que o "fluir é um estado dinâmico, que se caracteriza pela consciência de quando a experiência é feita pelo seu próprio interesse".

O fluir dentro de um processo de autoconhecimento permeia alguns benefícios como: abrir-se para novas experiências, motivação, criatividade, autoestima, serenidade e expansão por trazer à consciência tudo e qualquer situação que precisa ser revista, seja ela o seu ponto forte ou fraco, que precisa ser melhorado.

Com toda essa mudança de *mindset*, você poderá ir em direção ao seu propósito, seja profissional, familiar ou até mesmo um maior que abranja toda a sua existência.

Todo esse processo mencionado precisa de um objetivo pelo qual você queira se engajar, pois, a partir disso, será possível entrar em contato com o seu estado crítico, perfeccionista ou destrutivo. Quando mergulhar dentro desse processo, que não é fácil, posso afirmar que a percepção de si mesmo é primordial para dar um norte a decisões mais assertivas. Além de guiar você na organização e realização de metas, desenvolvendo competências para administrar as ações necessárias.

Sem esse autoconhecimento, tornamo-nos inseguros sobre onde estamos e aonde queremos chegar. Podemos concluir que o autoconhecimento é uma ferramenta poderosa para a inteligência emocional e empoderamento de si mesmo.

Daniel Goleman, autor de diversas obras sobre o tema, define inteligência emocional como "a capacidade de identificarmos nossos próprios sentimentos e os dos outros, de motivar a nós mesmos e de gerenciar bem as emoções dentro de nós e em nossos relacionamentos". Ele considera, também, a importância da autopercepção e da autorregulação (gerenciar as próprias emoções de modo a conseguir adiar recompensas imediatas e agir de modo consciencioso), como um dos primeiros passos para o desenvolvimento da inteligência emocional.

Dentre outras premissas já citadas para o autoconhecimento estão: foco, resiliência, persistência, metas bem definidas, escolha por sentimentos positivos, cuidado com a saúde, determinação e crenças positivas sobre quem você é. Além do que é capaz de fazer e o que merece viver. Tudo isso exemplifica algumas vantagens de quem desenvolve a habilidade de gerenciar, controlar e coordenar seus sentimentos e daqueles que estão ao seu redor.

As escolhas que fazemos determinam nosso destino e, consequentemente, o sucesso ou fracasso, como resultado de nossas ações. Tenha em mente: há muito mais pessoas desistindo do que gente fracassando. A escolha também é sua. Em que time você gostaria de ficar? Concorda que isso é uma escolha?

Para você eleger o time de pessoas que têm sucesso, precisa existir uma mudança interna, de *mindset*, de mapa mental e, para isso, é preciso sair da zona de conforto e agir.

Um princípio fundamental da inteligência emocional está no chamado propósito. Isso significa que a direção dada para as minhas ações, com base nos sentimentos internos que me movem, devem ser focadas a algo com certo sentido, buscando uma realização ou meta. A vida sem propósito é sempre vazia.

Acredito que você não quer ser ou terminar como algumas pessoas de seu convívio e, sim, ter muitos resultados consideráveis na vida. Então, para termos novos efeitos é necessário agir de outro modo. Deixando, assim, o legado de alguém que queira ser lembrado como quem vive com muitas realizações. Pessoas que desenvolvem seu autoconhecimento com propósito, reagem de maneira muito mais inteligente à vida com a realização de novos projetos.

Talvez, você tenha muito da parte racional, cognitiva e intelectual, mas ainda não tenha desenvolvido uma significativa inteligência emocional. Venho informá-lo de que possa ser a hora de dar atenção a esse ponto da sua vida, para ser mais assertivo nas escolhas. Algumas pessoas em seu entorno podem até mesmo ser vistas conseguindo resultados positivos, mas, muitas vezes, não são capazes de manter suas conquistas, e voltam a ter perdas importantes na vida. Isso se dá pelo fato de que, talvez, não tenham um propósito claro e com o devido autoconhecimento, o que impede a aplicação correta. Lembrando que o autoconhecimento exige constância e persistência.

Esse processo é a ferramenta mais importante para o indivíduo ampliar suas capacidades e habilidades, dando a ele a possibilidade de modificar, efetivamente, seu comportamento. Além de permitir uma possível evolução, tanto no âmbito profissional, quanto pessoal, estando mais apto a liderar a sua vida. Uma vida mais feliz e realizada depende muito do seu investimento. Acredite no seu potencial ilimitado.

Deixo aqui um pequeno exercício de mapeamento. Faça uma lista de quais competências você tem e que o tornam especial.

Pensando agora na pessoa que gostaria de se tornar, quais seriam as qualidades necessárias para isso acontecer? Quais bens materiais teria? Como seria a casa dessa pessoa? Qual característica marcante? Qual relação você quer ter com as pessoas em seu entorno? Amigos, família, sociedade ou trabalho? Quais são os seus projetos particulares? Estão em andamento? Tem os recursos necessários para a realização?

Agora, utilize toda essa informação. Descreva seu propósito como aspiração para alcançar o que deseja. E, caso queira compartilhar comigo, envie um *e-mail* para: alinekoppecoach@gmail.com. Será um prazer ler cada manifestação de carinho.

6

Entendendo o processo da mudança

Neste artigo, abordo as etapas do processo de mudança, analisando as suas fases e os principais desafios que temos para alcançar o sucesso. Você que não é *coach* vai entender como passar pelas mudanças de forma mais consistente, e você que é *coach* poderá aplicar estes conceitos e promover as mudanças em seu *coachee*, de forma mais efetiva

Álvaro Flores

Álvaro Flores

Graduado em engenharia química e mestre em engenharia pela UFRGS. Pós-graduado em *marketing* pela ESPM. *Coach* pessoal e profissional e *coach* executivo pela Sociedade Gaúcha de Coaching. *Practitioner* em PNL, treinador comportamental pelo IFT. Proci® *Change Management Practitioner*. Pós-graduando no MBA em *neurobusiness* pela Inifinity/Famaqui. Diretor da empresa Efetiva Desenvolvimento Empresarial. Consultor de empresas, com 30 anos de atuação nas áreas de tecnologia, gestão, *marketing* e desenvolvimento humano, atuando em empresas do setor industrial e de serviços, em instituições de ensino e entidades setoriais. Professor de graduação e pós-graduação, atualmente, na ULBRA – Universidade Luterana do Brasil. *Coaching Trainer*. Autor do livro *A revolução dos nichos: do big bang à personalização em massa* e coautor do livro *Foco: ação e resultado na vida e na carreira*. Palestrante e colunista.

Contatos
www.alvaroflores.com.br
alvaro@alvaroflores.com.br

Quem conhece um pouco de *coaching* sabe que se trata de um processo que vai conduzir a pessoa ou organização, de uma situação atual (ponto A) a uma situação futura desejada (ponto B). Ou seja, necessariamente neste caminho, está implícito um processo de mudança.

Do ponto de vista do *coach*, para que o processo seja conduzido da melhor forma e com a maior efetividade em seus resultados, é importante entender profundamente os aspectos relacionados a mudança. Para o *coachee* ou qualquer pessoa que queira mudar e induzir a mudança, estes conceitos também são extremamente úteis.

Os cinco passos da mudança

Mudança é processo! É uma sucessão de etapas que devem ser vencidas para que, efetivamente, a mudança ocorra e se mantenha. Ao quebrar a mudança em elementos discretos do processo – passos ou etapas– pode-se usar estratégias e técnicas com base nos atributos de cada um.

Passo 1 - Mudança começa com a compreensão do porquê

É necessário que se tenha o pleno entendimento da natureza da mudança. Satisfazer a necessidade humana de saber o porquê é o fator crítico na realização de qualquer atividade, ação ou processo. E, com a mudança, não é diferente.

Algumas questões podem ser levantadas neste ponto: "por que a mudança é necessária?"; "Por que deve acontecer agora?"; "O que há de errado com o que está acontecendo hoje?"; "Qual o risco de não mudar?".

Passo 2 – Mudança envolve decisão pessoal

A compreensão permite iniciar a avaliação da mudança, mas não necessariamente resulta no desejo de mudar. A escolha de mudar é pessoal. E a decisão de implementar a mudança só será tomada se houver o desejo de mudar. A questão-chave que deve ser levantada neste ponto é: "o que se ganha com isso?".

Passo 3 – Mudança exige saber como

É necessário ter compreensão exata de como mudar. Nesta etapa, é necessário buscar mais conhecimento, treinamento, ferramentas e aprender novas habilidades. E também é preciso ter acesso a esse conhecimento que, muitas vezes, passa pela disponibilidade de contatar *experts*, cursos, livros e outros recursos.

Passo 4 – Mudança exige ação na direção certa

Agora é necessário colocar o conhecimento em ação! É preciso desenvolver habilidades para implementar os novos comportamentos e alcançar a performance desejada. E, para colocar em ação, é necessário, às vezes, quebrar bloqueios psicológicos (crenças limitantes) e desenvolver capacidades físicas ou intelectuais. É apenas nesta etapa que as coisas realmente começam a acontecer e se começa a perceber o retorno. Mas, para chegar aqui, os passos anteriores são fundamentais.

Passo 5 – Mudança deve ser reforçada para ser sustentável

É necessário estabelecer ações que criem reforços que sustentem a mudança. Estes reforços podem incluir reconhecimentos, recompensas e celebrações que estejam vinculadas à realização da mudança. Sem reforço, você pode perceber que todo o esforço não valeu a pena, sendo possível que antigos hábitos voltem e, ainda, como consequência, que seja criada uma aversão a mudança, do tipo: "isso não funciona mesmo..."

Um exemplo pessoal

Quando fiz a minha reprogramação de vida e coloquei como objetivo viver bem e saudável até os 90 anos, tomei a consciência de que deveria mudar o meu estilo de vida – pois eu era, até então, sedentário – e me dedicar à prática de atividades físicas (passo 1). Avaliando a necessidade desta mudança e, principalmente, a consequência que poderia ter de não mudar (como infarto, AVC, impotência sexual, etc.), o desejo de ter uma vida saudável fez com que eu tomasse a decisão de iniciar uma atividade física (passo 2).

Aí, fui buscar indicações de amigos praticantes de diversos esportes, que me permitiram escolher a corrida de rua como a principal atividade. Publicações e conselhos com médicos e educadores físicos me deram o conhecimento necessário para a compra de um bom equipamento e para elaboração de um programa de treinos (passo 3). Chegou a hora da ação, de botar mãos à obra, ou melhor, pernas nas ruas. Iniciei os treinos, fui aumentando as distâncias, sempre com o objetivo na próxima prova, e fui desenvolvendo a habilidade de um corredor (passo 4). E, a cada novo objetivo alcançado – a primeira prova de 3K, a primeira de 5K, a primeira de 10K, a primeira São Silvestre (15K) e a primeira meia maratona (21K) – o reconhecimento pessoal, a alegria da conquista, reforça a vontade de continuar correndo (passo 5).

A fase instável da mudança

De uma forma simplificada, em qualquer processo de mudança é possível identificar três estados. O primeiro é o estado atual, que é onde você está hoje. É natural que você se sinta confortável neste estado, a sua zona de conforto. Também pode acontecer de que o estado atual seja desagradável, prioritário ou urgente que se modifique o *status quo*.

O segundo é o estado de transição que, obrigatoriamente, deve ser ultrapassado para atingir o estado futuro, ou seja, onde se quer chegar. Vou abordar mais especificamente o segundo estágio ou estado de transição. É neste momento do processo que há grande geração de estresse e ansiedade e onde ajustes devem ser realizados. É o período no qual também pode haver queda nos resultados e alguns chamam de "barriga da mudança", e prefiro chamar de fase instável da mudança. Se esta fase não for adequadamente conduzida, os efeitos serão observados no estado futuro, não se atingindo os resultados esperados.

Não sei se você já passou pela experiência de fazer uma reforma em sua casa ou apartamento, tendo que morar nele. Parece o caos, não é verdade? Dá vontade de largar tudo. Ah, se arrependimento matasse... Mas, persistindo e conduzindo adequadamente o processo, o resultado final é recompensador! No entanto, vamos lá. O que se deve entender a respeito desta fase?

1º. Vai haver preocupação e incerteza

Mesmo que tudo tenha sido minuciosamente planejado (o que é extremamente recomendável), existem fatores que não são controláveis. No exemplo da reforma, não há como garantir se as condições climáticas serão favoráveis ou não. Isto naturalmente gera preocupação e incerteza. Estas condições devem ser controladas para que não se chegue ao risco do abandono do projeto de mudança.

2º. Vai haver resistência

A resistência à mudança é natural e nesta fase, em que se está efetivamente implementando a transformação, a resistência vai aparecer. Voltando ao exemplo da reforma, imagine a resistência de ter que passar alguns dias na casa da sua sogra!

3º. Haverá perdas

Também é natural que nesta fase hajam perdas. Pode ser um tempo maior até se ajustar ao novo processo; perda de produtividade, até adquirir proficiência na nova atividade; custos maiores ou redução de receitas até se obter o retorno esperado. Essas perdas também devem ser calculadas e consideradas no planejamento e, principalmente, encaradas com naturalidade.

4º. Existe risco

O risco é inerente ao processo. O que se pode fazer é gerenciá-lo e conduzi-lo ao processo, da melhor forma possível, considerando os desafios abordados a seguir.

Os oito desafios da mudança

Por que as pessoas têm dificuldade em mudar, mesmo tendo consciência e vontade de fazê-lo? Por que as pessoas se autossabotam para não realizar as mudanças? Por que as pessoas iniciam, mas não concluem os processos de mudança? Por que a mudança não se sustenta e as coisas voltam ao estágio inicial? Certamente, estas são perguntas que você deve se fazer, principalmente se está imbuído em implementar qualquer processo de mudança, seja pessoal ou organizacional. Confesso: são perguntas que também me inquietavam e passaram a fazer parte de meu foco de estudos.

Quero compartilhar com você algumas conclusões que foram obtidas a partir da análise de vários artigos e pesquisas, evidentemente validadas pela aplicação das mesmas nos meus processos de *coaching* e consultorias. Vou sumarizar os maiores sabotadores do processo de mudança e os desafios que você deve enfrentar.

1. Não ter tempo

Tudo parece uma prioridade. Entre a família, a carreira, a casa e outras responsabilidades, nunca há tempo suficiente. Você está sempre ocupado (e preocupado). Pode até começar um processo de mudança, mas quando qualquer coisa acontece, é mais fácil permanecer na situação atual. Por exemplo, você sabe que deve fazer uma atividade física, mas não estabelece um espaço na agenda e continua na frente da TV. Qual o desafio? Priorize! A mudança deve ser avaliada pelo impacto esperado e se ela é importante, deve ser tratada como prioridade!

2. Procrastinar

Você sabe o que precisa fazer, mas, em bom português, vai "empurrando com a barriga" (e se você está na frente da TV, a tendência é que sua barriga cresça mais ainda). Você quer acordar cedo para se exercitar, mas de manhã, seu cérebro só "pega no tranco". Ou você planeja fazer a atividade física após o trabalho, mas no final do dia, você está exausto. Todos os dias você diz: "Vou começar amanhã". Qual o desafio? Não espere a inspiração chegar. Mesmo que pareça desconfortável (e vai ser, pois irá mexer na sua zona de conforto), lembre-se de que é prioridade, coloque-se em ação. Faça ou faça!

3. Planejar demais

Certamente, é necessário planejar os passos a serem dados. Entretanto, não adianta estruturar excessivamente o planejamento e não o colocar em prática. Ou, frente a primeira coisa que não sair conforme o planejado (e muitas coisas sempre acontecem diferente do planejado), pensar que não vai dar certo e desistir. Por exemplo, você procura ler tudo sobre corrida antes de comprar o tênis mais adequado, ou no dia que programou começar a correr na rua, chove, e aí você conclui que correr não vai dar certo por causa das condições climáticas. Qual o desafio? Estabeleça o seu plano de mudança, ponha-se, imediatamente, em ação e seja flexível!

4. Ficar sobrecarregado

Depois de pensar sobre tudo que precisa mudar, você fica paralisado com a quantidade de coisas e não consegue colocar tudo em prática. Por exemplo, para ter uma vida mais saudável, você começa a correr, vai a academia, muda a sua alimentação, tudo ao mesmo tempo. Qual o desafio? Se há várias coisas a serem feitas, estabeleça a prioridade entre elas e procure identificar aquela que é crítica, ou seja, que quando realizada, libera ou potencializa a realização de outras atividades. Faça uma coisa de cada vez!

5. Ficar entediado

Quando, finalmente, começa a mudar, as melhorias são tão pequenas, que parecem não estar levando a lugar algum. No início, você está entusiasmado com a mudança, mas depois de algum tempo, fica entediado com o lento progresso e sua motivação desaparece. Por exemplo, você inicia uma reeducação alimentar e, ao final da primeira semana, elimina apenas 100 gramas. Aí na próxima semana já busca uma nova dieta. Qual o desafio? Comemore mesmo os pequenos resultados. Minha avó já dizia que "devagar se vai ao longe".

6. Retroceder

Você não consegue sustentar a mudança. Você muda por algum tempo, mas qualquer desvio faz voltar à estaca zero, sem saber como retomar o processo. Por exemplo, passou a semana toda chovendo e você não se dispôs a sair na rua para correr e, aí, volta para a frente da TV. Qual o desafio? Em qualquer mudança pode haver percalços ou retrocessos. Mas, não desista. Persista!

7. Ceder à tentação

Sempre que pensa sobre o futuro, você está empenhado em mudar. Mas quando chega a hora de agir, você cede. Por exemplo, você decidiu parar de fumar, mas na primeira festa, aceita um cigarro que um amigo lhe oferece. Qual o desafio? Visualize o resultado que você estabeleceu. Mantenha o seu foco!

8. Parar de acreditar na sua capacidade de mudar

Após diversas tentativas falhas, você começa a se questionar. Parece que tentou tudo e nada funcionou. Você começa a acreditar que não é capaz. É o sabotador do "eu não consigo". Por exemplo, você quer emagrecer, mas o "eu não consigo resistir a um chocolate" invade e contamina a sua mente. Lembre-se do que disse Henry Ford: "Se você pensa que pode ou se pensa que não pode, de qualquer forma você está certo". Qual o desafio? Acredite em você. Quem acredita sempre alcança! Se você já lidou com esses desafios (ou está lidando), não está sozinho. Milhares de pessoas que responderam às pesquisas mencionaram as mesmas coisas. A boa notícia é que o problema não é você. O problema é a sua estratégia. E qualquer um pode aprender a construir melhores estratégias para gerenciar a mudança. Você é capaz de construir uma mudança sustentável, só precisa saber como ela funciona e gerenciar os desafios mencionados anteriormente. E, para facilitar a sua mudança, elaborei um quadro, que você pode visualizar sempre que sentir a presença de um dos sabotadores.

Sabotador	Desafio
"Não tenho tempo"	Priorize!
"Eu procrastino"	Faça ou faça!
"Planejo demais"	Ponha-se em ação e seja flexível!
"Eu fico sobrecarregado"	Faça uma coisa de cada vez!
"Eu fico entediado"	Comemore os resultados!
"Eu retrocedo"	Persista!
"Eu caio em tentação"	Tenha foco!
"Eu não consigo"	Acredite!

Aproveite-o! Desejo muito sucesso nos seus processos de mudança! Forte abraço.

7

Mude seu *mindset* por meio da sua autoestima

Este artigo mostrará a importância de se construir uma autoestima saudável, para transformar sua realidade e seus resultados. A partir de uma autoestima funcional é possível redefinir capacidades e merecimentos, de forma a elevar todas as suas possibilidades profissionais e pessoais

Ana Paula Gularte

Ana Paula Gularte

Administradora graduada pela Faculdade Dom Bosco (2010), Ana Paula Gularte atuou no ramo farmacêutico por 16 anos. *Coach* formada pelo Instituto IBC (2016), consteladora familiar pelo Instituto Anauê-Teino (2017) e Thetahealer (2018), trabalha na área de desenvolvimento pessoal e construção de novas realidades. Idealizadora do projeto "Metamorfose" dedicado a transição de jovens, em adultos mais conscientes e eficazes. Criadora também do projeto "Autoestima saudável e funcional em qualquer tempo e idade", em que trabalha diretamente com a construção adulta e saudável de uma autoestima funcional. A proposta é permitir que as pessoas explorem com mais efetividade suas capacidades e tornem suas vidas mais felizes e prósperas.

Contatos
www.anapaulagularte.com.br
ap_gularte@hotmail.com
Instagram: apgularteсoaching
(51) 99315-5494

> "Todo ser humano, sem exceção, pelo mero fato de ser, é digno de respeito incondicional dos demais e de si mesmo; merece estimar-se a si mesmo e que se lhe estime."
> Carl Rogers

O que faz a autoestima receber tanta atenção nos dias de hoje é o impacto que ela é capaz de causar em nossas vidas. É por meio dela que percebemos quem somos, quais as nossas capacidades e o quanto merecemos ser felizes, prósperos e saudáveis. É por meio dessa percepção pessoal, que construímos todas as outras relações que teremos na vida, sejam elas profissionais, afetivas ou pessoais.

Portanto, nossa autoestima é capaz de determinar de forma positiva ou negativa, que tipo de experiências vamos encontrar ao longo da vida, e principalmente, a qualidade dessas experiências.

Sendo assim, que atenção você tem dado a ela? Você sabe se tem autoestima disfuncional ou saudável? Algumas características pessoais podem dar pistas para você identificar isso.

O autoconhecimento é fundamental para que se possa reverter qualquer quadro de baixa autoestima e torná-la saudável e funcional. Isso pode ocorrer a partir de ressignificações de situações passadas e compreensão de experiências que possam ter deixado marcas profundas. Melhorando sua autoestima, é possível criar um novo *mindset* e uma nova realidade.

A história recente da autoestima

Esse é um conceito relativamente novo para a humanidade, e pode ser esse o motivo que gere tantas pessoas com baixa autoestima. Até o século passado, o que imperava era o instinto de sobrevivência familiar e social. Sentimentos como afetividade, amorosidade e manifestação de carinho são exigências individuais recentes, ainda muito distantes em alguns núcleos. Em certas culturas, esses sentimentos permanecem sendo vistos de maneira pejorativa.

Um dos primeiros teóricos a falar sobre a "ideia de si mesmo" foi o americano William James, em 1892. Freud e Rogers vieram logo em seguida. Costumo citar a definição de Rogers (abertura do texto), para resumir o que é a autoestima saudável e onde podemos chegar por intermédio dela.

Para complementar essa teoria, Maslow apresentou sua "pirâmide de necessidades", onde a autoestima figura logo acima das necessidades fisiológicas, de segurança, de amor e relacionamento. Podemos dizer que esses três itens, ou a falta deles, são determinantes para a construção de uma autoestima saudável ou não.

Compreender isso nos permite entender quais são os fatores que precisam ser vistos quando formos redefinir nossas percepções.

A contextualização histórica também facilita a compreensão de que gerações passadas, não muito distantes das nossas, não receberam o suporte necessário para construir uma autoestima saudável. Por causa disso, eventualmente, pode-se estar perpetuando uma percepção pessoal de desamor, não aceitação e não merecimento.

O que quero dizer com isso é que podemos invariavelmente, ser filhos, netos, bisnetos de pessoas que desconheceram um vínculo positivo de amor, que não tiveram suas necessidades fisiológicas e de segurança supridas corretamente. Por isso, não foram capazes de nos ajudar na construção da nossa autoestima.

Quando formatamos nossa autoestima

Nossa autoimagem começa a ser formada nos primeiros anos de vida, quando a criança ainda não tem maturidade neurológica para compreender situações de maneira ampla, para contextualizar corretamente e perceber nuances de sentimentos e expressões.

Isso faz com que muitas distorções e traumas aconteçam e definam a percepção da criança sobre ser amada, se sentir segura e respeitada.

Essas marcas, quando repetidas algumas vezes, serão carregadas ao longo da vida como verdades absolutas sobre si mesmo e serão os parâmetros definidores da autoestima dessa pessoa. No entanto, todas essas situações podem ser revistas e redefinidas em qualquer tempo e idade, elas são apenas uma maneira de perceber uma situação. Todo e qualquer acontecimento oferece múltiplas possibilidades de compreensão.

Podemos rever nossa autoestima, à medida que tomamos consciência das dificuldades que carregamos em relação a ela. Novamente, autoconhecimento é a chave para acessarmos outras possibilidades e a porta para o autodesenvolvimento.

Dito isso, podemos pontuar algumas características que são frequentes e predominantes no comportamento e nas atitudes de uma pessoa com baixa autoestima.

Os traços mais marcantes é que são pessoas permanentemente inseguras, se sentem inferiores aos demais, têm necessidade de aprovação e aceitação externas, se sentem desanimadas e tristes, sofrem com distorção da própria imagem e dependem de elogios. Além disso, têm vergonha de se expressar, pois se preocupam com a opinião alheia e costumam sentir raiva e ansiedade.

Como construir uma autoestima saudável e mudar seu *mindset*

O primeiro passo para modificar essa realidade é tomar consciência e aceitar suas dificuldades. O próximo passo é assumir a auto responsabilidade e compreender que a mudança depende apenas de si, além de se propor conhecer afundo as crenças que te fazem sentir assim. Nesse momento será imprescindível olhar para sua infância e as compreensões que sua criança teve sobre os fatos. Ressignificar traumas abre espaço para novas crenças e possibilidades.

54 Coaching mude seu mindset para o sucesso

Desenvolva gatilhos positivos que te fortaleçam internamente e ajudem nesse processo de construção. Meditação, músicas poderosas, filmes que apresentem uma imagem semelhante a que você busca, novos programas, atividades físicas, pessoas que estejam buscando melhorar também, animais de estimação. Todos recursos externos que fortaleçam a imagem interna, que ajudem a mudar a frequência que você vibra.

Passe a cuidar da sua comunicação, das palavras que são utilizadas, se você fortalece a si mesmo e os outros, quais frases utiliza. Sua comunicação diz muito a seu respeito. Decida como você quer se comunicar, como deseja que as pessoas te vejam, que tipo de relacionamentos deseja viver. Redefina suas noções de merecimento, olhe para suas capacidades, reavalie seus "defeitos", eles podem ser grandes qualidades. Tudo depende de quem vê e como vê.

Uma mudança progressiva de hábitos e comportamentos irá fortalecer sua construção de identidade, promovendo mudanças profundas no que você acredita merecer e no que se considera capaz de ser e fazer.

Por meio desse cuidado com você, será possível construir um novo ambiente ao seu redor. Quando você muda, o mundo muda com você.

Referências

BABA, Sri Prem. *Amar e ser livre: as bases para uma nova sociedade.* São Paulo: Dummar, 2016.

DONALD, WALSH, Neale. *Aprendendo a conviver com quem se ama.* Rio de Janeiro: Editora Sextante, 2006.

DUHIGG, Charles. *O poder do hábito: por que fazemos o que fazemos na vida e nos negócios.* Rio de Janeiro: Editora Objetiva, 2012.

SIEGEL, Bernie S. *Paz, amor e cura: um estudo sobre a relação corpo-mente e a autocura.* São Paulo: Editora Summus, 1996.

8

Como você enxerga o mundo é o mundo que gostaria de ver?

O quanto realmente controlamos as nossas emoções? Qual é a nossa real capacidade de mudança? Se fosse fácil, não teríamos tantas pessoas insatisfeitas e estressadas com a vida que vivem, não é mesmo? Neste capítulo, conto como eu superei alguns bloqueios para criar o mundo no qual quero viver. O que aprendi? Que a humildade e curiosidade me abriram para um mundo apaixonante de se viver

Ana Paula Schmitz

Ana Paula Schmitz

Coach com formação na arte & ciência do *coaching*. *Team coaching* pela Erickson Coaching International. Formação internacional em *coaching* executivo, comunicação e desenvolvimento de liderança pela Leading Group Leonardo Wolk Company. Graduada em ciências da computação, com MBA em gestão empresarial pela Fundação Getulio Vargas. Como executiva, a implantação de grandes projetos envolvendo áreas e pessoas foram seus grandes desafios, tendo como resultado a integração e o desenvolvimento das equipes. Como *Coach*, atua no comportamento humano, hábitos, crenças e comunicação, realizando *workshops*, treinamentos, grupos e palestras. Sólida experiência no processo de *coaching*, ajudando as pessoas a alinhar o propósito de vida, realização e motivação interna para superar dificuldades, mudando hábitos e comportamentos que vão em direção ao plano futuro. Sua grande paixão é o desenvolvimento das pessoas, instigando-as a buscar o seu melhor, suas realizações de maneira organizada, inspiradora e confiante.

Contatos
www.coachanapaula.com.br
anapaula@insightpositivo.com.br
Instagram: @coachanapaula.br
Facebook: Coach Ana Paula
(54) 98134-4554

Qualquer fato, cena, imagem, pessoa que você observa gera uma percepção, um sentimento e pensamentos pelo qual você se conecta com o mundo.

Helena está na sala, impaciente, angustiada, não consegue pensar em outra coisa a não ser dar um ponto final.

Levanta-se com a intenção de tomar uma atitude, mas recua. "E se for realmente a última conversa? E e o que vou dizer não adiantar de nada e continuar como tudo está?"

A angústia aumenta, Helena se sente congelada. Não sabe o que fazer ou dizer. A raiva e a angústia tomam conta, se dirige a ele e, aos gritos, diz:

— Você não está atendendo as minhas expectativas, não se compromete, só escuto reclamações e justificativas.

— Faça algo para melhorar.

Helena sai, energicamente, ficando impossibilitada de ouvir os argumentos dele.

Ao ler este texto:

Qual é o papel de Helena nesta cena?

Qual a relação de Helena com ele?

Helena é uma executiva e ele é um membro de sua equipe?

Helena é uma esposa e ele é o seu marido?

Helena é... Ele é...

Talvez você esteja lendo novamente o texto para acreditar que possa ter outras possibilidades, pois a sua primeira resposta parecia ser única. Isso acontece, pois, seu primeiro julgamento teve relação com as experiências que já viveu, seu passado. Para termos uma única versão, seria necessário conhecer todos os fatos do diálogo.

Independentemente do papel que Helena e ele exerceram neste texto, conversas como estas impregnam na nossa vida. Com frequência, reações que julgamos serem as corretas têm como resultado rompimentos e ressentimentos.

Quantas vezes você, cegamente, repreendeu com críticas aqueles que estão ao seu redor? Com que frequência você se afetou por julgamentos de outros? Quão repetidamente você viu relações prejudicadas em função de opiniões mal expressas?

Com base naquilo que acreditamos à primeira vista, que está diretamente relacionado com nossas experiências, sentimos as emoções e tomamos nossas decisões que nem sempre são as melhores.

Ana Paula Schmitz **59**

São as suas experiências e sonhos vividos que formam a imagem de como a vida é para você e de como ela poderá ser.

Quando crianças, exercitávamos a imaginação, a magia das fadas, heróis, Papai Noel... Estes contos irrigavam a nossa capacidade de criação, ampliavam a nossa curiosidade, exercitavam a nossa capacidade de criar mil possibilidades para aquilo que não podíamos ver, tínhamos poucas experiências, tudo era possível e íamos adiante, pois não pensávamos que poderia dar errado.

Quando você aprendeu a andar de bicicleta, o que o fez não desistir? Já parou para pensar como foi difícil? O equilíbrio, coordenar mãos e pés, pedalar, fazer uma curva. O que o fez ir adiante e não desistir? Afinal, eram muitos os riscos. E se não conseguisse? E se quebrasse uma perna? E se...?

Não sei você, mas eu nem pensei que essas coisas poderiam acontecer, simplesmente queria andar de bicicleta, me sentir independente, participar das brincadeiras e, mais do que tudo isso, se muitas crianças andavam, eu acreditava que também poderia, antes de começar a aprender, eu já imaginava estar andando de bicicleta, esse era o mundo que eu via.

Com o tempo, começamos a pensar mais nos riscos e erros que podem acontecer, do que nas vitórias e aprendizados que podemos ter. Tudo começa a ficar difícil, precisamos ver para crer, precisamos de muita segurança para avançarmos, não queremos errar, cair, nos machucar, se isso pode acontecer, não avançamos, e esse extremismo nos deixa lentos. Por que ficamos mais medrosos em fazermos algo novo?

Conforme vamos crescendo, vamos experimentando. Algumas tentativas dão certo, outras nem tanto. As experiências que geraram frustrações ficam registradas em nosso cérebro e, a cada nova tentativa, esse registro é acionado, nos lembrando da sensação ruim, nos deixando com medo de tentar novamente, mesmo que essa tentativa tenha ocorrido há dez anos.

Lembre-se do momento em que você aprendeu a andar de bicicleta. O que ficou mais marcado? Talvez esteja sendo difícil lembrar das dificuldades, porque o prazer e a realização de ter conseguido andar foram muito maiores do que as quedas, e você tem a certeza de que cada tombo valeu a pena. Registramos aquilo que aprendemos na experiência, neste caso, a conquista de andar foi o nosso maior aprendizado. Porém, nem sempre os registros de aprendizado são bons.

Quando eu tinha 11 anos, estava na escola, no fundo da sala de aula, com um blusão amarelo, prestando atenção na professora que, naquele momento, me fez uma pergunta que eu não lembrei da resposta. Fiquei muito vermelha, como sou "alemoa", o vermelho ficou mais destacado ainda, toda a turma virou para trás, apontando o dedo e dizendo:

— Meu Deus, ela vai explodir, olha ela lá! – e todos gargalhando da minha situação.

Naquele momento, o meu registro de aprendizado foi: toda vez que falar em público vai me dar um branco, vou ficar vermelha e as pessoas vão rir de mim. E foi com esse registro que vivi até os meus 40 anos. "Eu nasci assim, com essa característica, não levo jeito para isso." Os caminhos que decidi seguir tiveram influência direta desse registro.

Minha primeira formação foi em informática, onde teria pouca interação com pessoas. Trabalhei nessa área por mais de dez anos e, conforme fui crescendo profissionalmente, essa dificuldade de falar me prejudicava cada vez mais.

Foi com 40 anos que descobri que essa característica poderia ser mudada, desenvolvida. Descobri que eu estava em um círculo de comportamento, devido a essa experiência e que, se eu começasse a exercitar pequenas experiências com êxito, essa referência de comportamento poderia ser modificada.

Dei-me conta que eu escolhi acreditar no que me falaram naquele momento: — Ela vai explodir, ficou vermelha de novo! (risos) – toda vez que falava.

O mundo que eu enxergava era somente com base em minhas experiências passadas. Por mais que eu não gostasse dele, era ele que me deixava "segura", pois "já sabia" o que iria acontecer, eu acreditava nisso.

Para começarmos a enxergar o mundo que queremos ver, precisamos aumentar as possibilidades, sermos curiosos e criarmos, em nosso pensamento, esses cenários que quero enxergar.

Em um treinamento, utilizei esta imagem para trabalhar a percepção.

Convido você a fazer um exercício comigo. Observe-a!

Imagem: divulgação.

O que você sente quando vê? Uma imagem é o registro de um momento, se você pudesse contar uma história desse instante, o que poderia ter acontecido antes ou depois?

Qual é a sua história? Muitos dos grupos trouxeram sentimentos de felicidade, conquista, vitória!

Sabe qual foi o meu sentimento? Que estavam zombando de mim, rindo por eu ter feito algo ridículo, por ter dado um branco, por estar vermelha...

A mesma figura, a mesma cena e percepções tão diferentes.

Percebi que, por mais que eu já tenha superado esse meu medo– hoje dou palestra, treinamentos, vídeos – a minha primeira percepção será aquela que mais me marcou.

Como eu controlo esse sentimento de frustração e medo?

Eu não paro na primeira percepção, continuo observando a foto e me perguntando: "Ok! Pode ser que estejam zombando de mim, mas qual pode ser outra possibilidade? Estão me escolhendo, pois sou importante? Estão celebrando algo? Ou..." E, na medida que vou construindo outras possibilidades, vou acalmando meus medos e ansiedades.

Esse foi mais um dos meus aprendizados, o meu medo e a ansiedade sempre estarão ali. Preciso deles e sou eu quem controlo e dou o tamanho e espaço que eles precisam ocupar em meus pensamentos.

Quando criamos cenas que desejamos, em nossos pensamentos, também registramos experiências. Nosso cérebro não faz distinção se é real ou imaginário o registro. É simplesmente registro. E quanto mais registros positivos e de realização, mais teremos coragem de experimentar, pois o nosso registro é de resultado positivo.

Sabendo, agora, que o mundo que vê é com base nas suas experiências, vem o segundo passo. Qual mundo você quer ver?

Quando paramos de imaginar, de exercitar a nossa magia interior, perdemos a conexão conosco e passamos a nossa vida buscando essa conexão no outro, na família, no emprego e nos pais. Passamos a querer encontrar respostas no ambiente em que estamos. "Não sou feliz, porque não tenho a casa que gostaria, porque meu marido não é como gostaria, porque meu chefe não me dá oportunidades..."

Mas, afinal, quem você gostaria de ser? Para existir conexão, é necessário haver algo em comum entre o que vejo e quero.

O que, realmente, é importante para você?

O que o faz acordar todos os dias de manhã e ter motivação para realizar?

Não é raro encontrarmos pessoas que não sabem pelo o que brigam.

Lembro-me de uma cliente que não estava entendendo por que ela não estava se sentindo feliz, pois há pouco teria realizado o seu sonho, que era ter a sua casa espaçosa. Aprofundando o seu sonho, perguntei para ela por que era importante ter uma casa. "Para contar com mais espaço", respondeu ela. Por que mais espaço é importante? "Para reunir a minha família, eu imaginava todos reunidos comigo na casa". E, foi nesse momento que se deu conta do que era importante para ela, não era a casa, era reunir a família, estarem juntos.

No exemplo da minha cliente, a casa era o meio para ela ter o que realmente era importante.

Muitas vezes, focamos mais no meio (qual a profissão, o que quero comprar, qual cidade devo morar...), sendo que o mais importante é sabermos o que realmente nos inspira, nos enche de energia e de realizações.

O que você quer que aconteça tendo esses bens ou sendo este profissional?

Quando decidi ser *coach*, eu já sabia o que era importante para mim. O que me realiza é ajudar as pessoas a se tornarem corajosas, apaixonadas e motivadas todos os dias, enfrentando suas dificuldades, ampliando suas possibilidades e vivendo uma vida mais plena.

Antes de ser *coach*, era uma executiva. Era realizada fazendo o que fazia, pois lá também encorajava, instigava a equipe a fazer o seu melhor. Sentia que podia mais, queria atingir mais pessoas e me candidatei ao cargo de presidente, ocupado na época, pelo meu irmão mais velho. Em um processo de governança, não fui escolhida.

Isso, é claro que me frustrou, mas não me impediu de buscar outra alternativa para continuar lutando por aquilo que me realizava.

Poderia estar fazendo aquilo que me realiza, como presidente de uma empresa, *coach* ou instrutora, tudo isso é o meio.

Quanto mais queremos descobrir o que fazer, em qual profissão seremos felizes, que caminho devemos seguir, mais ficamos amarrados em nossas experiências, visão de mundo, e perdidos.

Primeiro, descubra o que é importante para você. O que realmente o realiza? Você já sabe, talvez não se lembre!

Eu o convido a descobrir o que é, realmente, importante para você, junto comigo. Para isso, escolha um lugar confortável, onde não será interrompido, tenha um caderno ao lado e escreva as respostas das perguntas que vou lhe fazer:

O que você mais gostava de fazer quando criança? Qual a brincadeira que mais o realizava? Qual papel você desempenhava nela?

Lembre-se de uma história em que você se sentiu realizado, que fez algo que o deixou muito feliz. O que aconteceu que o deixou feliz? Não importa se você era bom ou não no que estava fazendo, o importante era a energia que sentia, que o deixava motivado e realizado.

Lembrar da sua infância pode lhe dar uma pista.

Nem sempre é fácil lembrar e ter claro o que é importante para você, isso é mais comum do que imagina. Está tudo bem, a descoberta é um processo diário de percepção e tentativas. Tudo o que você estiver fazendo hoje, busque se conectar com as suas emoções, se perguntando: "isso me realiza? Deixa-me feliz? O que eu posso fazer, hoje, para experimentar e descobrir como me sinto?". A sua curiosidade vai acelerar essa descoberta.

Estamos falando de energia, quando senti-la dentro de você, como uma paixão, isso mesmo, tem a ver com estar apaixonado, pois é dessa forma que não irá pensar no que pode dar errado, mas na energia que sentirá quando realizar.

Lembra da história da bicicleta? É essa energia, essa emoção de andar de bicicleta que fez você nem pensar no que poderia acontecer até conseguir.

Agora, é hora de construir o mundo que você quer ver, sim, ele deve ser construído em nossos pensamentos, como fazíamos quando crianças, quando imaginávamos sermos heróis, princesas, fadas.

Comece anotando tudo aquilo o que você gostaria que acontecesse nesse mundo que quer ver. Quem estará com você? O que gostaria de estar fazendo? Imagine tudo aquilo que gostaria que acontecesse. Imagine a pessoa que você quer ser nesse mundo que está construindo.

Esse é o mundo que você quer ver? Sim? Agora vá para a ação. Escreva este novo mundo com detalhes, pense nele todos os dias, foque no que quer, você já fez isso quando aprendeu a andar de bicicleta, seu foco era andar, os tombos eram pequenas pedras para superar.

A conexão entre o que é importante para você e a sua paixão com o mundo que você vê darão a energia, a força e a coragem que precisa para encontrar o seu caminho de realizações e de sucesso.

Referências

BABA, Sri Prem. *Propósito.* Editora Sextante, 2016.

CURY, Augusto. *O Homem mais inteligente da história.* Editora Sextante, 2016.

DWECK, Carol S. *Mindset: a nova psicologia do sucesso.* 1. ed. São Paulo: Editora Objetiva, 2017.

ROBBINS, Anthony. *O poder sem limites.* 21. ed. Editora BestSeller, 2015.

9

Mentalidade para o sucesso e a geração de riqueza

A sua mentalidade está diretamente relacionada com os resultados que você está colhendo em sua vida financeira hoje, e colherá no seu futuro. Não é quanto dinheiro você tem e, sim, como você lida com ele, portanto, você pode transformar sua mentalidade para o sucesso e gerar riqueza a partir de agora

Andressa Akemi

Andressa Akemi

Master coach especialista em finanças e negócios. Palestrante e treinadora de equipes de alta *performance*. MBA *coaching*: liderança e motivação com foco em PNL pela UniFAJ. Certificação como *advanced coach*. Atua desde 2008 com treinamento de equipes, motivação e gestão do comportamento humano. Empresária, com experiência em *marketing* de relacionamentos e gestão de equipes. Atua com atendimentos individuais e em grupos, e também com seminários intensivos direcionados para o sucesso financeiro, transformando a mentalidade dos participantes. Idealizadora do Curso Intensivo Inteligência Emocional Financeira (*online*). Sua missão de vida é despertar a excelência nas pessoas, desenvolvendo novas habilidades e comportamentos, criando, assim, um novo estilo de vida: abundante, próspero e feliz em todas as áreas da vida, especialmente na área financeira.

Contatos
www.andressaakemi.com.br
akemi.mastercoach@gmail.com
Facebook: Andressa Akemi Rossaka
(19) 99705-7476

Você já se perguntou qual é o segredo do sucesso financeiro? Por que algumas pessoas parecem ter facilidade e dinheiro em abundância, enquanto outras passam uma vida inteira sofrendo pela escassez, com dificuldade em lidar com o dinheiro?

O tamanho do seu sucesso financeiro, do seu patrimônio, e de tudo aquilo que você tem ou conquistou até aqui no mundo material, está 100% relacionado com a sua mentalidade, ou seja, com a forma como foram configurados seus padrões financeiros, a sua programação mental. A capacidade de enriquecer está diretamente relacionada com a sua mentalidade para o sucesso e a geração de riqueza, pois o dinheiro é mais emocional do que racional.

Sendo assim, você poderá mudar seus resultados financeiros de dentro para fora, mudando a sua mentalidade sobre dinheiro, riqueza e prosperidade e, por meio de um passo a passo simples, iniciar um conjunto de novos hábitos que irão gerar uma riqueza verdadeira.

Saiba que o seu dinheiro e tudo o que existe é feito de uma única coisa: energia. Ela sempre viaja em frequências e vibrações. Então, o que é invisível cria o que é visível. A mentalidade de pobreza é focada na sobrevivência, já as pessoas com a mentalidade de classe média buscam conforto e *status*, enquanto as pessoas com a mentalidade de riqueza focam na liberdade e abundância.

Não se refere a quanto você tem na sua conta hoje e, sim, à forma como você se relaciona com o seu dinheiro, independentemente se você ganha R$ 1000 ou R$ 10.000 hoje. Não importa o quanto ganhe por mês, o rico sempre gasta menos do que ganha.

Descubra o seu modelo mental

De forma consciente ou inconsciente, tudo aquilo que vimos, ouvimos e sentimos na nossa infância formou a nossa programação mental. Ela é a soma de todas as ideias, conceitos, conhecimentos e informações que foram armazenadas como supostas verdades inconscientes. O que interfere, diretamente, em nossos comportamentos e resultados financeiros atuais, determinando, assim, a forma como você funciona, ou seja, como você lida com o dinheiro.

Então pense sobre: como foi a sua infância? O que você via dos seus pais? Abundância ou escassez? O dinheiro era motivo de alegria ou de discussões? Pegue uma folha de papel e comece a refletir e responder as perguntas: "o que o dinheiro é para você? Com o que você relaciona o dinheiro, a riqueza e a prosperidade? Você associa de forma negativa ou de forma positiva?". Coloque o que você sente e pensa sobre o seu relacionamento com o dinheiro.

Para mudar o seu modelo mental, é fundamental entender o quão profundo essas crenças limitadoras estão enraizadas em você. Assim, o primeiro passo é identificar cada uma delas, pois isso irá ajudá-lo a entender sobre os resultados que está colhendo em sua vida. Reflita: "quais as razões pelas quais você ainda não conseguiu ou acredita que não conseguirá ficar extremamente rico?". Faça uma lista das desculpas que você usa para si mesmo. Liste todas as coisas que o estão impedindo até agora.

A razão pela qual a maior parte das pessoas não consegue o que elas querem é não saber o que querem. Então, o principal objetivo aqui é ajudá-lo a ter clareza sobre quem você é e sobre como é o seu relacionamento com o dinheiro. Visualizar novas possibilidades de lucrar, crescer como pessoa e profissional e, além disso, aplicar estratégias eficazes para ganhar, gerir e poupar dinheiro, criando, assim, a liberdade financeira.

A melhor maneira de se realizar essa transformação é por meio do autoconhecimento e desenvolvimento de novas habilidades (por meio da leitura, de cursos, áudios e seminários), em que você irá desafiar suas crenças e transformá-las em fortalecedoras. Analisar a si mesmo é a parte mais difícil da transformação, pois exige atitude de buscar em si todas as respostas. Outra maneira de mudar a sua programação mental é mudar as pessoas com quem você convive. Comece a conviver com pessoas bem-sucedidas e agir como elas, modelando os hábitos e comportamentos das pessoas prósperas.

Vencendo o jogo

Nós, seres humanos, somos criaturas de hábitos. Sem perceber, de maneira inconsciente, muitas vezes, repetimos comportamentos e padrões que nos impedem de criar riqueza e abundância. As pessoas gastam e perdem o controle de suas finanças, porque elas continuam sentindo prazer ao suprir suas necessidades emocionais por meio do dinheiro.

A estratégia mais funcional para administrar o dinheiro, utilizada por inúmeros especialistas, é uma sequência de comportamentos que, realizados de forma repetida, se transformam em um novo estilo de vida financeira. O ser humano é escravo dos seus hábitos e a mente não gosta de mudanças, por isso, mantenha o foco e persevere. Todo comportamento é um hábito que se origina do modo como pensamos e da forma como vemos o mundo. De qualquer forma, mudar a sua mentalidade é uma atitude indispensável, para você conquistar a liberdade financeira. Não importa como está a sua situação financeira agora, o que importa é agir. Esses comportamentos, feitos de forma constante e repetida, produzirão mudanças extraordinárias e imediatas em sua vida financeira. A essência de ganhar o jogo do dinheiro é a clareza da decisão que lhe dará o poder da escolha e, assim, a liberdade financeira.

Mindset e hábitos para a geração de riqueza

Para viver o ciclo da realização e da prosperidade, você precisa mudar a sua mentalidade, seus hábitos e persistir focado em soluções, oportunidades e crescimento. Comece agora a ter uma mentalidade para a geração de riqueza e conquiste um novo estilo de vida. Siga os passos fundamentais para você começar a viver no ciclo da realização e da geração de riqueza:

1. Comece agora mesmo esse processo de mudança, da forma como está, de onde você está. Inicie a alteração de atitude mental e emocional. Deixe o passado para trás, com os conflitos que já viveu, e escolha um novo pensamento positivo para atrair a liberdade financeira. Assuma, hoje, um novo estilo de vida, lidando com o dinheiro da maneira certa, você pode começar exatamente de onde está;

2. Aumente dia após dia o seu crescimento pessoal, o valor que você gera em seu trabalho ou para seus clientes, ou seja, melhore a si mesmo sempre. Invista seu tempo, energia e dinheiro para adquirir mais conhecimento;

3. Desenvolva o seu foco, disciplina e domine o jogo do dinheiro. Foque em mudar a si, pois para aumentar seus rendimentos, primeiro você precisa crescer e aprender aquilo que ainda não sabe sobre o dinheiro, pois os seus novos hábitos de lidar com ele é que irão definir o tamanho da sua conta bancária;

4. Use o dinheiro de forma consciente, crie suas reservas para a prosperidade e coloque o dinheiro para trabalhar para você. As pessoas ricas têm mais de uma fonte de renda, pois diferentes fontes de renda trarão diferentes oportunidades de enriquecimento. Não espere o dinheiro cair do céu, não espere ter a sorte de ganhá-lo. Pelo contrário, os ricos sabem que eles são responsáveis pela geração de riqueza. Na mentalidade de riqueza, nós somos cocriadores de tudo que nos cerca, de toda energia que criamos;

5. Aumente o seu dinheiro e patrimônio, porque ter dinheiro é fundamental. Aprenda a gerenciar seu patrimônio e seu dinheiro: saiba como investir, fazer e produzir fontes de geração de renda para ser uma pessoa rica. Pessoas com mentalidade de riqueza sempre fazem mais do que suas funções no trabalho. Pessoas ricas fazem acontecer, assumem o compromisso de serem melhores a cada dia;

6. Mantenha o foco nas coisas mais importantes. Tenha metas claras e trabalhe por elas. Saber para onde se vai é fundamental, pois nos traz motivação constante;

7. Foque no agora. Concentre-se no momento presente e faça acontecer. Mantenha uma lista do que fazer em sua rotina todos os dias. Utilize bem o seu tempo, aproveitando oportunidades, gerenciando suas prioridades e sua agenda diária. Não deixe para depois o que deve ser feito agora. Não abra mão de seus objetivos. Saiba exatamente o que fazer e dizer não para algumas questões e, assim, automaticamente, você ganhará mais tempo para aprender e ter o seu momento de lazer e viver a vida;

8. Faça seu planejamento de vida, crie planos para a realização de seus sonhos, por meio de suas metas e plano de ação detalhado. Pessoas ricas têm lista de sonhos. Elas pensam e sonham grande. Fazem questão de visualizar-se realizando e conquistando esses objetivos;

9. Tenha clareza para tomar decisões e fazer escolhas, aprenda cada dia mais. As pessoas ricas cuidam de tudo aquilo que pode interferir em sua comunicação, gostam de estar com pessoas positivas e com quem as aprecia;

10. Crie novas oportunidades e supere desafios tranquilamente. Os ricos não gastam dinheiro. Eles fazem dinheiro. Não são consumistas, aliás, são excelentes vendedores e negociadores. Pessoas ricas produzem mais do que consomem. Então, ao invés de gastar, ganhe dinheiro;

11. Viva de forma intensa, com paixão pelo seu trabalho, pela sua vida e seus relacionamentos. Aproveite a vida, pois isso é fundamental para se tornar uma pessoa verdadeiramente rica. É aproveitar o seu dinheiro para aquilo que é importante para você, usando-o com sabedoria e clareza, celebrando a abundância. As pessoas ricas cuidam da saúde! A saúde da mente e do corpo são imprescindíveis para o seu sucesso.

12. Persevere na abundância: pense de forma positiva, generosa e abundante, sinta-se merecedor e atraia, assim, oportunidades para aumentar a sua renda todos os dias. Ajude e transborde a sua riqueza na vida dos necessitados. Na mentalidade de riqueza, vivemos a generosidade e a solidariedade.

13. Continue com riqueza, depois de ter feito os passos anteriores, pois ao iniciar essa jornada em busca da geração de riqueza e liberdade financeira, você precisa permanecer rico. Os ricos cometem erros e percebem que existem infinitas possibilidades de realização e aprendizado. Ficar rico é uma grande conquista, porém permanecer rico é o mais importante.

A busca pela liberdade financeira

Dessa forma, o ciclo para a geração de riqueza está em: criar, acumular e multiplicar a sua riqueza, despertando em si, esse grande desejo de realizar e alcançar algo grandioso em sua vida, contribuindo, servindo e vivendo cada momento intensamente.

A partir de agora, você pode iniciar a geração de riqueza e criar a liberdade financeira, com acúmulo financeiro para desfrutar de qualidade de vida, liberdade e realização pessoal. Sair de uma situação de estagnado e transformar-se em um empreendedor, investindo em si mesmo de forma constante e descobrindo tudo aquilo que irá lhe fazer ir para o próximo nível.

Para ser financeiramente livre você precisa começar ganhando uma quantia mínima necessária para começar sua jornada: fazer dinheiro e guardar dinheiro, desenvolvendo as habilidades e crenças para fazer mais dinheiro a cada dia. Mantenha o mesmo padrão de vida e aumente seus rendimentos, assim você poderá investir ainda mais e aumentar mais depressa os ganhos de seus ativos. Quando os seus rendimentos de ativos forem maiores que o valor necessário para manter seu padrão de vida, você terá conquistado a liberdade financeira.

Liberdade financeira é a capacidade de ter o estilo de vida que você deseja, sem ter que trabalhar ou depender de qualquer pessoa por dinheiro. Quando você consegue uma renda, sem ter que trabalhar ativamente para recebê-la, ela é chamada de renda passiva.

O principal objetivo é ganhar renda passiva, suficiente para pagar o estilo de vida desejado. Então, você é financeiramente livre quando a sua renda passiva é maior do que as suas despesas. Essa diferença entre o que o rico ganha e o que ele gasta é investida em ativos que podem lhe render mais dinheiro como, por exemplo, imóveis para alugar, negócios ou empresas de MMN, com o objetivo de construir uma renda passiva.

Comprometa-se. Acredite em si mesmo e em sua capacidade de fazer as mudanças que o levarão a novos resultados. Faça a diferença em sua vida todos os dias. Coloque cada um dos novos pensamentos e hábitos em prática, a partir de agora, para criar a sua liberdade e atrair para si novas fontes de renda e investimentos que lhe permitam viver a abundância. Faça os resultados surgirem em sua vida. Agora, para finalizar: o quanto você está comprometido em fazer isso acontecer na sua vida? O quanto você está comprometido em mudar seus hábitos, incluir novas formas de lidar e se relacionar com o dinheiro? Então, vamos lá! Conte comigo e sucesso nesta jornada.

Referências

EKER, T. Harv. *Os segredos da mente milionária.* Rio de Janeiro: Sextante, 2006.

VIEIRA, Paulo. *Fator de enriquecimento.* São Paulo: Editora Gente, 2016.

ZRUEL, Ben. *Eu vou te ensinar a ser rico.* São Paulo: Editora Gente, 2016.

10

Por que viver a mesma vida, se você pode ser mais feliz e saudável?

Neste capítulo, você irá encontrar um conteúdo para ter uma vida mais saudável. Por meio do autoconhecimento, mudança de padrão mental e comportamental, irá adquirir um compromisso com a sua vida, pois o que comemos reflete em nossas atitudes

Andressa Rodrigues

Andressa Rodrigues

Psicóloga clínica com foco no desenvolvimento humano. Especialista em ajudar pessoas a identificar e alcançar seus objetivos pessoais, lidando com questões que estão causando angústia, ansiedade e estresse, resgatando a autoconfiança, desenvolvimento e habilidades pessoais. Graduada pela Universidade Nove de Julho (Uninove), São Paulo. *Master coach* pela Sociedade Brasileira de *Coaching*. *Practitioner* em programação neurolinguística e alta *performance* em comunicação, pela Sociedade Brasileira de PNL. Proprietária da empresa AKNR Consultoria &Treinamentos.

Contatos
www.andressaknr.com.br
andressaknr@gmail.com.br
Facebook: Andressa Karina Rodrigues
Instagram: andressamaster
(11) 94750-1133

Quando o assunto é emagrecer e ter uma vida mais saudável, percebemos que a maior parte das pessoas não buscam fazer muito esforço para atingir suas metas. Algumas delas fazem exercícios físicos para enxugar uns quilos a mais, e outras buscam a reeducação alimentar.

Um belo dia, no meu consultório, estava com uma paciente muito dinâmica, quando surgiu o assunto de uma vida saudável. Acabei comentando com ela que estava precisando de uma boa nutricionista, porque queria mudar a minha alimentação e que a demanda sobre o assunto no consultório, com pacientes e clientes em busca do corpo perfeito, estava muito grande. Além disso, disse que eu gostaria de mudar a minha relação com a comida, pois já havia tentado de tudo e não obtinha respostas, por já ter nascido gordinha.

A paciente, mais do que rápida, disse:

— Eu conheço uma pessoa maravilhosa, que é a sua cara.

Lógico, depois de ter o contato em mãos, procrastinei por um tempo, até chegar "o dia D".

É claro que gostei muito da nutricionista e já fui relatando o que estava acontecendo comigo. Disse que eu queria emagrecer e que no meu consultório estava ocorrendo um surto do corpo perfeito. Discutimos um pouco e logo comecei a dar andamento no processo de emagrecimento, com direito a bioimpedância. A primeira foto de corpo inteiro, como um marco para iniciar o novo ciclo do antes e depois. Junto com isso, veio um novo cardápio, uma nova rotina, além de preocupações com a questão do meu sono, porque tenho insônia há muitos anos.

Bem, a primeira coisa que fiz ao sair do consultório foi comprar tudo o que estava na listinha longa para a minha nova fase. Os primeiros meses foram bem desafiadores. Começaram a surgir os primeiros desafios de não conseguir manter o foco e voltar à estaca zero. Com isso, o desânimo bateu.

Uma das piores coisas que existe é a famosa culpa. Não saber o que fazer com ela, já que está tão internalizada por ser consciente ou não, e refletir somente coisas negativas, tendo que olhar para as próprias fraquezas e imperfeições. É desanimador.

Nos meses seguintes, conversando com a nutricionista e voltando a história da demanda no meu consultório, de mulheres querendo emagrecer, surgiu a possibilidade de fazermos uma parceria de nutrição e *coach*. Comentei com ela que sempre foi desafiador o emagrecimento para mim, e que percebia o quanto era também para as minhas pacientes e clientes. Era preciso trabalhar as suas emoções, comportamentos e pensamentos. Portanto, nada melhor do que eu mesma passar pelo processo, usando as ferramentas a meu favor.

Andressa Rodrigues **75**

Ela amou a ideia e começamos uma parceria com a empresa de alimentação *fitness*. *Personal*, nutrição, *coach*, nova rotina de exercícios, mudança total de alimentação, e análise das minhas crenças e sabotadores. Quando decidimos emagrecer, o nosso estilo de vida muda e isso impacta em todas as áreas.

Quando os pacientes chegam ao consultório vêm carregados de histórias antigas de que já fizeram de tudo para emagrecer, várias dietas, medicamentos e restrições que, às vezes, até dão resultado, mas não são mantidas.

Por que as pessoas não conseguem se manter magras? Por que as dietas não são mantidas ao longo do tempo? Por que o prazer em comer é, muitas vezes, relacionado com a culpa? Simplesmente, porque não há um trabalho do principal, a mente.

Aí vem a pergunta! Como mudar o seu padrão mental em relação à atividade física? Como se relacionar com a comida? Para conseguir mudar esse padrão mental, existem alguns passos a serem seguidos.

Os primeiros passos

O primeiro passo é saber exatamente o que você quer, qual é o seu desejo. Quando você sabe, ao certo, qual é o seu objetivo, tem mais energia, garra, e motivos positivos para a ação. Mas, como assim? Não adianta você falar "não quero engordar". É preciso conhecer as suas metas, porque o que não quer, você já sabe.

O segundo passo

É descobrir qual o seu padrão mental. *Mindset* fixo ou *mindset* de crescimento? A definição de *mindset* seria algo próximo de "configuração mental", ou seja, como está organizado o nosso mundo e como devemos lidar em cada situação. É uma palavra da língua inglesa, que significa "mentalidade" ou "atitude mental", ou ainda, "modelos mentais". O que modela o nosso comportamento é o resultado do nosso pensamento.

Como vivenciamos os *mindset*, vai depender de cada situação. Os comportamentos serão diferentes.

No *mindset* fixo, tudo se torna permanente, não tem como mudar. Exemplo: "Eu nasci assim, sempre fui gordinha mesmo", "Não sei comer outra coisa, minha mãe me ensinou assim", ou "Não sou inteligente o suficiente para concluir essa tarefa", e por aí vai.

O desafio maior para quem fica no *mindset* fixo é saber que não pode falhar, e quase não tem espaço para novos aprendizados. Com isso, podem não surgir novas oportunidades ou progressos em suas metas.

Já no *mindset* de crescimento, a pessoa não se importa em não ser perfeita e encara as suas limitações com a visão de que precisa se esforçar mais da próxima vez. Ela cria estratégias e trabalha arduamente. Não é o erro, o resultado negativo ou o fracasso que levam às falhas.

Você falha consigo mesmo, quando desiste de tentar, quando não aposta na sua capacidade, quando não se dá outra chance, quando não vai até o fim para ver o resultado. Desistir é uma escolha.

O *mindset* não é algo permanente e variamos entre o fixo e o de crescimento, por toda nossa vida.

Nem sempre conseguimos ver as oportunidades de aprendizado, por isso precisamos estar atentos aos momentos que irão nos levar para cima ou para baixo, e os que irão nos fazer sentir bem, mal e limitados, algumas vezes. É necessário o autoconhecimento e desenvolvimento da nossa autopercepção, para sermos capazes de levar os nossos esforços a longo prazo, sem ficar pensando em resultados rápidos.

O terceiro passo

Primeiramente, você precisa entender que a ansiedade é um sentimento natural do ser humano. Toda pessoa, em algum momento, vai se sentir ansiosa! Ansiedade é aquela expectativa pelo que vem a seguir, só que ela pode ser exacerbada e, aí, o que acontece? Prejudica o seu comportamento.

O que você precisa fazer para resolver esse problema é controlar o que dispara a sua ansiedade. Então, controle os seus pensamentos e, consequentemente, ela diminuirá!

Minha vivência no consultório e, como trabalhar os *mindsets* para o emagrecimento?

Em primeiro lugar, o ambiente precisa ser seguro, com empatia e respeito. O "paciente" ou "cliente" precisa saber que é o fator principal nesse processo, e que a sua participação total trará o resultado desejado.

É importante usar técnicas para mudar os seus comportamentos e pensamentos, com foco total no presente; treiná-lo para identificá-los, avaliando suas crenças limitantes e averiguando qual o padrão de *mindset* que está sendo utilizado, por meio do seu autoconhecimento.

O paciente precisa ter a noção de onde ele quer chegar, qual é o seu propósito, o que ele ganha e perde alcançando o resultado esperado. Além de descobrir quais são os valores, pensamentos, sentimentos, forças, crenças e sabotadores que o impedem de se manter no processo de emagrecimento.

Para que ocorra a mudança de comportamento desse padrão mental, é preciso a compreensão e interpretação de suas atitudes. Saber o como, com quem, o que e quando as mudanças serão necessárias, considerando o indivíduo em sua totalidade.

Gosto muito de usar o termo "mudança de comportamento", para desmitificar a crença de que fazer dieta é ruim. Então, dessa forma, começamos a mandar informações ao cérebro, com pensamentos positivos, de novos padrões de comportamentos, com a comida e foco no novo.

Os comportamentos dependem do ambiente, da genética e da psique e um dos principais motivos para atingir os objetivos é a mudança de hábito, mas, para conseguir mudá-lo, precisamos detectar qual o pensamento, sentimento ou comportamento que vem antes para que, assim, ela possa ocorrer.

Ter uma nova rotina, sair da zona de conforto é desafiador e requer tempo. Confira abaixo, um grande case de sucesso da minha carreira.

Case

Sempre convivi com uma crença muito limitadora sobre minha vida. Pensava na minha insatisfação e frustração, acreditando que aquela realidade não poderia ser mudada. Durante muito tempo, minha mente só me dizia: "Eu não consigo... Queria muito, mas não consigo".

Eu acreditava, fielmente, que não era capaz e, mesmo quando ia atrás de uma mudança, a única coisa que pensava era que não daria certo. Eu estava insatisfeita, dentro de uma bolha, porém estava acomodada a ter um padrão de pensamento que me incomodava todos os dias. Apoiava-me em construções limitantes que me tornavam a minha própria inimiga. A baixa autoestima, insegurança, ansiedade e desmotivação me acompanhavam sempre, em tudo que eu fazia. Descontava na comida, até chegar à obesidade e ao maior peso que já tive. Isso, obviamente, me deixava mais ansiosa, insegura, infeliz e mais cruel comigo. Mastigava por todas as tentativas falhas de emagrecimento e pelos pensamentos negativos. Nunca estive ao meu lado, me apoiando. Como eu queria mudar, se não acreditava que era possível? Como poderia me ajudar, se eu só sabia me colocar para baixo? Houve uma época em que eu chorava todos os dias, me afundava cada vez mais. Aquela sensação era horrível, mas eu só conseguia pensar: "Sou desse jeito, não tem como mudar, tenho que aceitar". Mas isso nunca deu certo, porque comecei a entender que não queria me aceitar daquele jeito. Talvez fosse possível mudar, tinha que ter outro modo de pensar, alguma coisa que eu pudesse fazer por mim. E, naquele instante, acreditei e criei coragem de sair daquela bolha. Tive que ter um autoconhecimento que não é fácil, foi desafiador me encarar, olhar para mim mesma e me desconstruir pra poder ser livre.

Quando fui atrás de ajuda para passar por esse processo, enfrentei fases desafiadoras que me faziam sair da "caixinha". Pensar além do que eu imaginava que iria conseguir um dia. Mas, conforme ia me autoconhecendo, desconstruindo crenças e padrões, comecei a enxergar grande, senti um peso saindo das minhas costas.

Conheci uma liberdade tão leve, descobri que era fácil ser eu mesma e, a partir disso, comecei os processos de mudanças. Passei a entender o porquê nunca dava certo antes e nem daria, já que eu estava indo contra a maré o tempo inteiro. Hoje, digo que não acredito que fiquei tanto tempo refém, acreditando que havia algo me impedindo de alcançar as minhas metas, quando, na verdade, a única coisa que impedia minhas realizações era eu mesma. A frase passou a ser: "Vou fazer diferente, eu consigo." No decorrer de um ano, me tornei minha melhor amiga, estive ao meu lado em todos os momentos desafiadores, fui atrás de melhorar tudo que me incomodava. Vi meus sorrisos e, nos momentos mais difíceis, eu estava lá. Emagreci 18 kg e estou na metade do meu objetivo, acredito que ainda tenho muita coisa a aprender, descobrir e conhecer. Estou apenas no começo de um processo de crescimento que vai durar a vida inteira. Os altos e baixos me fazem lembrar do que me prendia antes, e ter a certeza de que aquela bolha não me cabe mais. Orgulho-me de ter me visto crescer.

Giuliana Fornino Ferreira

O que realmente funciona é ter a consciência de que a sua vida e as escolhas que você faz é de sua responsabilidade. É saber que você não é vítima de nada que te acontece, e sim que tudo foi plantado por você mesmo. Quando entender isso, haverá a sua libertação, e a força para ser dono do seu próprio destino. A única coisa que precisa fazer é escolher sua própria vida, apoderar-se dela, responsabilizar-se pelo que acontece em seu caminho e se tornar o seu próprio mestre.

Referência
DWECK, Carol S. *Mindset: a nova psicologia do sucesso.* 1. ed. São Paulo: Objetiva, 2017.

11

Acadêmico em ação: aprimorando competências do pesquisador

Este artigo convida o acadêmico a ter um *mindset* de crescimento, de modo que possa ser reconhecido como um pesquisador de excelência. Com uma abordagem multidisciplinar, temos a proposta de associar diferentes saberes e fazeres ao processo de desenvolvimento de competências como: *coaching*, mentoria, psicologia positiva, programação neurolinguística com foco na promoção do desenvolvimento aliado ao bem-estar do indivíduo. Este programa desenvolve-se a partir de cinco passos: descoberta, interpretação, ideação, experimentação e evolução – de forma criativa e inovadora trabalhamos com base na metodologia do *Design Thinking*

Andreza Regina Lopes da Silva

Andreza Regina Lopes da Silva

Doutora e mestra egressa do programa de pós-graduação em engenharia e gestão do conhecimento, na Universidade Federal de Santa Catarina. Especialista em educação a distância. Graduada em administração e pedagogia. Estudante de psicopedagogia. *Coach* e mentora focada em resultado, ajuda a potencializar o desenvolvimento de pessoas que buscam viver bem o seu propósito, a partir do desenvolvimento contínuo. Andreza Regina Lopes da Silva é *coach* e mentora, terapeuta, docente, palestrante, trabalha com a capacitação de equipe, formação de professores, *designer* educacional, supervisão e coordenação de projeto e de produção. Também possui experiência como pesquisadora, avaliadora de artigos científicos e projetos, além de ampla atuação com liderança. Autora de livros e artigos científicos; atualmente professora do Centro Universitário São José; CEO do Instituto de Pesquisa e Desenvolvimento Acadêmico Andreza Lopes (IPDAAL); Desenvolvedora e facilitadora dos programas "Acadêmico em ação", "Bem-estar em ação" e "Profissional em ação" – cujos objetivos se integram pela missão de contribuir com o desenvolvimento de pessoas que buscam aprender continuamente.

Contatos
www.andrezalopes.com.br
contato@andrezalopes.com.br
(48) 99997-5183

"Acadêmico em ação" é um programa de *coaching* e mentoria que apresenta grandes resultados, desde que haja o comprometimento do *coachee* (pesquisador) com o seu *coach* e mentor. O processo de *coaching* leva à autoconsciência e à organização de prioridades, o que ajuda *coachee* a trazer clareza do estado atual, a partir de uma parceria já na primeira sessão.

Segundo o trabalho desenvolvido no Instituto de Pesquisa e Desenvolvimento Acadêmico Andreza Lopes (IPDAAL), esta parceria deve se basear em cinco pilares: cocriação, ética, excelência, humanização e inovação.

• Cocriar implica em construir juntos. Traz a essência dos conceitos de *coaching* e mentoria, que se consolidam por meio da parceria. Aqui, *coach* (Dra. Andreza Lopes) e *coachee* (pesquisador em desenvolvimento), por meio da ampliação da empatia (elemento de conexão que inicia com o *rapport* chegando ao *flow*), mapeiam uma rota de ação necessária para chegar ao resultado desejado. Criar conexão é vivenciar experiências significativas.

• Ética consiste na base de todo o trabalho do programa. Preza pela transparência e igualdade nas relações, com vista a manter uma parceria justa com o indivíduo que busca pelo desenvolvimento, ao mesmo tempo em que considera essencial estar bem. Como destacou o renomado Psicólogo Martin Seligman, "a felicidade sozinha não dá sentido à vida [...] o bem-estar vira o centro das atenções [...] plural e significativamente [...] na vida das pessoas e no planeta".

• Excelência é o valor que direciona todos os dias e todas as ações envolvidas. Aprimora as competências pessoais e profissionais, contribuindo ao desenvolvimento consciente de um país melhor. O objetivo é criar um ambiente onde indivíduos são estimulados a serem reflexivos e críticos, para que trabalhem a consciência não só de sua pesquisa, mas o desenvolvimento daqueles direta ou indiretamente envolvidos. O compartilhamento de conhecimentos significativo e atualizado é uma fundamental característica da excelência.

• Humanização é a essência das atitudes e encaminhamentos que adotamos no desenvolvimento de nossas ações. É uma estratégia que resgata o conceito de "estar bem" diante da vida acadêmica que, por vezes, se caracteriza por um momento de conflito. Quando estamos na academia, experienciamos emoções e situações novas e inesperadas. Nesse aspecto, a humanização é condição *sine qua non* ao desenvolvimento de um pesquisador de excelência.

• Inovação é a ação necessária para quem busca crescer a partir do seu melhor, da sua potencialidade. Criamos oportunidade de desenvolvimento, por meio da identificação de novos caminhos e da integração de tecnologias e metodologias diversas, que inspirem a mudança contínua.

Buscamos, por meio de parceria (*coach – coachee*), o desenvolvimento de uma atmosfera de interesse e comprometimento, levando o pesquisador a entregar o ponto máximo do seu potencial, sendo parceiro na inovação para sua aprendizagem.

Todos temos curvas de aprendizagem diferentes à atuação docente da pós-graduação, que devem analisar as possibilidades de desenvolvimento de formação de um pesquisador. Isso significa dizer que o profissional que faz a mediação do conhecimento deve estimular as diferentes formas de aprendizagem, se importando especialmente com aqueles que apresentam dificuldades. Algumas ações podem auxiliar no processo de colaboração entre os principais atores do processo de desenvolvimento do pesquisador: orientando e orientador. Determinadas práticas colocam em evidência ambos que, em uma proposta de parceria e corresponsabilidade, podem potencializar um relacionamento adulto da aprendizagem, como:

• Estímulo ao uso de tecnologias direcionadas à facilitação das ações diárias;

• Questionamentos práticos para correlação da teoria no cenário de vivência;

• Ações de conexões entre o conhecimento adquirido e a necessidade da comunidade;

• Estímulo à reflexão por meio de questões orientadoras;

• Formação de grupos direcionados, conectados por situações-problemas comuns;

• Diálogo permanente, sem censura, estimulando criatividade e curiosidade;

• Desencadear observações e análises que identifiquem dificuldades de aprendizes.

Trabalhar juntos e descobrir o que o acadêmico não entendeu, é fundamental para a formação de pesquisadores de excelência. Autonomia e proatividade devem ser estimuladas e incentivadas continuamente na busca de resultados extraordinários.

Porém, isso não quer dizer que não tenhamos a necessidade de compreensão da natureza das pessoas, de modo a ajudá-las na superação e desenvolvimento para um aprendizado significativo. Certamente, o papel do professor nesse contexto, deve ser de facilitador e incentivador do processo de aprendizagem.

Coaching

O processo de *coaching* atende diferentes nichos que são concebidos a partir dos mais diversos papéis que assumimos em nossas vidas. Por exemplo: familiar, acadêmico, saúde e bem-estar, liderança, carreira, finanças, esportivo entre outros. Independente do cenário de concepção e desenvolvimento do *coaching*, que pode ser *online* ou presencial, individual ou em grupo. Este processo tem como princípio basilar a parceria entre *coach* e *coachee*.

No programa "Acadêmico em ação", a parceria é claramente desenhada após um momento de entrevista (denominado de "descoberta"), onde o *coach* e *coachee* mapeiam juntos, de modo prático, a situação atual do indivíduo, para, então, definirem o plano de ação.

Nesse momento, tem-se, após a entrevista, com base na experiência do *coach*, a definição de um pacote ideal que varia entre oito e dez sessões, com duração em média de 120 minutos. Aprovado a proposta, é iniciado o processo por meio da firmação de um contrato legal, assinado por ambas as partes. Conta-se aqui direitos e deveres de ambas as partes, bem como questões administrativo-financeiras vigentes.

Valorização das forças

Consideramos que um processo visando o desenvolvimento significativo das competências humanas não deve ser excludente. Por esse motivo, o "Acadêmico em ação" é um programa que converge práticas de *coaching*, experiência de *mentoring* e alternativas que possam aprimorar a formação do pesquisador de excelência.

Entendemos que o processo de crescimento exige mudança de *mindset*, e desenvolvimento de novos hábitos para a construção do caminho desejado, por meio da valorização das forças dos indivíduos.

Nesse sentido, na fase de descoberta, fazemos um mergulho profundo no estado atual, possíveis potenciais e sabotadores do estado desejado. Para isso, busca-se conhecer em profundidade, possíveis ameaças, fraquezas, oportunidades e forças.

A partir dessa clareza de consciência, ambos os atores do processo traçam uma rota de ação a partir da parceria, em busca de desenvolvimento profissional e pessoal desejado. Nesse processo, *coach* e *coachee* partilham de uma filosofia comum do processo de *mentoring* no contexto acadêmico, onde:

• *Coach* profissional com foco no resultado, age como um agente acelerador no desenvolvimento de competências do pesquisador;

• *Coachee* acadêmico em desenvolvimento, que tem por propósito tornar-se um pesquisador de excelência;

• *Coaching* é o processo de parceria mútua, em busca da aceleração na conquista de resultados desejados. No contexto acadêmico pode ser: planejamento e desenvolvimento de uma dissertação ou uma tese; estruturação e escrita de um artigo científico; qualificação e defesa; mapeamento e construção de um projeto de pesquisa; preparação para a carreira docente;

• Mentor profissional, facilitador do processo de concatenação de informações por meio de procedimentos claros, de modo a promover a construção de saberes científicos, a partir de uma boa experiência acadêmica;

• Mentorado acadêmico que busca por profissional que lhe dê orientação sobre o caminho de desenvolvimento. Enquanto pesquisador, encontra neste profissional, uma pessoa experiente para orientar e compartilhar suas melhores práticas;

• *Mentoring*, processo onde mentor e mentorado tem a oportunidade de trocar ensinamentos, de modo a alavancar a conquista dos resultados desejados.

Esses conceitos são essenciais e se unem para tornar o acadêmico mais forte. Nessa concepção de sucesso, convidamos nossos pesquisadores para que, ao invés de julgarem, ensinem e ampliem ainda mais seus conhecimentos.

É uma mentalidade de superação e empoderamento essencial para conquistar resultados extraordinários e ter sucesso a partir da entrega do "seu melhor". Esse é o segredo para engajar o acadêmico no seu processo de transformação profunda na conquista do desempenho.

O empoderamento o deixa apto a superar os desafios que surgirem durante a sua jornada. Entendemos que é possível obter conquistas sozinho, mas que ter um *coach* e mentor integrados à interpretação de sua orientação, permite acelerar a conquista de resultados de modo eficiente – essa fase é reconhecida como interpretação do momento que pode ser de crise, transição ou afirmação.

Estar em ação

O *coach* e o mentor, ou melhor ainda, o *coach-mentor*, podem ser pessoas das mais diferentes formações, gêneros, idade e raça. O importante, acima de tudo, é ter empatia e ser desprovido de preconceitos. Só assim conseguimos ouvir, aprender, perguntar, promover reflexões estratégicas, quando necessário, estabelecer troca real e significativa de experiência tanto no plano pessoal, quanto profissional.

Isso leva o acadêmico a estar imerso, de modo confiante nessa relação. Passo fundamental para entender que aprendemos sempre, e que compartilhar experiência e alinhar necessidades, pode ser muito rico e estimulante, se for sem precedência hierárquica, o que permite a exposição de dúvidas sem censura e que sonhos sejam levados a sério.

Por meio de uma parceria, a partir de melhores práticas de desenvolvimento, somadas a diferentes dinâmicas, buscamos estimular a recriação do pensamento – momento que denominamos de ideação, pois buscamos por melhores ideias de alinhamento de necessidades, possibilidades e planejamento de ações. Acreditamos que estar em ação é estar comprometido em se superar, aprender e, assim, conseguir o resultado desejado: a experimentação.

Conquista de resultado

Nem sempre resultado é sinônimo de produtividade. Às vezes, resultado pode ser entendido como a única competência necessária para a conquista do estado desejado. Desejamos que você compreenda que o resultado pode ser a escrita do seu primeiro artigo científico, da sua dissertação ou tese, ascensão financeira ou profissional.

Quem sabe para você, resultado pode ser sinônimo de superação do medo de falar em público, ou ainda perda de 15 quilos com satisfação, ao invés de sacrifício. E está tudo bem.

Todos estes exemplos caracterizam diferentes possíveis resultados. Como no processo ontogênese do bebê, temos fases distintas como rolar, rastejar, engatinhar, dar os primeiros passos para, então, correr. Um processo que não é da noite para o dia, mas, talvez, depois de um ou dois anos de exercícios.

O importante, como já recitava Albert Einstein, é reconhecer que insanidade está em "fazer sempre a mesma coisa e esperar resultados diferentes", ou seja, conquistar resultado é também conquistar e superar erros. Para aprender, é preciso passar pela fase da experimentação e experimentar o novo. Novos conceitos, novas formas de ser e agir, novas técnicas de ensinar e aprender. Como seres únicos, não estão condicionados a crenças e valores que decorrem do universo, mas que ganham significado a partir da integração com nossa estória de vida. Por isso, a mudança de *mindset* é fundamental à conquista de resultado.

Neste processo, profissionais como *coach-mentor*, podem auxiliar no aprimoramento de competências. Entendemos que a experimentação ganha força, quando temos um *coach-mentor* para segurar em nossas mãos e potencializar a criatividade por meio de práticas colaborativas e desenvolvimento.

O ponto final

Colocar um ponto final em uma situação, em um relacionamento ou em um cenário que esteja presente, nem sempre é algo fácil de fazer. Mas, no programa "Acadêmico em ação", entendemos que é possível. Para tanto, durante todo o processo, além de atender as necessidades a fim de se conquistar o resultado desejado, trabalhamos constantemente com a mudança de *mindset*.

Ao longo da parceria, o acadêmico irá reconhecer que *coach* e mentor não são "babás", mas, sim, parceiros e, por isso, não existe solução pronta. Para integrar um processo de *coaching* e mentoria de sucesso tão importante quanto um excelente profissional, é necessário termos um extraordinário *coachee* e mentorado.

Não queremos dizer que tenha que ser uma pessoa com alto desenvolvimento cognitivo, com domínio de dois idiomas, vivência no exterior, duas graduações, entre outros. Simplesmente precisamos de uma "pessoa normal", que esteja engajada em utilizar todo o seu potencial para aprender coisas novas e enfrentar situações desconhecidas, abrindo, assim, novos horizontes de desenvolvimento.

Só este compromisso é capaz de aprimorar as competências de um pesquisador de excelência. Um acadêmico que busca maestria na sua vida deve reconhecer que o caminho é longo e difícil, mas vamos admirá-lo não por seus limites e potencialidades, mas, principalmente, pela sua concentração e determinação em entregar o seu melhor.

Nós do IPDAAL, em nossas ações e experiências, pesquisas e práticas, temos a convicção de que vamos tentar, continuamente, buscar melhores maneiras de ajudar todos os indivíduos que chegam até nós, buscando excelência por meio do seu desenvolvimento. Compreendemos o processo como a fase da evolução, momento representado pelo aprendizado emergente da troca, que deixa o indivíduo pronto para a sua jornada de sucesso.

Dicas para estar bem

Pensando em tudo isso, a Dra. Andreza Lopes, com gênese universitária, fundou o IPDAAL com diferentes programas, como o "Acadêmico em ação" e o "Estar bem em ação". Com isso, pôde auxiliar no processo de desenvolvimento de competência dos indivíduos, por meio de práticas integrativas que trabalham a partir de cinco eixos inspirados na metodologia do *design thinking*: descoberta, interpretação, ideação, experimentação e evolução. Aliamos saberes multidisciplinar à prática interdisciplinar, para o aprimoramento de competências do pesquisador.

Certamente, a mediação de saberes que integra diferentes práticas como *coaching*, mentoria, psicologia positiva, programação neurolinguística, são discussões e caminhos que intersectam a aprendizagem significativa, com a soma de ações que visam auxiliar nas carências e dificuldades, quando o acadêmico não consegue conduzir com maestria a sua jornada de formação, enquanto pesquisador de excelência.

Você pode perceber que defendemos até aqui a filosofia de um fazer compartilhado, social, de integrados saberes múltiplos. Mas, queremos que você reconheça que estar bem é também uma escolha. Então, gostaríamos de convidar você a escolher: estar feliz, estar bem, entregar o seu melhor e viver os seus sonhos. E, como fazer isso? Exercite com as práticas que sugerimos a seguir:

- Desafie-se dia a dia, progressivamente;
- Inspire-se dia a dia com desafios crescentes;
- Comprometa-se com a sua melhor versão;
- Desenvolva seus próprios recursos, a cada nova necessidade;
- Olhe para trás e reconheça a aprendizagem;
- Olhe para frente e veja além do óbvio;
- Centre-se na felicidade e celebre cada conquista.

Esperamos ter estimulado aqui a questão mais importante para grandes resultados: seja o protagonista de sua jornada, escolha vencer. Para tanto, lembre-se: reconheça limites e potencialidades, valorize seu melhor, não julgue – ensine e aprenda, entregue seu melhor ao buscar uma vida plena.

Você conseguirá o que deseja desde que estimule o *mindset* do desenvolvimento com pensamentos do tipo: "tudo que eu quero eu posso, se eu entregar o meu melhor" ou ainda "tudo que eu quero eu posso, se eu buscar por parcerias que possam estimular o melhor que tem dentro de mim".

Com esta promessa e sem precedentes, se necessário, convidamos você a ser um camaleão que, por vezes, sobrevive por sua expertise em mudar de cor e camuflar-se no ambiente, seja para captura de presas ou em sistema de defesa de possíveis predadores.

Sucesso sempre na sua jornada de busca pelo bem-estar e melhor desenvolvimento!

Referências

DWECK, S, Carol. *Mindset: a nova psicologia do sucesso*. Trad. S. Duarte. São Paulo: Editora Objetiva, 2017.

MASETTO, TARCISO, Marcos. *Competência pedagógica do professor universitário*. 3ª ed. São Paulo: Editora Summus, 2015.

PÉREZ, BOU, FERNANDO, Juan. *Ferramentas de coaching educativo*. Portugal: Porto Editora. 2016.

PERCIA, André; SITA, Maurício. *Grandes mestres ensinam como estabelecer e alcançar resultados extraordinários na sua vida pessoal e profissional*. São Paulo: Editora Ser Mais, 2013.

SELIGMAN, E. P, Martin. *Florescer: uma nova compreensão sobre a felicidade do bem-estar*. Rio de Janeiro: Editora Objetiva, 2011.

12

Como enfrentar as transições de carreira e ser bem-sucedido

Respire fundo e mãos à obra. Você agora se encontra em período de transição, e precisa trabalhar para conquistar uma nova posição no mercado de trabalho. Quanto mais positiva a sua atitude, melhor serão suas chances. Nesse momento, estabeleça seu planejamento

Astrid Vieira

Astrid Vieira

Consultora especializada em *outplacement* e *executive search*, reconhecida nas organizações de grande expressão, pela qualidade na gestão e realização dos processos de transição e aconselhamento de carreira. Pós-graduou-se em *Marketing*, pelo Centro Universitário UNA e graduou-se em Comunicação Social pelo Centro Universitário de Belo Horizonte. Possui expressivo *networking* corporativo, em empresas nacionais e multinacionais, adquirido em mais de 20 anos de atuação, assessorando organizações em demissões e contratações. Especialista na transição e prosseguimento de carreiras de executivos *c-level* e gerentes estratégicos. Fundadora e presidente da LEADERS HR Consultants, palestrante e escritora de diversos artigos nas áreas de recursos humanos e economia para jornais e revistas especializados. Tem participação em telejornais, programas de tv e rádio, contribuindo com informações relevantes referentes ao mercado de trabalho, carreira profissional, *marketing* pessoal e negócios.

Contatos
www.leadersbr.com
astrid.vieira@leadersbr.com
LinkedIn: br.linkedIn.com/in/astridvieira
(31) 98527-6462

A tarefa à sua frente terá mais êxito ou menos êxito,
dependendo do tempo e da qualidade de seu investimento.

Faça o seu plano de ação para a busca de um novo trabalho

Sugiro, inicialmente, fazer a revisão e planejamento de carreira.

Oportunidade para avaliar o passado, analisar o presente e planejar o futuro. Recolocar-se requer preparo, tempo, dedicação e muito esforço. Aproveite a oportunidade para renovação e crescimento pessoal e profissional. Quais são seus conhecimentos, habilidades intelectuais e operativas? Quais as suas competências para a resolução de problemas? Qual é a sua experiência profissional, realizações e resultados expressivos? O que você tem para oferecer à empresa contratante?

Rever a trajetória profissional, melhora a autoestima e a autoconfiança necessárias para quem deseja repensar a carreira e buscar um novo desafio.

Defina com clareza os objetivos profissionais e atualize o currículo. Quanto maior a experiência, mais consistente será o seu material curricular. Defina para onde você pode levar o seu *know-how* e quais empresas precisam mais de suas competências:

Avalie primeiramente as empresas dos mesmos segmentos que você atuou. Posteriormente, avalie empresas que trabalham no mesmo mercado.

Considere organizações com processos de produção, comercialização e tecnológicos similares. Quanto mais aberto a uma mudança geográfica, melhor. Alguns mercados são menos concorridos e podem oferecer excelentes oportunidades. A recolocação mais fácil é quando se busca a mesma área de atuação, no mesmo segmento.

A segunda recolocação mais fácil, é quando se busca a mesma área de atuação, porém, em outros segmentos. Se torna difícil a recolocação, quando se busca outra área de atuação no mesmo segmento. E a recolocação mais difícil, é quando se busca nova área de atuação, em segmento diferente.

Atualize o seu currículo e o seu LinkedIn

Em tempos de desemprego, o *LinkedIn* se torna um grande aliado na recolocação profissional. Aprimorar os conhecimentos nesta poderosa rede social com foco corporativo, poderá contribuir muito no tempo e na qualidade da conquista de seu novo empregador. Presente em 200 países, conta atualmente com 500 milhões de usuários no mundo e 45 milhões no Brasil – e se tornou o principal espaço para o desenvolvimento de projetos, divulgação de artigos, e estímulo de contatos profissionais, com o objetivo de intensificar a construção de uma interação mais próxima entre candidatos a vagas de emprego, *headhunters* ou profissionais de recursos humanos.

Saber interagir nos grupos do *LinkedIn* e usar a rede social para a busca de uma nova colocação.

As pessoas que procuram transformar o perfil do *LinkedIn* em um currículo, podem fazer uso da ferramenta *resume builder*. Além desse recurso, a rede social também dispõe de outros aplicativos e abas funcionais, que podem facilitar a divulgação de qualificações profissionais e a interação assertiva entre usuários.

No interior da plataforma, é possível criar uma assinatura de e-mail personalizada a partir do perfil do usuário; desenvolver e divulgar um portfólio digital por meio da ferramenta *creative portfolio display*; criar um "espelho" do perfil do usuário em outra língua; personalizar a URL do perfil de usuário para que a mesma se torne mais informativa e direta; e publicar conteúdo autoral, com textos e artigos.

O *LinkedIn* também permite a segmentação e organização de contatos, por meio do uso da aba "conexões"; a busca por vagas de emprego na área de formação do candidato, por meio do uso da aba "empregos"; e a inserção de palavras-chave relacionadas a área de trabalho do candidato.

O *LinkedIn* também é uma ferramenta de busca, com base em palavras-chave. Então, quanto mais o usuário fizer o uso desses termos relacionados a sua área de trabalho, maiores serão as possibilidades do perfil ser encontrado por algum recrutador.

Conheça sua disponibilidade financeira e reveja o seu orçamento

Defina quanto tempo você dispõe até a entrada de novos recursos. Analise e controle os gastos. Administrar bem o seu dinheiro é fundamental para que você tenha tranquilidade em enfrentar o momento da busca de uma nova oportunidade de trabalho.

Conheça o seu orçamento familiar, se possível faça cortes de despesas. Invista em sua reciclagem e apresentação pessoal. Verifique a possibilidade de renda alternativa em trabalhos temporários, consultorias como professor, entre outros.

Invista em sua saúde física, mental e espiritual

Corpo e mente saudáveis serão grandes aliados para enfrentar os desafios na busca de uma nova ocupação profissional. Estando saudável, o profissional terá a chance de melhor interação com as pessoas, de decisão e melhores negociações.

Tenha bons pensamentos. Quanto mais positiva sua atitude, melhor serão suas chances. A quanto tempo você não faz um *check-up*? Como está o seu colesterol? Como está o seu peso? Você faz atividade física regularmente ou pratica algum esporte? Se necessário, contrate um nutricionista.

Reserve algum tempo para cultivar a sua fé e espiritualidade, independentemente de qualquer religião.

É preciso conhecer as exigências do mercado de trabalho e identificar os pontos de desenvolvimento de suas competências. Se necessário, invista em um MBI. Domina o idioma inglês? Faça uma imersão.

Qual o seu domínio dos recursos tecnológicos? Que equipamentos e programas você tem conhecimento? Como está sua cultura geral? Leia e estude muito. Quais os últimos três livros que você leu? Está atualizado a respeito dos últimos acontecimentos no mundo e a repercussão em nosso país?

Ative o seu *networking*

Lembre-se de que seu amigo ou conhecido, amanhã poderá estar em seu lugar. Aja com naturalidade, sem prevenção, expondo com clareza o seu momento. Todos estarão dispostos a ajudar. A rede de relacionamentos é o instrumento mais eficaz para descobrir novas oportunidades. Aproximadamente 80% das contratações acontecem por indicações pessoais.

Quanto mais você trabalhar e expandir sua rede de relacionamentos, maiores serão as suas chances de ficar sabendo das oportunidades e de ser contratado.

Não devemos fazer *networking* apenas enquanto buscamos uma nova oportunidade de trabalho; devemos praticá-la sempre, só assim seremos lembrados.

Todas as pessoas são importantes; o cliente da empresa, o fornecedor, o chefe, o par, os demais funcionários, o amigo, o conhecido. Sempre tem alguém que conhece alguma pessoa dentro de uma empresa e, portanto, poderá indicá-lo.

A rede de relacionamentos se baseia na troca. Todos irão contribuir de alguma forma.

Cada entrevista é única, prepare-se

O entrevistador deseja selecionar pessoas que possuem experiência aderente, não querem correr riscos, desejam contratar o profissional com o melhor custo benefício.

A finalidade principal da entrevista é avaliar até que ponto os objetivos da empresa contratante e do candidato coincidem ou não. É a principal etapa do processo seletivo, a *performance* do candidato nesta fase é fundamental. Deve ser encarada como uma oportunidade de se apresentar à empresa e provar a sua competência.

É o momento que o entrevistador avalia a apresentação do candidato, *marketing* pessoal, capacidade de comunicação, nível de ansiedade, conhecimentos, atuação, competências, valores, entre outros.

Nos processos seletivos, estar bem cuidado e preparado, está diretamente relacionado ao bom desempenho.

Você que fez o inventário de seus conhecimentos e de experiências, se reciclou, adquiriu novas certificações, estudou e continua estudando; agora, você pode apoiar-se em sua trajetória profissional e resultados para aliviar a tensão da entrevista.

Em um momento de disputa acirrada, você estará apto a trocar ansiedade por competência e nervosismo por confiança. Você estará contratável.

Em todos os momentos do processo seletivo, você deve se preocupar em ser percebido por suas atitudes, habilidades e competências.

Supere os obstáculos de modo produtivo, nunca diga "não". Dizer "não" significa negar a posição ou a opinião do entrevistador ou, ainda, se negar a discutir algum aspecto ligado ao cargo.

Estrategicamente, não se contraponha à opinião do entrevistador, admita-as como possíveis, porém, fique aberto a discutir os seus posicionamentos. Negocie sempre, é melhor ganhar do que não ganhar.

Espero e desejo que você encontre uma posição a sua altura no menor prazo possível. Acredite! Quem crê, traz consigo uma enorme vantagem competitiva: a confiança necessária para atingir os seus objetivos.

13

A mentalidade do líder *coach*

Neste capítulo, você descobrirá como pensar, agir e se desenvolver, para elevar o nível de *performance* da sua equipe e garantir êxitos em seus resultados como líder *coach*

Camila Benatti

Camila Benatti

Master coach certificada pelo *International Association of Coaching* e *European Mentoring & Coaching Council*. Analista comportamental e de inteligência emocional. Atua na área de educação profissional há mais de 15 anos. Atualmente, é docente nos cursos da área de tecnologia e desenvolvimento social e gestão de pessoas no Senac São Paulo. Desenvolve pessoas por meio do processo de *coaching* de carreira e treinamento *in company*, para aperfeiçoar competências comportamentais de equipes e liderança *coach*.

Contatos
camilabenatticoach@gmail.com
Facebook: coachcamilabenatti
Instagram: camila_benatti
YouTube: CamilaBenatti

Liderar é um processo constante de desafio. Todo líder assume esse papel com o compromisso de fazer a diferença e elevar os resultados quantitativos da corporação. No entanto, o líder com mentalidade *coach* busca excelência por meio da sua conexão com as pessoas, e compreende que negócios são criados por pessoas, para pessoas.

Por isso, seu foco é proporcionar oportunidades de desenvolvimento, colaboração, *feedback* e *feedforward*; escutando e valorizando os liderados em sua singularidade e, principalmente, em relação aos seus esforços e na busca de aprendizado contínuo, ou seja, desenvolver pessoas para que elas desenvolvam o negócio.

A gestão do líder *coach* é transparente, focada, criativa e aberta, tanto em relação às pessoas, quanto a ideias e mudanças. A cultura organizacional administrada por líderes *coaches* promove um clima de satisfação e bons relacionamentos entre equipe, empenho, produtividade e alta performance, são movimentos naturais do cotidiano, os colaboradores possuem sentimento de pertencimento, buscam alcançar metas como se fossem as próprias.

Mas esse cenário só é possível, quando o líder é aquele que inspira pelo exemplo de liderar a si mesmo. A partir do *mindset* de autoaperfeiçoamento contínuo, ele exercita reflexões sobre si mesmo, sabe identificar e reconhecer suas fragilidades, limitações e potencialidades. Além disso, cria um plano de ação para cada uma delas e consequentemente promove transformação constante do seu modelo mental e comportamental perante a si mesmo e aos outros. Mas, por onde começo? Como identifico minhas deficiências ou minhas potencialidades?

Comece identificando o seu modelo mental. Sim, todos nós temos um padrão de pensamento que conduz os nossos comportamentos e tomadas de decisões. Começar reconhecendo é o primeiro passo para compreender a necessidade de mudança.

Leia as sentenças e marque com "identifico" ou "não me identifico".

( ) 1. Tenho a sensação que estou rodeado de pessoas incompetentes.

( ) 2. Treinamento é uma grande perda de tempo e dinheiro.

( ) 3. Sou um líder experiente, cheguei onde estou sem precisar de *feedback* ou algo do gênero. Inteligente, sempre tive tino para os negócios, elevando as métricas quantitativas da empresa. Busco por profissionais com o mesmo perfil.

( ) 4. Sei reconhecer quando estou errado e não terceirizo a culpa, os meus liderados e os resultados apresentados por eles são também responsabilidades minhas. Acompanho periodicamente o processo e esforço individual.

( ) 5. Sempre que possível, treinamentos são promovidos para desenvolver a equipe.

( ) 6. Sempre busco melhorias para minha *performance* como líder, seja por meio de treinamento, consultoria, *mentoring* ou *coaching*.

Se você sinalizou "identifico" para as questões 1,2 e 3, e "não me identifico" para as demais, você possivelmente possui um padrão de pensamento definitivo e de julgamento em relação a você mesmo, pessoas e ideias. Tende a evitar situações que coloquem em evidência suas fragilidades ou limitações, acredita em seu talento e costuma transparecer somente os seus pontos mais fortes.

Gosta de receber elogios que enalteçam sua autoestima e o seu ego, define e julga pessoas por seus talentos e inteligência. Não costuma realizar *feedbacks* e promove pessoas por métricas mensuráveis quantitativas em relação à resultados.

Caso tenha sinalizado "identifico" para as questões 4, 5 e 6, e "não me identifico" para as três primeiras, seu padrão de pensamento, provavelmente é mais flexível e focado no autoaperfeiçoamento. Parte da premissa que para obter êxito com a sua equipe, demanda autodesenvolver-se continuamente para apoiar, aprimorar e, assim, elevar a performance dos seus liderados e potencializar resultados. Valoriza o esforço e confia na capacidade individual das pessoas para mudar. Desafia constantemente sua equipe, colabora e compartilha responsabilidades.

Mas, fiquei na dúvida, coloquei "identifico", tanto para questão 1, quanto para a 5. Se tenho um padrão de pensamento, não deveria ter essa dúvida, certo?

Perfeitamente normal, nossos padrões mentais oscilam entre um padrão definitivo e outro mais flexível. No entanto, a reflexão precisa focar no *mindset* mais frequente, naquele que se faz presente quando precisa tomar decisões complexas, quando se trata de olhar para si mesmo e para as pessoas. Sugiro que volte nas questões e pense em você como líder e em situações semelhantes que já experienciou.

Está dizendo que existe um padrão mental bom e o outro ruim?

Não, o ponto está em um dos padrões. É o facilitador para desenvolver a mentalidade de um líder *coach*, o padrão de pensamento mais flexível, sempre aberto e focado em aperfeiçoamento contínuo. Carol Dweck, pesquisadora no campo da psicologia social e de personalidade, facilita essa compreensão. Ela define em dois os nossos *mindsets*: fixo e de crescimento.

"O *mindset* fixo acredita que suas qualidades são imutáveis, cria a necessidade constante de provar a si mesmo o seu valor... O *mindset* de crescimento, se baseia na crença de que você é capaz de se modificar e desenvolver por meio do esforço e da experiência."

Nesse preceito, podemos afirmar que o líder *coach* possui o *mindset* de crescimento. Ele valida seu padrão mental por meio do seu comportamento, comunicação assertiva, construção das suas relações interpessoais e reconhecimento individual da crença do "aprender a aprender", como pilar essencial para manter o entusiasmo e paixão pelo o que faz. Inspira pelo exemplo dessa busca constante em se aprimorar e acreditar que todos podem fazer o mesmo.

Lidere a si mesmo: controle o seu ego e se conheça

Muito se fala em exercitar o autoconhecimento, mas poucos são aqueles que os fazem, não porque não desejam, mas porque trata-se de "olhar para dentro de si". Esse exercício, nem sempre resulta em algo positivo, às vezes, pode ser até constrangedor, pois você poderá identificar questões sombrias, tristes e até preconceituosas ou egoístas. É por isso que é mais fácil conversar com o próprio ego, que nos alimenta com pensamentos e emoções que nos agradam.

Para se autoconhecer, é preciso estar pronto para identificar e encarar as diversidades e adversidades que encontrará em si mesmo. É preciso controlar seu ego para essa conversa íntima e verdadeira; caso contrário, você identificará e exaltará seus pontos fortes, enquanto suas fragilidades encontrarão justificativas para se manterem como são.

Identificar – no diálogo interno com o ego, o colocamos em um pedestal. A voz que ecoa é a que nos reafirmamos como os melhores e perfeitos. O ego se faz presente no "autoconhecimento" de um padrão mental fixo, inflexível e sempre em busca da perfeição. Ele não permite errar, assim, não "tenta", para que não deixe o seu super, ultra, mega ego sofrer. Ali não é permitido frustração.

Agora, quando alguém com o padrão mental de crescimento, um líder *coach*, faz esse mesmo exercício, a conversa é focada em si mesmo, sem a pretensão de agradar ou amaciar o seu ego.

Ele identifica e lista todas as informações sobre si mesmo, seus gatilhos mentais, emoções e contextos que desencadearam determinados comportamentos e tomadas de decisões e, assim, passa a refletir sobre si.

Refletir – É reconhecer o que precisa ser mudado ou transformado, em que situação aconteceu, qual parte do processo foi negligenciada, quais foram os impedimentos, o que posso aprender com isso?

A reflexão também deve ser evidenciada quando os resultados são positivos. Olhar para cada parte do processo e as decisões que levaram a tal resultado, não para inflar o ego, mas para aprender e colocar novos desafios a serem enfrentados. E, assim, já partir para o passo seguinte: criar um plano de ação.

Plano de ação – Consiste em criar estratégias e começar a agir sobre cada elemento que deseja mudar ou transformar, em relação a si mesmo. Pense:

O quê? Detalhe o que deseja mudar em si mesmo, transformar, desenvolver ou até mesmo eliminar (pode ser, por exemplo, uma habilidade, competência, comportamento, ou a forma em lidar com as emoções ou as pessoas).

Como fará isso? Quais capacidades e recursos internos e externos você possui, que poderão auxiliá-lo a conseguir? Pense, visualize as opções que você possui, oportunidades e pessoas que podem te ajudar. Sugiro pensar sempre, no mínimo, em quatro alternativas diferentes. Muitas vezes, as pessoas desistem de mudar ou conquistar algo porque só enxergam uma possibilidade, porém, o caminho mais fácil nem sempre é o melhor.

Quando e onde? Data e horário para executar a ação. Coloque em uma agenda e trate como um compromisso consigo mesmo, e não uma simples tarefa rotineira. Leve-se a sério e pense no local onde irá executar a ação.

Visualize o "futuro": nossa mente não diferencia realidade do imaginário, por isso, se você se permitir sentir, ver ou escutar algo relacionado a sua meta, terá mais motivação em trabalhar e se esforçar para executar seu plano de ação e conquistar o que deseja.

Cuidado com a autossabotagem: nós podemos ser amigos ou inimigos de nós mesmos, este último é muito comum em quem tem o padrão de pensamento fixo. A autossabotagem vem acompanhada de uma desculpa fantástica e até mesmo criativa, para justificar o próprio boicote.

Pessoas com *mindset* de aperfeiçoamento sabem que nada é fácil e que, para mudar algo em si mesmas, são necessários muito esforço, disciplina e perseverança. Por isso, fazem um planejamento já pensando em estratégias para impedimentos à execução do plano de ação.

Transformar - A transformação é o êxito do ciclo do autoconhecimento. Identificar, refletir e agir com base em um planejamento detalhado.

Desenvolva pessoas para serem líderes

Para o líder *coach*, liderança não se resume a um *status quo*. É uma questão de postura, filosofia de vida, que todos podem assumir, independentemente de onde se encontram no organograma.

Ele acredita que todos podem assumir a liderança perante a vida, tanto no âmbito pessoal, quanto profissional. Nesse sentido, ele constrói suas relações baseadas em confiança e empatia, e desenvolve pessoas para que possam ser autônomas em relação à carreira, decidindo por qual trilha do conhecimento precisam caminhar para elevar sua alta *performance*. Nesse processo, por meio da escuta atenta e diálogo estruturado, ele apoia, incentiva, valoriza, avalia, acompanha e respeita as escolhas.

Não pare de crescer

O líder *coach* não tem medo de se arriscar ou errar, assume as consequências dos seus atos. Ele entende o que deseja, conhece seus valores, necessidades e desenha planos para alcançá-los. Se for preciso refazer o plano e repensar as estratégias, o líder *coach* encara como desafio a ser enfrentado, busca subsídios e aprendizado para enfrentá-lo. Para o líder *coach*, o aprendizado deve ser contínuo.

Qual a sua filosofia de liderança? Como você inspira a sua equipe? Deseja ter o *mindset* de um líder *coach*?

Reconheça que é capaz de aprender ou aprimorar qualquer habilidade, por meio do compromisso consigo mesmo e dedicação. Conheça seus pontos fortes, fragilidades e reflita sobre seus valores e reais necessidades como pessoa e como líder. Não há como ser um líder *coach* sem conhecer a si mesmo, seu esforço e empenho serão alicerces das suas conquistas.

Referências

DWECK, Carol. *Mindset: a nova psicologia do sucesso.* Pp. 14 e 15. Rio de Janeiro: Editora Objetiva, 2017.

14

Coaching transformacional

O *coaching* em essência é transformacional, nos abre a porta para novos níveis de consciência, elimina as fronteiras, reduz as distâncias e expande nossos pensamentos. *Coaching* transformacional é aprender sem ser ensinado, é um espaço de silêncio, onde o outro pensa e aprende a aprender, para empreender e transcender. *Coaching* transformacional é fazer da sua paixão uma profissão

Carlos Raúl Villanueva

Carlos Raúl Villanueva

Graduado em Engenharia e Informática, com especialização em Finanças Bancárias, pela Universidade Alejandro de Humboldt, na Venezuela. MBA em gestão, empreendedorismo e *marketing*, pela Pontifícia Universidade Católica do Rio Grande do Sul – PUCRS. É CEO e *master coach trainer* da Alliance Trainer Center. *Professional coach* pela International Association of Coaching (IAC), e pela International Coaching Community (ICC). *Master coach licensee international association of coaching masteries. Regional coordinator operator* para Latinoamerica e Espanha na IAC. É *master coach* do programa internacional em *business coaching, coaching* transformacional, e do programa internacional em *coaching* executivo e organizacional (CEO). Tem implementado certificações internacionais de *coaching* no Brasil, Chile, Panamá, Costa Rica e Venezuela.

Contatos
ceo@atcinternacional.org
(51) 98333-7172

Coaching é um espaço de silêncio, onde o outro pensa. *Coaching* é aprender sem ser ensinado. *Coaching* é aprender a aprender. *Coaching* é transformação.

Quando falamos do *coaching* transformacional, temos que nos remeter ao conceito de *coaching* da International Association of Coaching (IAC): "O *coaching* é um processo de transformação dirigido a tomada de consciência, o descobrimento e o crescimento pessoal e profissional".

Quando falamos que *coaching* é um processo de transformação, queremos dizer que no *coachee* se produz uma metanoia. Esta palavra é muito importante, já que numa sessão de *coaching* feita com profissionalismo e maestria, começa a se produzir uma mudança essencial de pensamento ou de caráter. A palavra metanoia vem do grego e é a união de duas outras: meta, que significa mudança e noia, que significa mente.

A transformação do ser humano tem a ver com um fato muito importante, a capacidade que temos de aprender, mas isso a partir um ponto de vista diferente, até aquele que nos ensinaram na escola. Aqui, falamos de um aprendizado que envolve todos os aspectos da vida; que nos leva a um nível superior de tomada de consciência, ao ponto de desenvolvermos um descobrimento e crescimento pessoal que ultrapassem os limites de nossas próprias limitações. Estamos falando de uma aprendizagem que deixa de ser técnica ou informativa, para se transformar em um processo que nos permite alcançar o mais alto patamar do desenvolvimento humano: a capacidade que temos de ser mais sábios.

O *coaching* transformacional vem a ser então, uma proposta focada a integrar toda a experiência humana na arte de aprender. Então, uma das coisas mais importantes a considerarmos na hora de fazer uma sessão de *coaching* é que a pessoa a nossa frente quer mudar algum aspecto de sua vida. E esse aspecto tem o potencial incrível de transformar seu mundo, sua história, seus pensamentos, sonhos, esperanças e projetos.

Para gerar estes processos de transformação, o *coach* transformacional precisa dominar os elementos-chave de um bom *coaching* transformacional. Estes são três: ouvir, observar e perguntar.

Ouvir é a parte ativa da comunicação. Aquele que ouve de verdade pode gerar espaços de confiança com seus *coachees* incríveis. Desde a escuta profunda nos sentimos validados, ficamos à vontade para falar, porque o outro está nos ouvindo com interesse. O bom *coach* sabe que não se ouve para falar, mas para compreender o mundo daquele que fala.

Sua cosmovisão é como, verdadeiramente, ele consegue enxergar o mundo. É nas palavras do outro que o *coach* tem a matéria-prima para poder trabalhar, construir e desenhar um futuro possível. Pense em como você conseguiu, por exemplo, namorar e se apaixonar pela pessoa que ama.

Estou seguro de que escutar suas palavras e sentir-se realmente ouvido é o que constrói uma ponte relacional que gera confiança, empatia e unidade entre ambos. O excelente *coach* sabe que ouvir a seu cliente é a porta de entrada da conexão humana.

Observar é o segundo elemento do *coaching* transformacional e do *coaching* em geral. É reconhecer que o outro é igual a mim e, às vezes, diferente. É uma pessoa que está presente e deseja construir algo maior, que até agora não é possível, mas, com o *coaching*, com certeza será. Observamos para reconhecer, entre outras coisas, que estamos juntos nesta jornada. O bom *coach* sabe que 70% da linguagem humana é corporal, portanto, precisamos afinar nossa observação para enxergar aquilo que as palavras não falam, mas o corpo revela.

Perguntar a diferença do que normalmente cremos. No *coaching* transformacional, não perguntamos para saber respostas, perguntamos para conhecer e reconhecer como nosso *coachee* interpreta o mundo. Assim, desde a empatia, podemos ajudar a encontrar soluções que se transformam em planos de ação para poder chegar até onde se deseja. Perguntamos para ser um espelho para o nosso *coachee*, perguntamos porque uma pergunta bem-feita, nos ajuda a ouvir e observar coisas que pensamos, muitas vezes, não estar dentro de nós mesmos. A pergunta mais poderosa é aquela que faz sentido ao cliente. A importância de perguntar, só é poderosa quando ouvimos e observamos se é possível fazer estas duas coisas. Então, cada pergunta feita por mim como *coach*, vem desde a humildade daquele que sabe que está ali para ajudar, para acompanhar e caminhar ao lado de um ser humano maravilhoso. A perguntas são poderosas quando fazem sentido ao nosso *coachee*.

Coaching transformacional na prática

Agora, como é a prática do *coaching* transformacional? Como todo bom processo de *coaching*, o *coaching* transformacional se inicia com um estabelecimento genuíno da confiança. Toda relação humana precisa da confiança para poder avançar, ela é o conector perfeito para unir as pessoas. Conseguimos isso por meio da técnica de *rapport*.

Rapport é uma palavra de origem francesa, que significa "relação". O verdadeiro *rapport* cria uma atmosfera de confiança mútua. O *rapport* representa gerar empatia, ou seja, uma relação de confiança e harmonia dentro de um processo de comunicação, no qual a pessoa fica mais aberta e receptiva para interagir, trocar e receber informações. Quando você está em *rapport*, algo mágico acontece. Você e os outros sentem que são ouvidos. Para que a comunicação do *coach* possa fluir, é preciso que este, ao entrar em *rapport*, sinta as necessidades do seu *coachee*: seu modo de agir, observar e se comunicar, para dispor dessas informações iniciais e oferecer a ele o que busca no processo de *coaching*. Quando você está em *rapport*, literalmente se faz invisível.

Após o *rapport*, o seguinte passo é: definir o objetivo. O objetivo deve ser expresso em positivo. Além disso, é necessário que seja SMART (método utilizado para atingir com mais eficiência os objetivos desenhados para um projeto de vida pessoal e profissional). O termo SMART, que em inglês significa "esperto", é, na verdade, uma sigla para específico, mensurável, alcançável, realista e temporal.

S (específico): o "s" corresponde a *specific*, e quer dizer que a sua meta precisa conter especificidade naquilo que se quer atingir. Quanto mais concreto e detalhado o objetivo, mais fácil será a sua execução.

M (mensurável): significa que toda meta precisa determinar o indicador no qual será possível verificar sua evolução com o decorrer do tempo. As metas devem ser quantificáveis para se poder analisá-las e corrigir possíveis desvios.

A (alcançável): ao construir metas, é extremamente importante que elas sejam mensuráveis, de modo que os números possam ser atingidos, afinal, de nada adianta construí-las se forem impossíveis de alcançar. O que for definido deve ter a ver com o que é possível fazer. Se não for alcançável, gera desmotivação e, ao final, erros de análise.

R (relevante): permite entender que as metas precisam ser relevantes, descartando as sem sentido e que não gerem evolução.

T (temporal): esse é um dos principais itens ao construir metas; elas precisam ser temporais. Uma meta que não tem prazo, nunca será batida. Ao criar uma meta, associe-a a um período em que ela deverá ser realizada.

Uma vez definido o objetivo, o *coach* transformacional deve explorar a situação. Não podemos avançar ou desenhar um plano de ação se não tivermos claro em qual terreno estamos pisando com nosso *coachee*. Nesta etapa, todas as perguntas são válidas sempre, pois nos ajudam a entender; compreender empaticamente o mundo e a cosmovisão de nosso cliente. Nessa fase, gosto de recomendar aos meus alunos que tirem o boné do *coach* e entrem com o boné do jornalista. Devemos fazer uma revisão 360° do que o nosso *coachee* vive, respira e observa. Podemos fazer perguntas poderosas, ou como gosto de chamar: perguntas com propósito.

O que? Tem o propósito de revelar ações que estão sendo geradas.

Quem? Tem o propósito de revelar o responsável.

Onde? Tem o propósito de revelar onde se geram os acontecimentos.

Quando? Tem o propósito de revelar os prazos envolvidos nas ações.

Por quê? Tem o propósito de revelar as justificativas que motivam o proceder do *coachee*.

Como? Tem o propósito de revelar os procedimentos e o fazer do nosso *coachee* em seu entorno.

Uma vez que terminamos de explorar a situação, é hora de armar uma estratégia e gerar o plano de ação. Isso consiste em: dar passos, sentido e propósito ao objetivo que estou trabalhando com meu *coachee*. Toda boa sessão de *coaching* tem que terminar com um plano de ação focado em atingir a meta ou objetivo. Uma meta não é a mesma coisa que uma tarefa. A meta é o que você quer. A tarefa é o que você tem que fazer para consegui-la. Toda meta gera diversas tarefas; na verdade, para cada alvo, você deverá criar um plano de ação com diversas metas intermediárias e tarefas para concretizar estas fases, até atingir o objetivo final. O plano de ação realizado deve ser executado, acompanhado, controlado e o mais importante: corrigido, se necessário. Todo o processo de plano de ação deve ser dinâmico, flexível e oportuno, isto é, adaptável às mudanças. Em essência, o plano de ação é o mapa para conquistar nossos objetivos.

Os processos cognitivos do *coaching* transformacional

Não vemos as coisas como são, vemos as coisas como somos. Existem três processos cognitivos que se apresentam durante uma sessão de *coaching* transformacional: reflexão, tomada de consciência e responsabilidade.

Reflexão: significa movimento de volta ou retorno sobre si mesmo. A reflexão é o movimento pelo qual o pensamento volta-se para si, despertando questionamentos. E o que significa reflexão? A palavra vem do verbo latino *reflectere*, que significa "voltar atrás". É, pois, um repensar, ou seja, um pensamento em segundo grau. Poderíamos dizer: toda reflexão é pensamento, mas nem todo pensamento é reflexão. Refletir é o ato de retomar, reconsiderar os dados disponíveis; rever, vasculhar em uma busca constante de significado.

Os seres humanos têm a capacidade de refletir constantemente sobre si. Podemos fazer algo por hábito, mas depois somos capazes de começar a refletir sobre ele. Podemos pensar coisas por hábito e depois refletir sobre o que estamos pensando. Podemos perguntar a nós mesmos (ou, por vezes, são as outras pessoas que nos perguntam) se sabemos do que estamos falando. Para responder, temos de refletir sobre as nossas próprias posições, a nossa própria compreensão do que estamos dizendo e nossas próprias fontes de autoridade.

Tomada de consciência: é o produto da atenção concentrada. O Dicionário Webster mostra que consciência implica em adquirir um conhecimento de algo por meio da reflexão, observação ou interpretação do que alguém vê, escuta ou sente. A tomada de consciência tem as seguintes caraterísticas:

• A consciência precisa do conhecimento de si mesmo;

• Só sou capaz de controlar aquilo de que sou consciente. No entanto, aquilo de que não sou me controla. A consciência me capacita;

• A consciência conduz à habilidade;

• Ter consciência é conhecer o que está acontecendo ao nosso redor;

• A atenção mais concentrada do que o normal, conduz a um desempenho melhor do que o normal.

A responsabilidade é crucial para o alto desempenho. Na parceria *coach-coachee*, o cliente tem as suas próprias responsabilidades. O *coachee* deve assumir responsabilidade com o seu próprio progresso e trabalhar nele de forma consistente e compromissada. Quando aceitamos a responsabilidade dos nossos pensamentos e ações, nosso compromisso aumenta e, com ele, nosso desempenho para se sentir verdadeiramente responsável. Você tem que escolher mais e decidir menos. A relação *coach-coachee* demanda responsabilidade, disciplina e limites para que o *coachee* experimente a criatividade e a energia que uma mudança real oferece.

Coaching transformacional: aprender a aprender e empreender

Coaching essencialmente é aprender a aprender. Mas, para quê? Para poder empreender. Empreender um novo projeto, um sonho, um novo caminho, uma nova vida, uma grande empresa, uma nova esperança. O *coaching* faz um convite a começar de novo, ir para a frente, liderar-se e liderar aos outros; ser melhor, mais consciente, mais você, mais eu, mais nós e até mais humanos.

Coaching transformacional é um chamado a ter mais fé. É, em essência, transformar nossa paixão em uma profissão, ou seja, viver fazendo aquilo que amamos, que nos faz felizes, realizados, empoderados, únicos e irrepetíveis. *Coaching* transformacional é fazer uma ferramenta poderosa se transformar em um instrumento que ajude a criar obras de arte, um mecanismo que mude o *mindset* para o sucesso. Você se faz *coach*, fazendo *coaching*. Seja um instrumento poderoso para a transformação humana.

15

Self leader

Acredito que, quando crianças, éramos empreendedores vorazes, sem barreiras ou medos. Conforme crescemos, aprendemos que empreender pode ser arriscado, planejar uma carreira pode ser frustrante e a segurança tem suas vantagens. Compartilho com você um pouco da minha história, fazendo o paralelo com o empreendedorismo. Convido você a assumir o palco e protagonizar

Carmen Vera Rodrigues de Souza

Carmen Vera Rodrigues de Souza

Fundadora do IPA RH, em 1992. Após a jornada em multinacionais como funcionária, começou em RH e hoje apoia empresários a fazerem de seu negócio, um sucesso. Especialista em *coaching* de liderança, com ampla atuação dentro de empresas e organizações. Transforma líderes em *self leaders*. Graduada em Psicologia, possui mestrado em Avaliação Psicológica pela Universidade São Francisco, MBA em Gestão de Projetos pela FGV, pós-graduação em Desenvolvimento Organizacional pelo INPG e em Gestão de Negócios pelo Instituto Japi. Possui formação em *Coaching* pela Coach U, formação em *Master Coach* pela The Inner Game of Coaching e formação em *Team Coaching* com Joseph O' Connor. Estudou *Coaching* com Tim Gallwey, criador do *coaching*, Simon Dolan, criador do método Liderança *Coaching* por Valores e David Alonso, em *Coaching* por Valores. Ministra palestras e *workshops* em empresas nacionais e multinacionais, no Brasil e exterior.

Contatos
www.iparh.com
www.selfleaderonline.com
diretoria@iparh.com
Facebook: sejaselfleader

A biblioteca municipal era, para mim, um refúgio onde passava minhas tardes. Bem disse Monteiro Lobato, o pai da Emília do Sítio do Pica Pau Amarelo: "Um país se faz de homens e livros", e eu sei bem disso, pois nas mãos da Emília percorremos dos labirintos do Minotauro até os anéis de Saturno.

Livros foram minha primeira fonte de inspiração. O livro *Clube dos bacanas*, da Odette Barros Mott, me levou a criar meu próprio clube. Hoje, chamaria isto de *benchmarking*, naquela época, foi o desejo de recriar a estória do livro.

Alguns cheiros me levam a viajar no tempo, como o *spray* de álcool que uso para passar em minha mesa. Lembra-me o cheiro de álcool das cópias feitas com papel estêncil.

Era a década de 80 e os papéis do tipo estêncil já usados (pois eram resgatados do lixo da sala dos professores) ganhavam nova vida, novas letras, novas ideias, e seriam agora transformados no Jornal dos Bacanas, do Clube dos Bacanas, o qual eu presidia. Tudo bem que eu tinha 12 anos de idade, mas quando eu me sentava em frente à minha máquina de escrever, tudo o que queria era compartilhar minhas ideias com os associados e abrir espaço para eles se comunicarem.

Não havia hora, o foco era finalizar o Jornal dos Bacanas! Os associados aguardavam ansiosos (pelo eu menos achava que aguardavam, risos) mais uma edição cheirando a álcool, folha a folha. Para isso, eu utilizava o mimeógrafo[1] da escola, e já naquela época, aprendi a importância das parcerias.

Eu estava certa de que as ideias propagadas em meu jornal iriam contribuir para que os associados tivessem a oportunidade de se conhecer, trocar selos, figurinhas, dicas de livros, etc. Gostava da ideia de ser lembrada como alguém que se importou em reunir pessoas, para compartilharmos nossas histórias.

Sempre considerei importante criar e manter uma rede de contatos. Brincadeira de criança ou empreendedorismo? Eu diria que a vontade de deixar sua marca no mundo é o primeiro passo para empreender.

Colocar uma parte sua em cada produto comercializado, industrializado, criado, ou serviço prestado, pode ser uma forma de realização.

Aos 14 anos, meu sonho era ir ao famoso parque de diversões na entrada de SP, que já não existe mais, o *Playcenter*. Mas, como eu poderia ir a uma excursão, se não havia sequer dinheiro para comprar o uniforme escolar? Como ir? Teria sido a pergunta feita pelo Pai Rico de Robert Kiyosaki.

Neste momento, inconscientemente pratiquei o *autocoaching* e me perguntei: como poderei ir?

---

1 Mimeógrafo: instrumento utilizado para fazer cópias utilizadas na reprodução em um tipo de papel chamado estêncil, e álcool.

Eu não sabia quem era Onassis, mas minha mãe, D. Adelina, fazia questão de me dizer que eu não era filha dele e, sim, do Avelino, meu pai.

E durante muitos anos, contei, recontei, e vivi esta história dentro de mim. Me limitei em relação a todas as possibilidades de quem eu poderia ser. Aprendi que não tínhamos dinheiro e que não poderia, portanto, ter as coisas que eu queria. Equação simples, fácil de assimilar.

No entanto, o passado não pode nos afetar, ele não tem ação sobre nós. Já a nossa visão de futuro, esta, sim, nos afeta. E, de fato, não sou filha do Onassis, o que não me impede de ser uma pessoa próspera e de sucesso.

A necessidade de empreender batiza muitos empreendimentos

Se eu não podia ir na excursão, faria uma. Venderia os convites e iria. Assim foi, organizei-a e fui.

O empreendedorismo está presente em nossas vidas, e durante a infância e adolescência, é o responsável por muitas das nossas realizações.

Porém, a receita: "estude + encontre um bom trabalho + estude mais + seja promovido e se aposente bem" é vista como a fórmula do sucesso.

Mas que sucesso é este, que consome 30, 40 anos da vida, para então descobrir que a aposentadoria não é suficiente para pagar o plano de saúde?

A quantidade de pessoas acima dos 50 anos em busca de uma colocação profissional, que enviam seus currículos dispostas a ganhar metade do valor do seu último salário, que já era metade do valor do anterior, me faz pensar se esta fórmula de sucesso é mesmo de sucesso.

Na minha primeira pós-graduação, em 1993, eu ouvi uma frase que na época me chocou: "A pior coisa que pode acontecer para alguém é encontrar um bom trabalho". Eu pensava: "Nossa, sempre sonhei em encontrar um bom trabalho, este professor não sabe muito bem o que diz".

A cada dia, vejo isso como uma realidade e me lembro desse professor.

Algumas das pessoas que encontraram um bom trabalho, simplesmente seguem anos e anos, presas por salários e benefícios; e acabam se acomodando, deixando de estudar, crescer e aprender.

Outras que encontraram um trabalho que consideravam ruim, seguem estudando para encontrar algo melhor, crescendo e em movimento. E muitos que simplesmente não encontraram um trabalho, optam por empreender.

Segundo estatísticas do Sebrae, entre 2014 e 2017, durante uma das mais fortes crises que abalaram o país, mais de 11 milhões de empreendedores deram início ao seu negócio. Mostrando que a necessidade também gera e motiva comportamentos empreendedores.

Ainda me lembro de um dos muitos processos de *coaching*. Uma cliente que aqui a chamarei de Anna, queixava-se por não encontrar colocação profissional há aproximadamente três anos, após um processo de Síndrome de *Burnout*, na agência bancária onde havia trabalhado por mais de dez anos.

Conquistou prêmios, cresceu profissionalmente, foi reconhecida e tinha um bom salário. Tudo ia bem, não fosse a vontade de desaparecer do mundo.

Desligou-se do banco no qual trabalhava com o diagnóstico de Síndrome de *Burnout*. Estressada, cansada, sem forças e deprimida. Assim foram seus primeiros meses após seu desligamento. Depois de algum tempo longe do banco, Anna, sentindo-se melhor, saiu com o currículo embaixo do braço em busca de um emprego.

Queria um emprego que lhe permitisse viver ao mesmo tempo em que trabalhava, porém, para sua surpresa, encontrou o país destroçado por uma forte crise e demissões em massa dos funcionários.

Mas, como tantos que já procuraram emprego um dia, puxou para si toda a responsabilidade por não encontrar uma colocação profissional. O que fez com que sua autoestima a impedisse de enxergar outras possibilidades.

Uma parte dela relacionava novos empregadores com sua antiga agência bancária, e inconscientemente, isso a bloqueava de dar início a novas jornadas.

Logo em nossa primeira sessão, após relatar seu interesse na busca de um emprego, ficou óbvio que não reconhecia a empreendedora que existia em si, e declinava de outras possibilidades que não fosse buscar uma colocação profissional.

Aos finais de semana era cerimonialista de casamentos, foi chamada pela mãe para apoiar no negócio de *pets*, e várias outras atividades rentáveis, porém, ela queria um emprego formal.

E está tudo bem. Se este é o desejo do *coachee*, não cabe ao *coach* sugerir, pois ao sugerirmos ou aconselharmos, usamos a nossa própria experiência como medida.

Já percebeu que damos conselhos com base em nossas habilidades, e não nos focamos se o "aconselhado" tem condições de aplicar?

Pois é, ao longo da sessão, trouxemos à mesa o que de fato lhe dava prazer em seu dia a dia, quando, então, em tom de brincadeira, ela falou que era se divertir com seus cães. Navegando em possibilidades, concluímos que gostaria de ter seu próprio *pet shop*, porém móvel, e ir até a casa das pessoas para banho e tosa.

Trouxemos à tona algumas crenças limitantes que, ao serem identificadas e reconhecidas, desapareceram.

E, então, ela sumiu das sessões; desmarcava e voltava a desmarcar. Eu me perguntava o que poderia ter acontecido, uma vez que ela havia saído tão empolgada de nossa sessão e com tantas tarefas a fazer. Teria Anna desistido de ser empreendedora?

Somente quando voltou para as sessões, que eu soube que havia ido para outra cidade para curso intensivo de tosa de *pets*, que já estava com um utilitário do tipo "van" comprado e sendo reformado para se tornar um "Pet Móvel", e divulgação nas redes sociais. Seu projeto contou com a participação do seu marido e juntos elaboravam o plano de negócios.

É emocionante ver nascer um negócio de sucesso. A dedicação e o interesse fazem com que a "sincronicidade", descrita por Jung em suas obras, traga uma infinidade de coincidências que irão contribuir para que tudo aconteça.

Finalizamos o processo conhecendo os valores pessoais que iriam alicerçar os negócios, mantê-los saudáveis, e permitir que o trabalho fosse fonte também de prazer.

A aventura de montar um negócio de sucesso em tempo recorde ampliou de tal forma a zona de conforto, que hoje o casal optou por residir nos EUA e empreendem em outras áreas. Empreender nos torna cidadãos do mundo, pois encontramos possibilidades infinitas para nos mantermos em ação. Permite que sejamos protagonistas de nossas histórias, no lugar de regulados pelo relógio no qual batemos o ponto.

Ao ser protagonista, você define a carreira e o que quer viver

Definirá se quer trabalhar para alguém, ter uma carreira em uma multinacional, passar em um concurso público, empreender em seu negócio ou, ainda mais, tornar-se um empresário e passar a dar emprego, apoiando, assim, outras pessoas e a comunidade.

O passado não influencia quem somos hoje, mas o significado que damos para o passado, sim. As histórias que contamos sobre o que nos aconteceu criam um futuro em nossa mente, e ver além determina nossas ações presentes.

Somos nós que damos significado para tudo que vivemos, sendo assim, é possível "ressignificar".

Por exemplo: meu pai sempre foi um funcionário e quando tentou abrir um negócio, fracassou, não sabia cobrar as pessoas, trabalhava de graça e voltava para casa sem o dinheiro. Ele não corria riscos, e se comparava com outros pais que se ausentavam da família em busca de mais dinheiro, mas eram bem-sucedidos. Ele nunca me ensinou a ser diferente disso, então, eu conto esta história para mim e justifico a forma como sou hoje. O que aprendi e ficou enraizado é: melhor ganhar menos e ficar com a família, do que me ausentar e receber mais. E, assim, acredita-se que ficar com a família é uma compensação por ganhar menos.

Por que eu não posso ganhar mais e ficar com a família?

É preciso contar uma nova história do seu passado, trazer elementos que, quando se é criança, não são de nosso conhecimento. Talvez este pai contasse a história do seu pai, que contava, por sua vez, a do seu...

Mas, hoje, já sabemos que muitas das histórias que contamos nos auxiliam a nos boicotarmos. Podemos fazer as pazes com o passado. Dê um novo significado a sua história. Telefone ao seu pai e diga a ele que, durante muito tempo, você o responsabilizou por não ter lhe ensinado a ser um empreendedor de sucesso, mas que esta responsabilidade é apenas sua, e que você, no momento, está criando uma nova história.

Conte para sua mãe, que acreditava ser ela a responsável por você ser do jeito que é. Entenda por pai e mãe as pessoas que criaram você, incluindo seus irmãos. Escreva cartas aos que não mais estiverem vivos. Solte as amarras que possam te bloquear de criar um futuro em sua totalidade, restabelecendo o fluxo da vida, do ir e vir, da prosperidade, do amor e da felicidade. Se você não experimentar, este será apenas mais um livro que você leu.

Traga um significado responsável para tudo o que você viveu até então. Seu cérebro irá receber a mensagem de que você é o único criador de suas experiências, e irá auxiliá-lo a criar o seu futuro.

Mantenha em sua mente a vida que você quer. Utilize todos os seus recursos, seja quadros de visualização com gravuras, áudios, imagens no celular, no computador, na geladeira e nas portas. Não há limites para o que se quer, a não ser o que você mesmo colocar.

Mas, saiba, temos uma parte do nosso cérebro responsável pela seleção de nossas memórias, ela fica atrás, um pouco acima da nuca, e se chama formação reticular ascendente.

É por esta parte do cérebro que, ao comprar um determinado carro, você se imagina como uma das poucas pessoas que possuem um veículo daquele modelo e cor. Mas, para sua surpresa, ao sair da concessionária, começa a perceber que uma multidão de pessoas possui o mesmo automóvel, inclusive da mesma cor.

O que você mantém em sua mente irá encontrar em seu caminho. Faça seu projeto, traga cores, figuras, deixe-o visível. Ele se manterá em sua mente e, ao sair, você encontrará "sincronicidade" a sua frente e oportunidades se abrirão.

Crie novas possibilidades de ser para você, pois talvez não esteja recebendo tudo o que está a sua disposição.

Lembre-se de que: certamente, em outros momentos da vida, você já foi líder de si mesmo. Um *self leader* e empreendeu seus caminhos.

Qual é sua memória de sucesso? Envolva os sentidos para reviver seus momentos de protagonismo. O que o faz lembrar de suas memórias de sucesso? Cheiros? Visões? Sentimentos? Paladar? Audição?

Reviva-os intensamente e crie novas possibilidades para seu futuro.

Nascemos empreendedores, aprendemos a deixar de ser e, agora, podemos escolher o que queremos ser. O que você quer?

16

O fracasso como via para o sucesso

Muitas são as "fórmulas de sucesso" apresentadas pelo mercado, mas será que o sucesso realmente tem uma receita? Este capítulo traz um convite à reflexão acerca dos fatores que distanciam as pessoas dos seus objetivos, e apresenta a possibilidade de usar esse conhecimento a favor do indivíduo

Caroline Reis

Caroline Reis

Arquiteta de pessoas, membro associada da ICF (International Coaching Federation) e consultora empresarial. Comanda as empresas CR Coaching de Resultado e Arquitetura de Pessoas, ambas com sede em Campo Grande/MS e focadas em oferecer iniciativas inovadoras para aproximar as pessoas dos seus objetivos. Atua desde 2010 no desenvolvimento de empresários e seus negócios, profissionais, líderes e equipes com atendimentos presenciais e a distância e clientes em todo território nacional, ajudando a transformar vidas e escrever histórias de sucesso.

Contatos
www.carolinereiscoaching.com.br
contato@carolinereiscoaching.com.br
(67) 3047-4960

Se você veio buscar a fórmula do sucesso neste livro, pule este capítulo. Sucesso é o resultado de uma construção diária, uma sucessão de passos que possuem ordem certa para acontecer. Algumas pessoas conseguem dar esses passos intuitivamente na direção correta, outras exploram caminhos pela tentativa e erro, há ainda as que andam em círculos ou desordenadamente e não chegam à lugar algum. A pessoa que busca um processo de *coaching* é um tipo que pode ter transitado por algumas ou todas essas situações, mas que deseja parar de gastar energia desnecessária e "afiar o machado" antes de cortar a árvore.

Não vou mentir, já recebi pedidos para reprogramar mentes e hipnotizar pessoas, e entendo essa confusão diante do cenário atual do mercado. O *coaching* por si só já é um grande atalho, mas ele pressupõe algum esforço, empenho e dedicação da parte do cliente. Não condeno quem acredite que sejamos capazes de influenciar o meio externo por meio da força do pensamento, que recorra à lei da atração, física quântica e o que quiser. Cada pessoa busca aquilo que lhe traz alento, eu encontrei o meu no divã, onde adquiri autoconhecimento e compreensão do porquê eu era como era e fazia o que fazia. Aprendi que sou autora da minha própria história, e que nossa neuroplasticidade[1] cerebral nos permite mudar comportamentos e atitudes, mostrando que somos capazes de evoluir.

O *coaching* veio somar com isso; me ajudou a descobrir o que fazer com toda essa informação e como sair do lugar, apesar de tudo que me limitava. Mas veja, isso não aconteceu em uma sessão de hipnose, nem em um treinamento poderoso de vendas. Foi um processo que conectou aquilo que descobri sobre mim – minhas limitações, talentos, medos e desejos – com um plano que contemplasse todas essas nuances e ações que eu fosse capaz de executar.

Não foi técnica, foi conversão de conhecimento em ação.

Precisamos entender o que é sucesso

Quando entrei na faculdade pela primeira vez, minha professora de sociologia perguntou aos alunos, um bando de adolescentes de 17 anos recém-saídos do colégio, o que era sucesso. As respostas variavam entre "ser CEO de uma multinacional" e "ser presidente de uma grande empresa" (e não é a mesma coisa?), algo esperado dentro de uma instituição de elite em São Paulo.

---

1. Capacidade do sistema nervoso de modificar sua estrutura, adaptar-se e moldar-se conforme as experiências que somos expostos.

Na época, eu confesso que nem sabia o que era um CEO e minha resposta foi: "sucesso para mim é casar, ter filhos e formar uma família feliz." Naturalmente o choque foi geral e seguido por risos incontroláveis dos colegas. Se eu já carregava a fama de caipira pela origem e sotaque interioranos, ali meu rótulo fora eternizado!

O fato de querer constituir família não significava que eu não desejava construir uma trajetória profissional. Eu também queria dirigir caminhões com medicamentos em zonas de guerra para o Médicos sem Fronteiras, ser fluente em alemão, fundar uma ONG, ter sete filhos, morar em uma casa com quintal. Eu queria muitas coisas! Por outro lado, eu entendia que talvez não desse para fazer tudo e, nesse caso, eu preferia ter uma família e não ter todo o resto, a ter tudo e não ter uma família. Isso são valores; cada pessoa tem seu pacote deles, composto por pedacinhos da sua criação, experiências e anseios, um pacote tão único e exclusivo quanto uma impressão digital.

Você conhece intimamente seus valores?

Se você nunca pensou nisso, volte duas casas e pense agora. Nossos valores pavimentam o caminho que desejamos seguir, e quando eles não são muito claros para nós, corremos o risco de caminhar sobre os valores dos outros. Quando optamos por esse trajeto, o destino final nem sempre é o desejado. É essa trilha que leva pessoas a trabalharem com algo que não gostam, cultivarem relacionamentos infelizes e viverem um vazio existencial.

Pense nos exemplos de pessoas que escolhem uma carreira de acordo com o que está na moda, o que dá mais dinheiro ou segundo a tradição e expectativa familiar. Por viverem à sombra dos valores dos outros, distanciam-se de seu propósito e da possibilidade de uma vida plena e com significado.

Eu quero convidá-lo(a) a refletir sobre como você gostaria de viver a vida, o que é negociável e o que é inegociável nesse sonho, o que te empolga, traz satisfação, quais seus desejos mais profundos e íntimos e se isso tudo faz sentido com alguém ou sozinho(a). Agora responda:

O que é sucesso para você?

Agora pense até onde está disposto(a) a ir, o que faria e o que não faria de jeito nenhum, qual caminho tornaria essa chegada legítima e feliz. Quando fazemos algo que não está de acordo com aquilo que acreditamos, a tendência é sabotar o processo, não permitindo seu resultado ou não permitindo sentir-se realizado com o êxito.

Muita gente sabota o próprio sucesso por medo da cobrança que ele pode trazer. Tenho clientes extremamente bem-sucedidos que já fracassaram muito, antes de serem reconhecidos em suas áreas de atuação. Mas, conforme acumulam mais experiência, tornam-se menos ousados por temerem as críticas e a pressão da expectativa gerada em torno dos projetos que iniciam. Quando confrontados com essa resistência, respondem: "naquela época eu não tinha nada a perder", como se a vida fosse um jogo de cartas só com apostas *all-in*[2] e não houvesse permissão para o erro. Na mente dessas pessoas, o jogo passa a ser tudo ou nada.

---

2. No jogo de pôquer, quando um jogador aposta todas as suas fichas.

Na prática, não é assim, podemos acertar e, ainda assim, termos o direito de errar às vezes. O sucesso não é um estado permanente, até porque o ser humano é movido pelo desejo e, ao alcançar o objeto do seu desejo, ele parte para o próximo.

Essa natureza "desejante" do sujeito potencializa a chance do erro, uma vez que o roteiro que o levou até o último sonho, não necessariamente o conduzirá até o próximo. Assim, vemos pessoas que aparentemente conquistaram tudo e sentem-se frustradas, acreditando que perderão tudo se derem um passo em falso, fortalecendo a crença de que "quanto maior o salto, maior o tombo". Isso não faz o menor sentido se considerarmos que aquilo que você já fez, está feito e o tempo (ainda) não anda para trás. Se você foi um medalhista olímpico detentor de uma marca recorde em 1996, mesmo que seu recorde tenha sido superado 19 vezes desde então, você nunca deixará de ser o medalhista olímpico detentor do recorde no ano de 1996. Fica aqui a primeira lição:

Suas conquistas jamais serão perdidas,
as circunstâncias é que podem mudar.

Abrir uma empresa e falir, comprar uma casa própria e voltar para o aluguel, conseguir um emprego e ser demitido ou viver em um relacionamento que termina, não muda o fato de que aquele objetivo foi realizado; ele aconteceu! É como a água em seus diversos estados: quando evapora, não deixa de existir, apenas se transforma.

A essa altura você pode estar se perguntando: por que um livro sobre o sucesso está ponderando sobre a derrota? Porque aceitar que as circunstâncias mudam, que algo que deu certo pode não funcionar mais, que há meios de minimizar os riscos, mas que eles sempre existirão, nos dá permissão para falhar, e só quem se permite falhar é capaz de alcançar o sucesso.

Aceitação é permissão e não conformismo.

Dá medo deixar escapar e não conseguir recuperar aquilo que alcançamos. Vejo pessoas presas dentro de relacionamentos infelizes, não por comodismo, dependência financeira ou por proteção aos filhos, mas por acreditarem que não são capazes de conseguirem outro relacionamento, por entenderem que aquela era sua última chance.

Claro que o risco, a incerteza e o cenário de mudança constante dão medo. E as pessoas mais corajosas também são cheias de medo! Nelson Mandela dizia que a coragem não é a ausência de medo, é aprender a superá-lo.

Imunidade à mudança

Conheci, por meio de uma colega, o conceito de "Imunidade à Mudança" descrito no livro de mesmo nome pelos professores e pesquisadores de Harvard, Robert Kegan e Lisa Laskow Lahey. O livro trata dos mecanismos que nosso inconsciente cria para nos impedir de mudar um comportamento, mesmo quando desejamos muito. Nosso cérebro consome 20% da nossa energia em repouso[3] – sim, eu disse, em repouso.

---

3. *Consumo de energia no corpo humano.* Disponível em: <http://axpfep1.if.usp.br/~otaviano/energianocorpohumano.html>. Acesso em: 24 de mai. de 2018.

Agora, imagine o trabalho do corpo para gerar energia para alguém que, ao invés de ficar inerte, resolve mudar tudo aquilo que faz no piloto automático! É compreensível que, por uma questão de autopreservação, ele insista em puxar a gente de volta para a zona de conforto.

Esse é mais um argumento para você justificar todas as vezes que começou um projeto e não terminou, que fez promessas de ano novo e não as cumpriu, que quis mudar e se viu repetindo os mesmos padrões de comportamento. Essas explicações podem até servir quando operamos na ignorância, mas não dá para usá-las quando nos munimos de conhecimento e sabemos que existem formas de superar esses obstáculos.

O *coaching* não vai curar seus traumas e nem tratar suas neuroses, mas ele pode ser um apoio para que se consiga identificar padrões de comportamento que limitam seu desenvolvimento e estruturar ações para romper com eles. Em alguns, o *coaching* pode ser o suficiente, em outros, é necessário um aprofundamento da questão por meio de outras práticas. Se você não se sente apto a identificar em qual situação se encaixa, um *coach* ético e competente jamais assumirá um papel que não lhe cabe dentro de um processo e será honesto quanto à necessidade de aprofundamento conduzida por outro profissional.

Acerca daquilo que tem restringido o seu desenvolvimento, responda às sete questões seguintes baseadas[4] no mapa de *Imunidade à Mudança* de Kegan e Lahey:

1. Qual comportamento, padrão, atitude e resultado gostaria de atingir? Qual o objetivo da sua melhoria?

Ex: sinto que trabalho muito, mas não vejo retorno financeiro. Gostaria de ter mais dinheiro.

2. O que você ganha se conseguir alcançar esse objetivo?

Ex: ficaria menos preocupado(a) com minha segurança financeira. Poderia fazer uma viagem ou compra que não é possível atualmente. Assim, meu trabalho valeria a pena.

3. Quais comportamentos (não emoções) trabalham contra esse objetivo? O que você faz ou deixa de fazer que atrapalha seu processo de mudança?

Ex: não tenho controle dos meus gastos nem planejo minhas finanças. Contraio muitas dívidas, não resisto às liquidações, gasto muito comendo fora. Não busco fontes alternativas de renda.

4. O que você perderia se fizesse o oposto dos comportamentos da questão 2? Quais pensamentos e sentimentos isso despertaria?

Ex: deixaria de comprar as coisas que desejo e isso me frustraria. Teria que cozinhar e limpar e não gosto dessas atividades. Pensando em novas alternativas de renda, teria que fazer algo diferente do que estou acostumado(a) e teria mais trabalho.

5. O que você ganharia se fizesse o oposto dos comportamentos da questão 2? Quais pensamentos e sentimentos isso despertaria?

Ex: não precisaria lidar com planilhas e números, que são coisas que não gosto. Não precisaria me privar das coisas que gosto nem abrir mão de convites para comer fora com meus amigos. Poderia fazer apenas aquilo que tenho confiança de que faço bem.

6. Quais crenças você possui que sustentam o seu comportamento padrão, atitude e resultado atual?

---

4. Adaptação livre da autora.

Ex: não tenho jeito com números e planilhas. As pessoas julgarão que não sou bem-sucedido(a) se me virem economizando. Meus amigos deixarão de me convidar para sair se eu não aceitar comer fora com eles. As pessoas pensariam que não sou competente no que faço se me vissem procurando outros trabalhos para complementar a renda.

7. Quais atitudes simples, seguras e possíveis de serem realizadas, você poderia adotar para levantar dados e testar a validade das suas crenças?

Ex: baixar uma planilha pronta ou *app* de controle financeiro. Repetir uma roupa em um evento. Recusar um convite para comer fora e propor que meus amigos se reúnam na minha casa e que cada um traga uma bebida/comida.

Quais percepções e ideias essas questões lhe trouxeram? Como elas podem ajudar na sua mudança de mentalidade e de comportamento em direção à conquista dos seus objetivos?

Enfim, talvez exista, sim, um caminho para o sucesso. Entretanto, essa fórmula não consiste em ações que conduzam até ele, mas em desvendar quais ações impedem as pessoas de alcançá-lo. O que separa você do seu sucesso?

Referências

KEGAN, R, LAHEY, L. *Imunidade à Mudança.* Rio de Janeiro: Elsevier, 2010.

MANDELA, N. *Longa caminhada até a liberdade.* Curitiba: Nossa Cultura, 2012.

NASIO, J. D. *Cinco lições sobre a teoria de Jacques Lacan.* Rio de Janeiro: Zahar, 1993.

17

A importância do motivo (o porquê), para a mudança do *mindset*

Neste capítulo, os leitores encontrarão conceitos e estratégias comprovadas, que ajudarão na mudança do *mindset*. A prática dos ensinamentos aqui apresentados, se seguidos corretamente, resultará em uma melhoria considerável nos resultados, facilitando o alcance do sucesso em todas as áreas da vida

Deusdedith Fortunato de Lima

Deusdedith Fortunato de Lima

Graduado em Análise e Desenvolvimento de Sistemas pela Fundação Universidade do Tocantins (2011). Pós-graduado em docência superior pela FASE – Faculdade da Serra (2012). Formação em *marketing* pessoal e *neuromarketing* (CURSO IPERSON) – Professor PhD Marcelo Peruzzo – pelo Instituto Ipdois NeuroBusiness (2015). *Coach* pelo Instituto Brasileiro de Coaching – IBC (2016). Diplomado no Programa Poder Extraordinário – Professor William Douglas (2018). Idealizador dos projetos *Orientação vocacional no ensino médio, o caminho para escolha certa* e *Produtividade motivada*.

Contatos
deusdedithfortunato@hotmail.com
Facebook: Deusdedith Fortunato Coach & Assessoria em licitação
Instagram: deusdedithfortunatocoach

A todo momento nos deparamos com pessoas lamentando que a vida é uma constante. Devido à correria do dia a dia, está cada vez mais difícil conseguir êxito em projetos. Isso acontece devido à quantidade de crenças negativas existentes em nossas mentes e, principalmente, pela falta do motivo (o porquê), que é o responsável por impulsionar a mentalidade (*mindset*) a alcançar as mudanças necessárias para atingir o sucesso.

Podemos definir o *mindset* como: um conjunto de atitudes mentais capaz de influenciar nossos pensamentos e comportamentos, ou seja, nossa própria mentalidade.

Ao mentalizarmos algo desejado ou até mesmo indesejado, o nosso inconsciente dispara o comando de execução para o cérebro que, por sua vez, busca meios convenientes ou não para realizar a tarefa.

Em síntese, aquilo que acreditamos, os motivos (porquês) pelos quais levantamos todos os dias e buscamos um lugar ao sol necessitam estar bem definidos. Além disso, é preciso que estejam fortes para suportar a carga de incertezas enviadas pela nossa mente, motivada pelo instinto protetor, a fim de bloquear todo tipo de ameaça à nossa zona de conforto.

Por este motivo, exaltaremos a necessidade de nos mantermos firmes em nossos propósitos, alimentando-os diariamente com a convicção de que tudo dará certo, independentemente dos obstáculos que surgirão pelo caminho.

O poder do motivo (o porquê)

Para que possamos iniciar uma jornada rumo a uma vida extraordinária, mais confortável e realizada em todas as esferas, é imprescindível termos um motivo (o porquê) bem definido.

Quando fraquejarmos em algum momento da caminhada, devido as nossas limitações externas ou nossas crenças limitantes, temos que nos apoiar em algo que realmente faça sentido em nossa persistência. Algo pelo qual possamos sentir orgulho de termos superado e, de certa forma, impactado vidas com os resultados.

Esse fator determinante para a concretização dos nossos sonhos, desejos ou objetivos é comum ser determinado ainda na infância, em meio a brincadeiras do tipo: "o que eu quero ser quando crescer", ou em decorrência de uma situação insatisfatória.

Lembro-me bem de quando eu, ainda criança, morava em um sítio, junto com a minha família. Meu pai cultivava lavouras diversas em nossas terras, para sustentar a casa e manter a produtividade.

Em um determinado sábado, ao tentar ir até a cidade, como era de costume dos moradores da comunidade, que iam até a sede do município comprar alimentos, me incumbiu uma missão.

Por necessitar de ajuda no cultivo das lavouras, pois não detínhamos muitos recursos para pagar trabalhadores, e também prevendo que se eu ficasse sem algo para fazer, iria realizar travessuras, meu pai determinou que eu cultivasse (limpasse) as ervas daninhas em toda plantação de arroz que tínhamos, em uma vazante alagada que ficava atrás do açude.

Eu, em obediência às suas ordens, comecei capinar com as orientações passadas por ele. Na minha inocência de criança e falta de experiência, fui somente de *short* e sandália aberta. E, à medida em que as horas iam passando, eu ficava incomodado com o calor sufocante que fazia naquele dia, devido ao sol radiante da época de inverno no Nordeste. Além das formigas que mordiam os meus pés desprotegidos.

Por volta de 11h30min. da manhã, me bateu um desespero decorrente daquela situação. Cheguei ao ponto de chorar e, naquele momento, apesar de quão digna e importante seja a agricultura em geral a nossa nação, eu jurei a mim mesmo que buscaria melhores condições, para não precisar passar o resto da minha vida convivendo com aquela realidade.

Confesso que, naquele momento, cheguei a ser egoísta ao pensar só no meu bem-estar, mas foi ali que nasceu o meu motivo (o porquê) de buscar, incansavelmente, meios para alcançar meus objetivos.

O ser humano é adaptável e, por isso, é comum surgirem outros porquês ao longo da jornada da vida. À medida em que conseguimos subir de degrau, se faz necessário realinhar os nossos pensamentos, além de comemorar aquele pequeno êxito para encarar, com todo vigor, os novos desafios. Não podemos, em hipótese alguma, esquecer do nosso motivo base (o porquê). Ele será quem sempre nos sustentará, quando tomarmos um tombo e chegarmos a cogitar a desistência.

Alinhado ao motivo capaz de mudar a nossa mentalidade (*mindset*) de partir do estado de frustração e alcançar o sucesso, temos que agregar alguns ensinamentos pressupostos, importantíssimos, para a obtenção dos resultados. Precisamos ser dotados não só de pensamentos positivos, mas também de negativos. Por isso, vale ressaltar a necessidade de aprendermos a lidar com a dualidade de pensamentos em diferentes momentos na nossa trajetória. Ora podemos rir, ora podemos chorar de uma determinada situação.

Isso configura que não possuímos apenas um *mindset*, e sim dois: *mindset* positivo e *mindset* negativo, segundo Carol Dweck, em seu livro *Mindset*. E, diante desse fato, se faz necessário desenvolver a habilidade da autopercepção. Com ela, seremos capazes de entender nossas mutações e concluir que, por mais que tenhamos que enfrentar momentos ruins em meio aos bons, não serão sempre eles os predominantes.

Ao longo do tempo, o processo de fusão entre erros e acertos, bons e ruins, será responsável pela edificação do progresso em nossa vida. Mas, para isso, temos que buscar melhorar a cada dia, nos dotando da convicção de que necessitamos de desenvolvimento, independentemente das circunstâncias.

128 Coaching mude seu mindset para o sucesso

Ninguém nasce pronto, sempre existirão pontos de melhoria a ser trabalhados. Será de suma importância que, a cada melhoria que obtivermos, possamos vibrar como se tivéssemos conquistado uma guerra. Não só uma batalha, pois será por meio das pequenas vitórias e o desejo de não voltar ao ponto de partida que chegaremos ao topo, ao sucesso.

Sete ensinamentos importantes para a mudança do *mindset*

1- Identifique seu motivo (o porquê): "Se você tiver claro o seu motivo, não importa o que tem que ser feito, você irá fazer com entusiasmo." (Pablo Paucar);

2- Mudar é possível, mas requer tempo e dedicação: toda mudança de postura, hábito, comportamento ou crença demanda tempo e esforço para serem alcançados. Cabe a cada um de nós saber esperar a hora certa do triunfo, mesmo buscando incansavelmente;

3-Ninguém nasce pronto para o sucesso: apesar de nascermos com algumas habilidades mais aguçadas do que outras, o que irá determinar ou não o nosso sucesso será a nossa dedicação e persistência, mesmo quando nos deparamos com dificuldades nos processos de mudanças e aprimoramentos;

4-Desenvolver a autopercepção: só conseguiremos mudar algo, se percebermos que aquilo não está correto ou não está nos fazendo bem. A autopercepção é fundamental ao processo de mudança, por ela ser capaz de levar o indivíduo a entender, realmente, qual seu estado atual e onde almeja chegar mesmo diante de suas limitações;

5- Resiliência: o ser humano que detém a capacidade de ser resiliente diante das dificuldades e situações adversas às suas vontades consegue superar os problemas de forma simples, sem abalar tanto o sistema emocional;

6- Ressignificação: o poder da ressignificação é um atributo primordial para o aprendizado, diante dos próprios erros e derrotas. É essencial para seguirmos mais fortes na caminhada rumo ao sucesso.

7- Comemorar as vitórias, mesmo que sejam pequenas: somos imprudentes, às vezes, por traçarmos metas maiores do que os nossos passos para aquele momento. Acabamos nos frustrando quando não conseguimos atingir. O fracasso dessas grandes metas acaba ofuscando as pequenas vitórias que conquistamos nesse meio tempo. Isso nos bloqueia de comemorar algo que, com certeza, eleva a nossa autoestima e facilita o progresso.

Sabemos que conceitos e ensinamentos só trazem resultados, se colocados em prática. É saindo da zona de conforto e nos lançando aos desafios, que obteremos as experiências necessárias para o processo de mudança ser, realmente, embasado e significativo em nossas vidas, hoje, e no futuro.

> "Se você tiver claro o seu motivo, não importa o que tem que ser feito,
> você irá fazer com entusiasmo."
>
> Pablo Paucar

Referências

DWECK, Carol S. *Mindset: The New Psychology of Success.* New York: Random House, 2006.

PAUCAR, Pablo. *Mentalidade: blinde a sua mente para encher o seu bolso.* São Paulo: Editora Gente, 2017.

18

Gestão e liderança

O autodesenvolvimento como pré-requisito

Fabiana Mello

Fabiana Mello

Coach na Clínica Tobias em São Paulo, com formação pela Escola de *Coaches* do Instituto EcoSocial, uma das melhores escolas de *Coaches* no Brasil. Membro da ICF (International Coaching Federation), a maior organização internacional de *coaches*. Licenciada por Happy Melly para facilitação de *workshops* em *Management 3.0*. Graduada em Processamento de Dados pela FATEC, MBA em *eBusiness* pela FGV e Ohio University, Pós-MBA em Empreendedorismo e Inovação com extensão em Stanford e mestre em *Engenharia de Software* pelo IPT – USP. Com vasto conhecimento em desenvolvimento de sistemas aplicados ao mercado financeiro, gerenciamento de projetos, liderança e gestão de equipes, desempenhou grandes trabalhos em empresas renomadas ao longo de sua carreira. Foi, também, durante muito tempo, líder de equipes multidisciplinares com foco em transformação de organizações e pessoas, na área de engenharia de *software*.

Contatos
www.fabianamello.com.br
contato@fabianamello.com.br
(11) 97404-2333

A era pós-digital apresenta significativas transformações nas organizações. As inovações tecnológicas aceleraram os processos, impuseram novos paradigmas, e vêm alterando substancialmente os modelos de negócios. Os tradicionais métodos de liderança e de gestão são revistos e refutados, para serem substituídos por práticas sistêmicas centradas no engajamento de uma equipe cada vez mais autônoma e criativa.

O futuro das organizações está cada vez mais evidente. O porvir do mundo dos negócios já está anunciado e percebido no nosso cotidiano, em todas as esferas – do trabalho aos momentos de lazer. A maneira como nos comunicamos, estudamos, realizamos uma pesquisa, assistimos a um filme, fazemos compras, como nos locomovemos e onde nos hospedamos durante uma viagem, revela muito mais do que as facilidades da *Internet* e da profusão de aplicativos.

Essa realidade expressa a efetividade de novos negócios criados na esteira do desenvolvimento das tecnologias da informação e comunicação. Demonstra ainda, a nossa capacidade de aceitação, adaptação, e até o quanto somos suscetíveis ao que nos proporciona prazer e conforto. E essas empresas sabem disso.

São negócios idealizados por organizações atentas aos movimentos da sociedade, mas que não esperam por demandas – sua maior especialidade, na verdade, é criar demandas, ou seja, provocar necessidades. Elas conhecem bem as ferramentas disponíveis, dominam as novas tecnologias e sabem como utilizá-las a seu favor, em benefício do maior número de pessoas possível.

Em comum, pode-se dizer que elas têm bem definido o seu propósito transformador massivo (ptm), como classificaram Salim Ismail, Michael S. Malone e Yuri Van Geest, no livro *Organizações exponenciais*. Ao largo das declarações de 'missão' comumente adotadas, trata-se de uma mudança de cultura organizacional, com foco na geração de impacto. Empresas como *Uber* e *Airbnb* são citadas pelos autores como alguns dos principais exemplos de organização exponencial, ou exo: empresas ágeis que atingem taxas de crescimento consideradas impossíveis nas gerações anteriores.

A partir de anos de pesquisas, os autores concluíram que as organizações exponenciais são dez vezes melhores, mais rápidas e mais baratas do que uma empresa regular do mesmo segmento, considerando a capacidade que as exos têm de alavancar novas tecnologias para reivindicar produção e impacto global.

Essas empresas fazem parte de um novo paradigma de negócios, que percebe a iminente concorrência em uma *startup*, e não mais em grandes conglomerados internacionais. As organizações exponenciais conseguem fazer mais, produzir mais e dominar seu nicho de mercado, com menos recursos humanos e financeiros do que as organizações tradicionais.

A desmonetização é uma característica marcante dessas organizações. Possuir é um verbo que deixa de ser pronunciado. É preciso apenas identificar os ativos e ter acesso a eles. A informação, aliás, é o principal ativo de uma exo. Muitas dessas empresas gerenciam dados automaticamente com a ajuda de inovações tecnológicas. A tendência é alugar ao invés de comprar.

É por isso que a pequena empresa *Airbnb* está ultrapassando a enorme rede de hotéis *Hyatt*, sem possuir um único hotel, exemplificam os autores, traçando uma comparação entre o serviço *online* comunitário para oferta e contratação de acomodações de hospedagem em cidades de 191 países, fundado em 2008 pelo programador de computadores inglês Paul Grahm e três parceiros. Além da rede de hotéis iniciada em 1957, pelo empreendedor norte-americano Jay Pritzker que, atualmente, dispõe de 700 hotéis em 56 países.

Infraestrutura física, equipes numerosas, funcionários com extensa formação acadêmica, experiência profissional e capacitação constante são conceitos ultrapassados em uma organização exponencial. São, inclusive, evitados. Trabalhando dinamicamente e evitando custos de infraestrutura, a exo pode evitar falhas. Essas empresas mantêm uma pequena força de trabalho permanente, diversificada, criativa e engajada, e contratam mão de obra sob demanda.

A confiança do gestor na sua equipe passa a ser primordial para o sucesso do negócio. As tarefas simples devem ser automatizadas e os funcionários precisam ser autônomos e auto administráveis para maximizar sua criatividade. A ordem é experimentar. "Equipes pequenas são mais flexíveis, podem assumir mais riscos e podem ser mais especializadas. Nós não precisamos mais de especialistas com PhDs; talento não treinado pode oferecer uma nova perspectiva sem ser prejudicado por dogmas", afirmam Ismail, Malone e Van Geest.

O planejamento em longo prazo, outro conceito arraigado na administração de empresas, passa a ser combatido. "Não planeje coisas com mais de um ano de antecedência. Fazer isso mantém um exo pronto para adaptar os planos para mudanças inesperadas", sentenciam os autores do livro *Organizações exponenciais*. Para eles, uma empresa pode, agora, experimentar taxas de crescimento e sucesso sem precedentes, com um mínimo de recursos. Os novos tempos impuseram um novo e acelerado ritmo às pessoas, às instituições e às empresas; a flexibilidade e a agilidade tornaram-se características imperiosas para a sobrevivência.

Mas, que tempo é esse? Vivemos a "era pós-digital", como definiu o empreendedor norte-americano, Peter Diamandis, no *best-seller Abundância: o futuro é melhor do que você imagina*, escrito em parceria com o jornalista e escritor Steven Kotler. E estamos à mercê de suas implicações. Para ele, a sobrevivência ganha um novo sentido e os esforços são direcionados à realização de sonhos, em um mundo em que a informação é cada vez mais abundante. O crescimento exponencial de usuários da *Internet* é citado por ele, para exemplificar a vastidão desse universo de possibilidades.

Em 2010, a rede mundial de computadores contabilizava dois bilhões de usuários. Em 2020, projeta Diamandis, cinco bilhões de pessoas conectadas à *Internet* – "novas mentes que nunca foram ouvidas antes se juntando à conversação mundial". O impacto desta realidade – a qual ele chama de "bilhão ascendente" – implica no surgimento de novas formas de viver e de consumir, e no estabelecimento de novas formas de relações pessoais e comerciais. "No prazo de uma geração, seremos capazes de oferecer os bens e serviços antes reservados a poucas pessoas, com muito dinheiro para todos que os necessitem e desejem. Graças à tecnologia, a abundância finalmente está ao nosso alcance", afirma Diamandis.

Nesse sentido, a hierarquia das necessidades humanas, proposta por Maslow, é revista e atualizada por Peter Diamandis na chamada "pirâmide da abundância", a qual apresenta três níveis: o inferior apresenta as questões elementares para a sobrevivência, como alimento, água e moradia; o intermediário agrupa os catalisadores de maior crescimento, como energia, amplas oportunidades de educação e acesso à comunicação e à informação; e, no topo, estão a liberdade e a saúde, condições básicas para que qualquer indivíduo consiga prestar a sua contribuição à sociedade. Com esse pensamento, ele defende o poder de transformação do movimento *do it yourself* (DIY) – faça você mesmo, considerando as pessoas que decidem resolver os problemas "com as próprias mãos".

Se no passado, diante de algo grave, só era possível reclamar a uma pessoa, uma empresa ou ao governo, agora é possível criar a solução por si próprio. "Graças às tecnologias exponenciais, pequenos grupos de pessoas podem resolver grandes problemas", argumenta. A tecnologia apresenta-se como uma fonte libertadora de recursos. E os produtos e serviços que antes eram reservados a uma minoria abastada, poderão ser oferecidos a todas as pessoas que os necessitarem ou desejarem.

Peter Diamandis estudou medicina e biologia molecular e obteve doutorado em engenharia aeroespacial, no Massachusetts Institute of Technology (MIT). Além de outros bem-sucedidos empreendimentos, ele está à frente da Singularity University, fundada em 2008 no Nasa Research Park, na Califórnia, Estados Unidos, como uma plataforma de aprendizado e inovação global que utiliza tecnologias exponenciais para enfrentar os maiores desafios do mundo. A missão é educar, inspirar e capacitar os líderes a aplicarem tecnologias emergentes, como inteligência artificial, robótica e biologia digital, para construir soluções inovadoras e impactar positivamente bilhões de pessoas.

Na Singularity University, ao lado de Peter Diamandis, nomeado um dos "50 maiores líderes do mundo" pela revista Fortune em 2014, está o diretor de engenharia da *Google*, Alphabet, inc., Ray Kurzweil. Ele tem sido descrito como "o gênio incansável" pelo *The Wall Street Journal*, e é considerado um dos principais inventores, pensadores e futuristas, com um histórico de 30 anos de previsões precisas. A teoria da abundância defendida por Peter Diamandis e apresentada ao mundo em 2012, com a publicação do seu *best-seller*, já vinha sendo testada e colocada em prática com eficiência.

O porvir do mundo dos negócios está, então, anunciado. Mesmo as organizações que não pretendem impactar o mundo inteiro com os seus negócios, mas apenas a comunidade local, estarão, inexoravelmente, interessadas na receita apresentada por esses visionários e, especialmente, em como obter os ingredientes necessários para criar um futuro mais abundante. Independentemente do interesse de tornar-se uma organização exponencial, a adoção de muitas de suas características será imprescindível, especialmente em relação à compreensão de liderança.

O olhar para a gestão no futuro deverá manter o foco em gerar condições para que a equipe se vincule ao propósito da organização. Vivemos um momento em que tarefas repetitivas estão sendo automatizadas e é preciso garantir cada vez mais autonomia para o desenvolvimento de tarefas que envolvem capacidade cognitiva e criação, seja em sua execução, seja na resolução de problemas ou no contato com o cliente.

Como líder, é crucial criar o ambiente que possibilite o fortalecimento da equipe, mantendo-a engajada, motivada e produtiva. Acima de tudo, no entanto, é essencial buscar o autodesenvolvimento pessoal e profissional. "Qualquer um que queira mudar uma organização para uma exo deve, primeiro, mudar a si mesmo", sentenciaram os autores do livro *Organizações exponenciais*. Tecnologias e tendências estão movendo o mundo dos negócios, e gerentes e CEOs sentirão essas mudanças mais cedo e mais profundamente.

O líder do futuro é aquele que tem uma visão sistêmica da empresa, principalmente, da vida, do mundo. Este conceito não é novo. Ele foi estabelecido em 1990, pelo professor e consultor Peter Senge, PhD em gestão pela Mit Sloan Scool of Management, uma das universidades do Massachusetts Institute of Technology, nos Estados Unidos, mas está mais atual do que nunca

No *best-seller A quinta disciplina*, Peter Senge defende o pensamento sistêmico como o alicerce da organização que aprende, "aquela que está continuamente expandindo sua capacidade de criar o seu futuro". O pensamento sistêmico é considerado a quinta disciplina, por englobar todas as demais: domínio pessoal, modelos mentais, construção de uma visão compartilhada e aprendizagem em equipe.

O primeiro passo para a transformação, segundo Peter Senge, é identificar deficiências de aprendizagem como: "eu sou meu cargo", "o inimigo está lá fora", "a ilusão de assumir o controle", "a ilusão de aprender com a experiência" e o "mito da equipe gerencial". Para corrigir as deficiências, propõe o autor, é imprescindível considerar a percepção dos arquétipos de sistema. "Eles revelam uma elegante simplicidade subjacente à complexidade dos problemas gerenciais", argumenta.

Um dos principais é o princípio conduzido da seguinte maneira: "não force o crescimento, elimine os fatores que o limitam". E Peter Senge anuncia "leis" da reestruturação das organizações como: "a saída mais fácil normalmente nos leva de volta para dentro", "a cura pode ser pior do que a doença", "pequenas mudanças podem produzir grandes resultados, mas, na maioria das vezes, as áreas de maior alavancagem são as menos óbvias" e "não existem culpados". Esta última, em especial, representa a internalização de um conceito importante e fundamental: a compreensão de que a responsabilidade não é somente de uma pessoa, mas de um grupo. A equipe, assim, passa a experimentar uma maior pressão, já que é responsável pelos resultados bons ou maus.

Nesse cenário, não há outro caminho aos gestores e aos líderes, a não ser tornarem-se legítimos "exponenciais chefes", transformando a liderança em um processo de educação dos membros do conselho aos funcionários. Suas ações determinarão se a organização deve sobreviver. Desta forma, não há tempo para hesitação. Novas formas de pensar fazem-se necessárias, afastando-se dos tradicionais métodos lineares de produção e de pensamento. A melhor forma de abandonar estes velhos conceitos é encontrar novas maneiras de compartilhar ideias e de construir projetos. Toda transformação começa pelo indivíduo e o líder deve ser o protagonista. Precisamos ser a mudança que queremos ver no mundo.

19

Mente subliminar, o ponto fraco do *coaching* tradicional

Já reparou que muitas vezes você até sabe o que quer, se planeja, e age de forma errada, mesmo sabendo que aquele comportamento não o ajuda? Por exemplo, você deseja emagrecer, se planeja, mas só come besteira? Algumas respostas sobre isso não estão acessíveis de forma consciente. Leia este capítulo para aprender mais sobre esta sua parte escondida, ou continue no automático sem entender. A escolha é sua!

Felipe Gibim

Felipe Gibim

Nascido na capital de São Paulo, foi o primeiro de sua família a entrar em uma universidade pública e se tornar servidor público. Deixou de lado os diplomas de engenheiro e licenciado pela USP e pediu exoneração do seu cargo público, três semanas após o fazer seu primeiro curso de *Coaching*. Desde então, tem buscado viver sua missão de vida, transformando pessoas comuns em pessoas extraordinárias. Reside e atende presencialmente em Piracicaba (SP), oferece palestras, *workshops* e formações variadas (formatos presenciais e *online*). Possui títulos de algumas formações internacionais como: *Master* e *Trainer* em *Coaching*, *Master* e *Trainer* em Programação Neurolinguística (PNL), *Master* e *Trainer* em hipnose clássica e clínica, psicanalista clínico.

Contatos
www.felipegibim.com.br
contato@felipegibim.com.br
Facebook: Coach Felipe Gibim
Instagram: felipe.gibim
YouTube: Felipe Gibim
LinkedIn: br.linkedin.com/in/coachfelipegibim
(19) 98855-2900

Eu sei o que tenho que fazer, me planejo, mas na hora não sei o que acontece, ajo diferente do que planejei, como se estivesse no automático"! Quantas vezes você já passou por essa situação? Talvez como o sujeito da frase, talvez você veja isso nos outros, familiares, amigos, funcionários. Se você é *coach* ou trabalha com algum tipo de terapia, muito provavelmente já ouviu algo do tipo de seus clientes. Vou aqui apresentar algumas teorias sobre o modelo de mente, abordando desde conceitos da psicanálise tradicional, hipnose, programação neurolinguística (PNL), até a neurociência atual e como trabalhar isso em você e nos demais.

O *coaching* "puro", tradicionalmente, trabalha muito no consciente do cliente, de maneira extremamente racional. Neste capítulo, apresentarei conceitos de outras metodologias que podem cobrir esse buraco que o *coaching* deixa de dar atenção.

Sigmund Freud, pai da psicanálise, há mais de cem anos, falava sobre a divisão da mente em consciente, onde ficariam os raciocínios e pensamentos que conseguimos controlar, memórias de curto prazo e fácil acesso, em uma faixa chamada pré-consciente, onde encontraríamos conteúdos que poderiam ser recuperados de forma relativamente fácil, e em inconsciente, onde estariam os instintos, impulsos, hábitos, etc.

Algumas dezenas de anos depois, Gerald Kein, considerado por muitos como o maior hipnotista da história, criou um modelo de mente parecido. Ele dividiu a mente em consciente (basicamente a mesma definição da teoria freudiana – como não é o foco deste capítulo não vou discutir teorias), mente subconsciente (a grosso modo, seria um misto do pré-consciente e inconsciente de Freud) e a mente inconsciente, que englobava as funções fisiológicas do nosso corpo, como sistema nervoso e imunológico. Na PNL, costumam dividir somente em consciente e inconsciente, aquilo que está na consciência e aquilo que não está. Sinceramente, não importa muito a teoria que resolver seguir. Como podem observar, são visões diferentes da mesma coisa e, para evitar brigas com relação a nomenclaturas de linhas diferentes, chamaremos aqui essa parte escondida de mente subliminar.

A mente consciente varia de 5 a 10% da sua função cognitiva. Parece pouco? Para ajudar, o nosso sistema sensorial envia para o nosso cérebro, de 1 milhão a 11 milhões de *bits* de informações por segundo. Porém, podemos lidar conscientemente, somente com 10 a 50 *bits* por segundo. Agora parece menos ainda, não é? Isso tem um motivo super importante na nossa evolução.

Se nosso cérebro tentasse processar tudo isso, ele "travaria", como um celular cheio de aplicativos abertos ou um computador com HD cheio. Essa evolução permite que nossa mente subliminar processe automaticamente, diversas informações. Mesmo quando estamos aparentemente sem fazer nada, a mente subliminar está trabalhando; por isso, registramos diversas informações de maneira inconsciente, que sequer percebemos conscientemente. Ademais, existem as lacunas, que são as informações imperceptíveis e não registradas, nem mesmo inconscientemente. Estas costumam ser preenchidas com outras informações de algo parecido, que generalizamos para "tapar o buraco" que falta.

Primeiramente, percebemos o mundo por meio dos nossos cinco sentidos: visão, audição, olfato, paladar e tato. Pessoas diferentes observando uma mesma imagem, podem perceber detalhes distintos ou focarem em itens que você não tinha sequer reparado ou dado importância. Por exemplo, ao olhar uma imagem de pessoas em um bar, um cabeleireiro pode reparar nos cortes de cabelo, uma manicure nas unhas, uma maquiadora na maquiagem, um *designer* na decoração, um engenheiro nas trincas na parede, um apreciador de bebidas na prateleira com as garrafas, um ladrão em alguma carteira ou celular de um bebedor distraído, um bombeiro em extintores ou na disposição das saídas de emergência, entre outros. Esses exemplos foram apenas do sentido visual, porém são válidos para todos os outros sentidos. Como dizemos na PNL, "O mapa não é o território", ou seja, nós temos uma percepção individual (mapa) diferente do mundo real (território), pois cada um interpreta o território da sua forma e age de acordo com essa interpretação.

Após a percepção dos cinco sentidos eliminar muitas informações que não são nosso foco, processamos as informações internamente, de forma que generalizamos, distorcemos e deletamos boa parte para, aí sim, armazenarmos internamente as nossas representações.

Quando vamos buscar essas representações, elas tendem a ser ainda mais simplificadas! Vamos exemplificar novamente. Imaginem a seguinte cena: uma festa acontecendo, de repente dois participantes, João e José, começam a discutir e brigar. Três convidados presentes separam a briga. Você, como um observador externo, que não se envolveu, tem uma percepção. Cada um dos brigões, João e José, tem uma percepção diferente (geralmente cada um vai defender o seu lado da briga para justificar a bagunça). Os outros três convidados que separaram podem ficar do lado do João, José ou se apresentarem neutros. Um pode ter escutado João xingar José, outro pode ter visto José ir para cima de João. O outro pode ter chegado somente na hora que estavam brigando, mas por ser amigo de João, ficou do lado dele. Você olhando de longe tem menos informações ainda e uma percepção diferente. Cada um tem uma representação (mapa) da realidade (território), baseada nas informações que seus cinco sentidos coletaram, generalizaram, distorceram e deletaram.

Um segurança da festa chega para conversar e escuta as seis histórias, dos dois brigões, dos convidados que separaram e da sua como observador. Quando vocês vão buscar nas suas memórias, recuperando suas gravações, acabam contando para o segurança uma visão ainda mais generalizada, distorcida e deletada. O segurança, por sua vez, com seus cinco sentidos, presta atenção em algumas coisas, grava na sua memória algo ainda mais simplificado, e se for resgatar para contar para o dono do espaço, então...

Talvez você esteja pensando: está bem, Felipe, entendi essas teorias, mas o nome do livro é *Coaching - mude seu mindset*. Onde se encaixa o *coaching* e a mudança de *mindset* neste texto todo?

Quando perguntamos algo para uma pessoa, ela nos dá a estrutura superficial da resposta. Com boas perguntas, nos aproximamos da estrutura profunda e conforme desenterramos essa estrutura, nos aproximamos mais da realidade. Porém, nunca chegaremos à realidade em si, pois é humanamente impossível perceber tudo e ser neutro. Como *coach*, hipnoterapeuta, programador neurolinguista e psicanalista, me sinto como o segurança da história anterior. Com boas perguntas, busco me aproximar ao máximo da realidade, ou pelo menos aproximar de maneira suficiente para entender a estrutura profunda do cliente; algo que, às vezes, nem ele mesmo conhece conscientemente.

Quando conscientemente não conseguimos resolver alguns problemas, podemos adotar alguns comportamentos irracionais ou de defesa. Esses comportamentos têm a intenção de nos proteger de algo que não conseguimos lidar. Muito provavelmente, você já se percebeu com algum destes comportamentos ou ao menos percebeu nos outros. Portanto, citarei rapidamente os principais:

1) Racionalização: é a criação de explicações para justificar ou dar sentido a algo; muito comum para dar razão a um fracasso. Por exemplo, ao ser dispensado de um relacionamento, dizer que já não gostava da pessoa a muito tempo. Ao ser demitido, dizer que não aguentava mais o local de trabalho.

2) Isolamento: é uma espécie de dissociação dos acontecimentos, se tornando insensível a sentimentos perturbadores, como por exemplo, uma pessoa que perde um ente querido ou passa por algum episódio traumático como um assalto, e fala com uma naturalidade aparentemente absurda para muitos.

3) Sublimação: quando o indivíduo busca uma forma aceita socialmente de satisfazer alguma vontade inconsciente. Por exemplo, uma pessoa que pratica artes marciais, desconta toda a raiva em um saco de pancadas.

4) Projeção: quando projetamos algo nosso em outras pessoas ou coisas, demonstrando falta de autorresponsabilidade. É como quando empresários colocam a culpa do faturamento cair no governo, ou um jogador de futebol culpa o gramado.

5) Repressão: é caracterizada pela omissão de lembranças; comum em casos com carga emocional elevada.

6) Formação reativa: basicamente demonstramos atitudes opostas ao que sentimos. Por exemplo, uma pessoa que, com medo de ser abandonada, termina todos seus relacionamentos quando começam a ficar sérios, por medo de que terminem antes com ela.

7) Identificação: caracterizado pelo envolvimento do indivíduo em grupos para se proteger de alguma dor. Isso causa certa dependência de outra pessoa real, fictícia ou grupos. Por exemplo, identificação excessiva com personagens de filmes ou novelas, pode causar dependência.

8) Regressão: retorno à idade de quando não tinha problemas da vida adulta. Caracterizado por choro e atos infantis; isso acaba por afastar a pessoa da realidade. Por exemplo, quando a pessoa era criança, o choro e birra resolviam os problemas.

9) Negação: utilização de mentiras para negar algo. Comum quando somos acusados de algo, ou não queremos preocupar alguém.

Agora que você tem consciência disso, já notou você ou os outros tendo esses comportamentos?

Algumas perguntas podem nos dar informações sobre alguma atitude que pode estar te atrapalhando em conquistar suas metas. Quando definir suas metas ou passos para conquistá-las, faça as perguntas abaixo em voz alta ou somente em seu pensamento e observe as respostas que virão em seguida. Não racionalize nem julgue as respostas, simplesmente deixe fluir o primeiro pensamento que vier na sua cabeça:

- Eu não desejo (sua meta ou passo) porque...
- Eu não acredito ser possível (sua meta ou passo) porque...
- Eu não tenho capacidade (sua meta ou passo) porque...
- Eu não mereço (sua meta ou passo) porque...
- Eu não vou conseguir (sua meta ou passo) porque...

Podem surgir respostas estranhas. Anote, acolha e entenda o que você conscientemente, muito possivelmente, tem deixado escapar sem dar a devida atenção. Podem surgir algumas respostas do passado que devem ser ressignificadas com a ajuda de um profissional, tais como: "não mereço, porque meu pai falava que eu não fazia nada certo", "não vou conseguir, porque não tenho coragem", "não é possível ter um bom relacionamento, porque sempre fui traída". Uma sessão de regressão com um bom hipnólogo ou alguém com boas noções de PNL pode libertar todas estas amarras e fazer fluir o restante do trabalho.

No livro *A estrutura da magia*, de Richard Bandler e John Grinder, lançado em 1975, os autores nos apresentam como dois grandes terapeutas da época, Virginia Satir da terapia familiar sistêmica e Fritz Perls da Gestalt terapia, faziam para trazer à consciência dos seus pacientes, o que não tinham acesso.

Os padrões de como eles faziam esse trabalho foi denominado de Metamodelo. Lembra quando falamos que as pessoas olham a realidade, generalizam, distorcem, deletam e gravam o que sobra na sua estrutura profunda, e, quando vão buscar, generalizam, distorcem e omitem mais ainda, mostrando somente a estrutura superficial? Quando os clientes vêm até mim para sessões de *coaching*, PNL, hipnose e psicanálise (uso o melhor de cada metodologia no método que inventei), eles só mostram o superficial e, com boas perguntas, trazemos com estrutura profunda, aquilo que eles talvez falem de forma automática sem pensar. Segue um resumo bem simplificado dos mais de dez padrões do Metamodelo, seguido de um exemplo prático, para que possam entender um pouco mais:

A) Generalização: após uma experiência, generalizamos todas as outras, nos impossibilitando de vermos exceções e novas descobertas. Isso acaba gerando crenças (regras) e limitando o mapa. Devemos buscar as exceções para pôr em cheque as generalizações. "Nenhum homem presta? Você conheceu todos do mundo?"

B) Distorção: são sentenças mal elaboradas; em que julgamos ou pressupomos algo. Devemos, aqui, investigar as associações feitas. "Ela está brava porque não te deu bom dia? Como dar bom dia significa que ela está feliz?"

C) Omissão: deletamos informações que não prestamos atenção; devemos recuperar os elementos que faltam, para entendermos de verdade. "Ele causa problemas na sua vida? Quais problemas?".

Outra forma muito poderosa é utilizar os estados de transe com hipnose, mas isso exigiria um capítulo para ensinar a trabalhar com autohipnose ou como levar os outros a este estado. Para aprender mais, aconselho procurar um bom curso de hipnose, um hipnoterapeuta ou vídeos de autohipnose *online*.

Fazemos muitas coisas inconscientemente e devemos entender a importância disso, para não sobrecarregarmos nosso cérebro. Porém, devemos estar conscientes dessas nossas inconsciências. Espero que este capítulo tenha deixado você mais consciente!

20

Desenvolvendo um *mindset* de sucesso diante dos desafios do século XXI

Neste capítulo, você compreenderá que, em um cenário cada vez mais desafiador, é fundamental entender que ter um *mindset* de sucesso influencia sua maneira de encarar as adversidades. Além disso, permite que você desenvolva estratégias para potencializar as competências socioemocionais que o fazem se destacar em meio aos que resistem às mudanças

Fernanda Cavalcante Batista Rodello

Fernanda Cavalcante Batista Rodello

Com mais de 20 anos de experiência como executiva em grandes corporações, conta com vasta experiência na liderança de equipes e no desenvolvimento e realização de treinamentos institucionais. Também atua como *coach* e mentora de executivos, além de conduzir processos de transição de carreira. *Master Coach* certificada pela International Association of Coaching – IAC, European Mentoring and Coaching Council, Latin American Society of Coaching e Professional Coaching Alliance. Analista comportamental e de inteligência emocional certificada pela Atools. É uma das idealizadoras do Projeto Darwin – programa para desenvolvimento das competências socioemocionais, junto a executivos e educadores. Acredita que a abertura para mudanças garante uma nova perspectiva rumo ao nosso constante desenvolvimento.

Contatos
www.protalent.com.br
fernanda@protalent.com.br
Instagram: ferodello
Facebook: @ProtalentConsultoria
LinkedIn: br.linkedin.com/in/fernanda-cavalcante-rodello

> "As espécies que sobrevivem não são as mais fortes, e nem as mais inteligentes, e sim aquelas que se adaptam melhor às mudanças."
> Charles Darwin

Em muitos momentos da vida, buscamos tomar decisões ou assumirmos posicionamentos com base nos fatos que se apresentam naquele momento. Na maioria das vezes, sequer percebemos que as ideias que basearam essa decisão, sempre estiveram conosco e que adotamos uma atitude padrão para chegarmos às nossas conclusões.

Mindset e o comportamento que os identifica

Meu amigo Alfredo sempre terminava seus comentários com a frase: "só consigo ir até aqui." E depois que ele citava esta frase – que era sua marca pessoal, parecia que o universo determinava o fim do seu processo criativo e do seu estoque de ideias e sugestões inovadoras. Se ele precisava desenvolver um projeto, mas a poucos passos da conclusão, eis que a fatídica frase era dita e mais nada acontecia. Se a atividade dele não envolvesse um trabalho em equipe, provavelmente, nenhum projeto teria sido concluído até hoje.

Depois de anos de convívio e de inúmeros "só consigo ir até aqui", estávamos conversando sobre a celebração do dia dos pais, e o Alfredo compartilhou uma lembrança paterna: seu pai era exigente na cobrança das notas escolares, e quando o filho tirava notas abaixo de oito, o pai lhe perguntava: "só conseguiu ir até aqui?"

Assim como o Alfredo, seu pai também tinha sua frase fatídica e que era verbalizada a todo instante, sendo ouvida pelo filho reiteradamente. E até aquele dia, Alfredo não tinha se dado conta de que assumira a frase para si, de forma afirmativa e tão limitante.

Adotar aquela interrogação paterna como verdade absoluta, transformou a frase em um pensamento fixo e levou meu amigo a adotar a crença de que só era possível chegar até aquele ponto. Isso fazia com que ele travasse cada vez que aquele mantra da limitação soava na sua cabeça. Sem saber que tinha um *mindset* fixo, ele simplesmente travava e ninguém mais o convencia de que poderia ir além.

Também faz parte do meu círculo de amizade, uma professora primária, sorridente e sempre falante. Ana Clara sempre foi a jovem mais desenvolta do nosso grupo e, constantemente, estava apoiando um de nós a ir além do que achávamos ser nosso limite. Ela nos falava: "se alguém já fez, eu também posso tentar fazer" e, invariavelmente, ela ia além do tentar e realizava aquela atividade; ainda que o resultado só viesse depois de muita dedicação e da superação de certos obstáculos. De qualquer maneira, Ana Clara alcançava seus objetivos e nos contava, com aquele sorriso largo, como tinha sido desafiador chegar até o final.

Evidentemente, ela levou essa visão para a sala de aula e continuou a nos deixar perplexos com as situações em que descrevia as atividades desenvolvidas por seus alunos. Deixava-nos pensando se crianças naquela idade conseguiriam fazer aquilo.

De fato, sua postura sempre foi de desafiar seus alunos e, muitas vezes, sabia que estava exigindo resultados além dos domínios da sua turma. Entretanto, focava na capacidade dos alunos de se esforçarem para alcançarem os melhores resultados, estimulando-os a buscar alternativas quando não se davam bem nas primeiras tentativas.

Desta forma, minha amiga acreditava que era possível superar as limitações que os alunos julgavam ter. Isso os levava a conseguir melhores resultados, nos momentos mais desafiadores.

E quem está certo?

Para entender por que Alfredo e Ana Clara entendiam de forma diversa a dimensão das suas qualidades, é preciso compreender os conceitos de *mindset* fixo, de crescimento e como cada um deles acaba nos levando a pensar ou agir, gerando opções de caminho tão distintas.

Todos nós adotamos uma forma de encarar as situações e, consequentemente, de agir em relação a elas. E, por mais que não tenhamos consciência disso, nossas ações decorrem dos nossos conhecimentos, experiência de vida e sentimentos. Tudo isso, condensado em forma de pensamento.

A cada linha de raciocínio que construímos para fundamentar nossas ações, deixamos em evidência a nossa maneira de pensar, que tantos já conhecem como *mindset*. Diante dessa perspectiva, podemos adotar duas formas de raciocínio:

Mindset fixo: atitude mental adotada por pessoas que acreditam que nascem com talentos e as capacidades predefinidas e que não é possível mudá-los ao longo da vida. Ao receber um rótulo, a pessoa de *mindset* fixo assume esse papel, entendendo que a sua capacidade é um dom sobre o qual ela não tem influência e que a define. Quando se depara com situações em que sua estratégia falhou, a pessoa com *mindset* fixo acredita que sua cota daquela capacidade está findando, portanto, terá que se esforçar para alcançar o resultado, e isso evidencia que ela não está mais à altura daquela tarefa desafiadora.

A partir de então, a pessoa começa a recusar outros desafios, pois acredita que assim está expondo suas deficiências. O caminho do sucesso para o *mindset* fixo, consiste em se valer das habilidades que já se domina para obter os resultados.

Mindset de crescimento: as pessoas que têm atitude mental de crescimento acreditam que os talentos podem ser desenvolvidos com tempo e persistência, sendo esse o caminho para aproveitar as oportunidades que surgem ao longo da vida. Não há preocupação com rótulos, uma vez que, ao adotar o *mindset* de crescimento, o indivíduo sabe que a rotulação tem caráter temporário. Sempre aberto à mudança, é consciente de que todo conhecimento pode ser aprendido e que qualidades podem ser aperfeiçoadas por meio de vivências e dedicação.

Se há aprendizado e torna-se necessário persistir e esforçar-se para atingir o objetivo, isso é um sinal de que se está no caminho do sucesso, para quem tem o *mindset* de crescimento.

Em outras palavras e respondendo ao questionamento "e quem está certo?", percebemos que a resposta vai depender de como cada um pretende encarar as dificuldades e abraçar as oportunidades.

No caso do *mindset* fixo, o indivíduo tem grandes chances de desistir do jogo ao se deparar com as adversidades que as situações forem lhe apresentando, porque tais dificuldades, se não forem transpostas, colocarão à mostra uma incapacidade de superação. A partir de certo momento, ele passará a ignorar qualquer oportunidade que surja, considerando que não é capaz de encará-las.

Em relação ao indivíduo com *mindset* de crescimento, percebe-se uma abertura para encarar o fracasso como mais uma forma de aprendizado para encontrar a solução; quanto maior o desafio, maiores as oportunidades de ampliar o conhecimento e alcançar o sucesso.

Assim, as opções são desistir do jogo ou buscar outras formas de jogar.

Como isso funciona em cada um de nós

Hoje em dia temos acesso a fontes de conhecimento dos mais variados temas, e um critério para decidir quais vão favorecer nossos potencias ou agregar ao que já sabemos, é o quanto aquele conhecimento nos faz refletir sobre nós mesmos e se nos desafia a sermos melhores.

Levando em consideração esse aspecto, já aviso que o conhecimento sobre *mindset* atende a esse requisito, além de tantos outros, porque, ao ler sobre atitude mental, inevitavelmente começamos a avaliar nossos comportamentos e identificar como tem sido nossas ações. E ao tomar consciência da forma como pensamos, as situações de *mindset* fixo e de crescimento vão sendo trazidas à tona.

Inicialmente, é possível imaginar que todas as nossas ações decorrerão de uma ou outra atitude mental, mas, ao longo dessa reflexão, a conclusão será de que transitamos pelos dois *mindsets*. Isso é um bom sinal, uma vez que você percebe ser capaz de adotar uma atitude mental ou outra.

Tendo tomado essa consciência e já sabendo como funciona o *mindset* fixo e o de desenvolvimento, você acaba por entender qual *mindset* é mais coerente com as suas expectativas e qual vai ajudá-lo a ter o desempenho de alta *performance*.

Uma vez que estamos falando de desenvolvimento de *mindset* voltado para o sucesso, devemos ter o foco em adotar o *mindset* de crescimento, cada vez com mais constância. E como você já identificou que, algumas vezes, adota atitudes mentais como o Alfredo e, em outras vezes, posiciona-se como a Ana Clara, o ponto é potencializar as vezes em que seu lado "Ana Clara" assume o controle.

Um desafio real: praticar o *mindset* de crescimento

Como já mencionado, temos acesso a muitos conhecimentos e, em contrapartida, temos que valorizar nosso tempo para buscar os conhecimentos que realmente serão válidos para nosso desenvolvimento.

Considerando esse cenário e a fim de apresentar um desafio real para que você possa aperfeiçoar seu *mindset* de crescimento e ser bem-sucedido em seus objetivos, apresento uma situação real que todos nós vivenciamos atualmente.

Estou falando da inteligência artificial, que já é uma realidade incontestável, sobre a qual devemos nos manter atualizados e, concomitantemente, aproveitar as oportunidades que a evolução dessa inteligência nos apresenta a todo momento. De nada adiantaria, em pleno século XXI, opor-se à ela de forma superficial e leviana.

Esse avanço tecnológico é que nos abre um leque de novas possibilidades e, ao mesmo tempo, nos traz o questionamento sobre os limites do ser humano diante dessa inteligência, que é vista por alguns, como superior à nossa.

Pois bem, nesse ponto, reforço que esse tema representa um desafio realista para exercitarmos o *mindset* de crescimento. E esse aspecto já começa a ser exercitado no momento em que você se depara com essa afirmação da grandiosidade da inteligência artificial. Diante desse discurso, qual o seu posicionamento?

• Acredita que a inteligência artificial é grandiosa a ponto de sobrepujar a capacidade de pensar e criar dos seres humanos?

• Diante das tantas possibilidades da inteligência artificial, os seres humanos acabarão sendo descartáveis como força de trabalho?

• Os humanos têm algum diferencial que os torne melhores em algum aspecto, quando comparados com o que a inteligência artificial pode oferecer?

As respostas a estes questionamentos deixam claro qual *mindset* você adota diante desta situação. E, como acredito que você não sucumbiu à ideia de que, assim como os dinossauros foram extintos, em algum momento os seres humanos também o serão, e a inteligência artificial será a fomentadora dessa extinção, é que apresento mais um aspecto deste tema, a fim de que você possa exercitar o *mindset* que favorece o cenário de sucesso no qual você pretende permanecer.

O ser humano pode ter mais humanidade?

Assim como a inteligência artificial é uma realidade incontestável, também não se questiona mais o quanto os indivíduos precisam desenvolver atitudes e habilidades a fim de enfrentar os desafios modernos.

Em decorrência desse entendimento, diversos centros de estudos relacionam uma série de competências para que as pessoas possam ser bem-sucedidas na vida. Estas são as competências socioemocionais, mas que você já conhece como: empatia, autoconhecimento, comunicação, resiliência, valorização da diversidade, dentre outras.

E você deve estar pensando: o que isso tem a ver com *mindset*? Eu lhe digo que tem tudo a ver.

Como mencionei, as competências já são suas conhecidas e, agora, estou compartilhando com você, que já existem vários estudos indicando que termos essas competências no nosso repertório, nos ajudará a enfrentar os desafios do século XXI.

Considerando isso, vamos nos manter no caminho de um *mindset* de crescimento, avaliando o quanto você concorda com as afirmações a seguir:

- Todas as pessoas têm as competências socioemocionais desenvolvidas;
- Já nascemos com aptidão para sermos resilientes diante das adversidades, nos comunicarmos com assertividade e sermos empáticos;
- Se a pessoa não sabe negociar, é porque não nasceu para fazer isso;
- Eu tento ser criativo, mas não levo jeito para isso;
- Só quem é inteligente consegue fazer melhor.

Quando falamos de aptidões, culturalmente temos a tendência a achar que cada indivíduo já vem com sua cota de competências definidas no DNA e que, por isso, uns tem mais facilidade em certos aspectos do que outros. Entretanto, quando nos deparamos com os desafios do século XXI, mas adotamos a mentalidade de que podemos nos valer somente das habilidades que naturalmente temos, nossas oportunidades de sucesso são limitadas aos recursos que possuímos.

Ao passo que, se entendermos que essas competências podem ser desenvolvidas e aperfeiçoadas, ampliaremos nosso espectro de capacidades e de possibilidades de realização.

Essa é a minha proposta: que exercitemos nosso *mindset* de crescimento a fim de desenvolvermos competências socioemocionais que nos dão suporte para superarmos os desafios do século XXII. O sucesso que alcançarmos será decorrência da atitude mental de que podemos ser mais.

Referências

DWECK, Carol S. *Atitude mental para o sucesso*. 1. ed. Lisboa: 20|20, 2014.

DWECK, Carol S. *Mindset :a nova psicologia do sucesso*. 1. ed. São Paulo: Objetiva, 2017.

GARDNER, Howard. *Mentes extraordinárias*. 1. ed. Rio de Janeiro: Rocco, 1999.

GOLEMAN, Daniel. *Inteligência emocional: a teoria revolucionária que redefine o que é ser inteligente*. 2. ed. Rio de Janeiro: Objetiva, 2012.

21

A importância do *coaching* para o seu sucesso

Somos capazes de conquistar muito mais do que realmente conseguimos, mas existe um ponto em que somos limitados por algo que existe dentro de nós, o qual chamamos de crenças limitantes, que não permitem a quebra de paradigmas e a mudança de nosso *mindset*

Gercimar Martins

Gercimar Martins

Administrador, *coach* e escritor. Especialista em gestão estratégica do capital humano e pós-graduado em inovação em mídias interativas pela Universidade Federal de Goiás/UFG. Professor de empreendedorismo da Faculdade Quirinópolis/FAQUI, membro da Academia Luminescência Brasileira de Ciências, Letras e Artes, Araraquara – SP. Membro da Red Mundial de Empreendedores na Argentina. Fundador do IGM *Coaching*, empresa de treinamentos de desenvolvimento pessoal e profissional. No ramo de palestras, pesquisas e treinamentos, atua nas áreas de liderança, motivação, educação, empreendedorismo, *coaching*, oratória, PNL, entre outras. Empreendedor nato e que vive de desafios, tem a missão de auxiliar no processo de transformação das pessoas, trabalhando com o lema: "desenvolvendo pessoas para a excelência".

Contatos
www.gercimarmartins.com
contato@igmcoaching.com.br
(62) 99852-8959

O início desta história se faz por meio do W. Timothy Gallwey, mais conhecido como Tim Gallwey, quando criou o *Inner Game* (jogo interior) com sua primeira publicação no ano de 1974. A metodologia conhecida hoje como *coaching*, tinha o papel de potencializar o "eu interior" dos jogadores de tênis, para entrarem em competições acreditando que eram capazes de conquistarem a vitória daquele jogo.

Em alguns estudos, percebe-se a origem do *coaching* vindo de uma base da filosofia e, posteriormente, precedida da psicologia, sociologia, antropologia e ciência (MANNION, 2005). As principais raízes do *coaching* surgiram do esporte, o qual o termo *coach*, em português, significa "treinador", que são elementos de fundamental importância para uma nova perspectiva que surge pela psicologia positiva.

O *coaching* é um processo de orientação pessoal, para a busca de resultados *life & business* (vida e negócios), que realiza a descoberta do *coachee*, baseando-se na sua realidade, visando o seu futuro e sua alta *performance* comportamental, que se baseia na mudança de seu *mindset*, ou seja, sua "atitude mental".

O *coaching* envolve duas ou mais pessoas que usam uma determinada linguagem para se comunicar dinamicamente em uma maneira significativamente estruturada e produtiva, com o objetivo de conscientização, mudança e ação.

É muito comum vermos outras pessoas falando que *coaching* virou "moda" e que todo o mundo quer ser *coach*. Mas, na verdade, se faz fundamental conhecer o processo ou método, para poder se autodesenvolver, tornando-se um profissional mais preparado por meio de seu desenvolvimento pessoal.

O *coaching* tem se tornado amplamente difundido e desejado pela maioria das pessoas, e pelas histórias de evolução que o indivíduo atinge após participar do processo em si.

Ser *coach* não é um simples *status*, nem mesmo uma "ondinha", mas é estar preparado para se autoconhecer e auxiliar outras pessoas na libertação de seus potenciais, por meio de ferramentas que o *coaching* desenvolve. Na essência, o *coaching* consiste em ajudar o indivíduo a conseguir resolver problemas e transformar este aprendizado em resultados positivos.

De acordo com o Behavioral Coaching Institute (2011), o *coach*, inicialmente, realiza uma avaliação mais detalhada da atual situação de seu cliente (*coachee*), para poder então, orientá-lo na elaboração de um plano de ação com objetivos e metas tangíveis.

Existem diversos tipos de *coaching*, no entanto, as técnicas, métodos e processos utilizados são os mesmos, perfazendo uma adaptação para a realidade e necessidade de cada indivíduo, sendo estas trabalhadas com foco no objetivo a ser alcançado. (LAGES e O'CONNOR, 2008).

É possível percebermos que o *coaching* está em todas as áreas, pois, na essência, sua fundamentação resulta de acompanhar o indivíduo no seu próprio desenvolvimento. Isso ocorre, primeiro, por meio de técnicas para a transformação pessoal, em seguida, este indivíduo busca melhorar no âmbito profissional.

Segundo Krauz (2007), o processo de *coaching* está definido sob o enfoque de aprendizagem contínua, no qual existe uma constante reflexão sobre seus valores, crenças, objetivos e metas, incorporando, assim, novas aprendizagens no que se referem ao desenvolvimento de novas habilidades e atitudes.

Um dos precursores do *coaching* no Brasil, José Roberto Marques (2014), afirma que:

> O maior benefício do *coaching* é a conquista de resultados extraordinários em qualquer contexto, tanto pessoal, quanto profissional. Mais que um conjunto de conhecimentos, técnicas e ferramentas, coaching é uma filosofia de vida, uma decisão, um modo de ser, viver, pensar e gerir pessoas de forma eficaz.

Com base nessa afirmação, Matta (2012) nos mostra, de forma simplificada, cinco outros grandes benefícios para que se possa investir em *coaching*. São eles:

- Identificar problemas, obstáculos e bloqueios pessoais e profissionais;
- Superar o medo, ansiedade e as convicções limitantes;
- Aumentar o equilíbrio e a harmonia interiores;
- Melhorar o foco, o planejamento e a administração do tempo;
- Melhorar os relacionamentos e a comunicação.

Dentre as diversas ferramentas existentes, três das quais podemos considerar mais relevantes e de rápida aplicação é a SWOT, SMART e Roda da Vida, as quais tem-se a possibilidade de mensurar os objetivos e atual situação vivencial, de maneira mais eficiente.

A Análise SWOT consiste na avaliação de quatro pontos, os quais analisam as forças (*strengths*), fraquezas (*weaknesses*), oportunidades (*opportunities*) e ameaças (*threats*), tendo como principal objetivo, identificar os pontos positivos (forças e oportunidades) e, ao mesmo tempo, trabalhar para poder reduzir os pontos negativos (fraquezas e ameaças) que o indivíduo possa ter.

A SMART é uma metodologia voltada para a elaboração de metas produtivas, a qual abrange a análise dos termos: específico (*specific*), mensurável (*measurable*), alcançável (*achievable*), realista (*realistic*) e temporalizado (*time-based*), que permitem encaixar seus próprios objetivos dentro de cada termo, para que as metas possam se tornar mais tangíveis.

A Roda da Vida, por sua vez, tem o papel de identificar (por meio de um gráfico) os principais pontos de satisfação das suas próprias conquistas, no qual o *coachee* o avalia em uma escala de 1 a 10, aspectos da própria vida, como o seu autoconhecimento, finanças, estabilidade emocional, saúde, crenças, entre outros.

Pode-se observar que o *coaching*, em sua amplitude, trabalha com diversas ferramentas para potencializar os resultados do indivíduo, podendo ser utilizadas em gestão de organizações e pessoas, visando constantemente uma evolução pessoal, para, então, permitir uma evolução profissional.

É importante compreender bem a aplicabilidade das ferramentas e processos, para que, assim, possa conseguir libertar a capacidade interior própria ou de seu *coachee*, de forma a atingir os resultados realmente pretendidos.

Ser *coach* é acelerar o desenvolvimento pessoal e profissional com o aprendizado contínuo, estimulando o crescimento e ampliando a *network*.

Os *coaches* amam o que fazem, porque gostam de ajudar outras pessoas a conseguirem atingir seus objetivos e conquistarem o que mais querem na vida, trazendo a autorrealização.

Neste embasamento, a *Revista Exame* realizou uma entrevista com o *master coach* Homero Reis, que afirmou cinco qualidades que definem quem tem vocação para se tornar um *coach* profissional (PATI, 2013). São elas:

1 – Curiosidade;

2 – Gostar de ajudar os outros;

3 – Base ética;

4 – Compromisso com valores sociais e das organizações;

5 – Respeito pela técnica.

É possível fazer uma análise destas qualidades, em que o *coach* precisa ter curiosidade, ou seja, dúvidas, busca constante pela aprendizagem e gostar de ajudar as outras pessoas. Isso é o que realmente diferencia os melhores profissionais do mercado, além de, claro, ter uma base ética sólida em sua atuação, pois irá trabalhar com os valores sociais de uma pessoa ou organização. Para isso, é necessário que haja compromisso em realizar sua atividade e, principalmente, o respeito pela técnica, pois é parte fundamental do processo seguir os métodos para que possa ter os resultados desejados.

O *master coach* Paulo Vieira afirma que, "humanamente falando, a única coisa que nos separa de nossos objetivos é a nossa capacidade de agir", e ainda complementa que "tem poder quem age, e mais poder ainda, quem age certo".

Quando decidimos agir, consequentemente, teremos alguns resultados. E, quando agirmos da maneira correta, estes resultados serão ainda melhores. Mas, para isso, precisamos seguir um método testado e comprovado, que possa gerar tais resultados pretendidos, ainda utilizando-os de forma consciente e buscando com quem já fez e pode replicar as ferramentas certas. Este estudo é fundamental para saber onde melhor realizar sua aplicação.

Pode-se resumir esta questão na frase de Peter Drucker, em que afirma: "para ter um negócio de sucesso, alguém, algum dia, teve que tomar uma atitude de coragem". Independentemente de ser *life & business*, só irá se realizar quando alguém decidir ter a atitude de ir lá e fazer acontecer, e se alguém terá que fazer, por que não ser você?

Nessa onda de ser *coach*, muitas pessoas acabam pegando "carona" e atuando até mesmo sem formação, só com algumas pesquisas na *Internet* ou livros. Porém, mesmo que sejam encontradas muitas informações de boa qualidade, várias ainda não seguem os padrões da profissão, o que pode gerar contradições com os seus princípios. Dessa forma, no que se pretende gerar resultados, pode-se ocasionar em fracassos, por isso a grande importância de realizar uma formação e ter uma base sólida com quem realmente entende e vivencia o mercado há mais tempo.

Para podermos concluir este capítulo, pode-se afirmar que, abordado como uma tendência em crescimento em nosso país, o *coaching* é fundamental para a libertação e autorrealização de um indivíduo e de quem ele possa impactar com o conhecimento e utilização das ferramentas do método. É por meio deste processo que se pode conhecer melhor, potencializar seu desempenho e poder interior para as grandes conquistas, impactando o mundo por suas ações.

Se você deseja se tornar um *coach*, primeiro procure analisar o mercado que deseja atuar, identifique a melhor escola que oferece formações com credibilidade, e procure saber os resultados que as pessoas têm tido após a mesma. É por meio desta minuciosa análise, que você será capaz de se direcionar ao que melhor lhe irá potencializar, transformando-o em um agente de mudanças.

Fato este, que não é simplesmente você obter uma formação, ter um certificado nacional ou internacional, nem saber usar uma ou duas ferramentas, mas saber e conhecer a essência e importância do *coaching*, no processo de transformação e geração de resultados. Isso é necessário para que você não caia na "modinha" de ser um *coach*, e possa ser uma referência para os futuros *coaches* de nosso país.

Como o próprio Paulo Vieira afirma, "tem poder quem age", então, comece hoje mesmo a agir por você, ser o profissional que o mercado precisa e, principalmente, ser o profissional que você deseja ser, só assim você será capaz de ser uma grande referência.

George Bernard Shaw cita que, "as pessoas que vencem neste mundo são as que procuram as circunstâncias de que precisam e, quando não as encontram, as criam". Com isso, use o *coaching* para mudar sua vida como está mudando a de milhares de pessoas. Boa sorte e vamos para a ação...

Referências

BCI. *Management coaching: turning your managers and leaders into coaches to coach themselves and their staff*, 2011. Disponível em: < http://www.1to1coachingschool.com/manager-as-coach.htm>. Acesso em: 4 de jan. de 2018.

KRAUSZ, Rosa R. *Coaching executivo: a conquista da liderança*. São Paulo: Nobel, 2007.

LAGES, Andrea, O'CONNOR, Joseph. *Como o coaching funciona*. Rio de Janeiro: Qualitymark, 2008.

Mannion, J. *Essential philosophy*. Avon, MA: Adams Media, 2005.

MARQUES, José Roberto. *Qual a importância do coaching?*. Blog do JRM, 2014. Disponível em < http://www.

jrmcoaching.com.br/blog/qual-importancia-coaching/ >. Acesso em: 11 de jan. de 2018.

MATTA, Villela da. *Entenda o que é o coaching e quais são os seus benefícios.* SBC, 2012. Disponível em < https://www.sbcoaching.com.br/blog/o-que-e-coaching/beneficios-coaching/ >. Acesso em: 11 de jan. de 2018.

PATI, Camila. *5 qualidades de quem tem vocação para ser coach profissional.* Revista Exame, 2013. Disponível em <https://exame.abril.com.br/carreira/5-qualidades-de-quem-tem-vocacao-para-ser-coach-profissional/>. Acesso em: 13 de jan. de 2018.

VIEIRA, Paulo. *O poder da ação: faça sua vida ideal sair do papel.* São Paulo: Editora Gente, 2015.

22

O poder da mente

Neste artigo, falaremos de como todos nós temos o poder de trabalhar a nossa mente, o sucesso profissional, familiar e a saúde de nosso corpo. Muitas pessoas não entendem que nossas crenças passadas podem ser ressignificadas e redesenhadas, dando um novo olhar de futuro, compreendendo nossas emoções e promovendo o autoconhecimento. Nossas atitudes mentais, ou seja, nosso *mindset*, determinarão nossos próximos passos. O indivíduo que tem a consciência de como programar seu *mindset* terá consigo uma poderosa forma para desenhar seu destino

Helder Leite

Helder Leite

Engenheiro Químico graduado pela Ulbra (2005), MBA em Engenharia de Produção com ênfase em *Lean Manufacturing* (FUCAPI-2011). Especialização em Engenharia Industrial (Wisconsin University-2006), *Special Studies in Busines Management* (Harvard University-2007), MBA em Gestão de Projetos (Fundação Getulio Vargas-2008), MBA em Gestão de Pessoas (Universidade Gama Filho-2009), MBA em Liderança e Gestão Organizacional (Franklin Covey University-2010), *Master Coach* Profissional/Executivo (FEBRACIS 2018). É Executivo com aproximadamente 18 anos em áreas de gestão em diversos setores da manufatura em empresas, tendo forte experiência internacional nos Estados Unidos e Europa em grandes Multinacionais como: Moto Honda, Procter & Gamble/Gillette, Johnson – The Family Company e Grupo Petrópolis. Forte habilidade em gestão de pessoas, *teambuilding* e estruturação organizacional.

Contatos
helderleite1981@gmail.com
(92) 98415-4021

> Ninguém pode te impedir de fazer o que você quiser, se você estiver determinado e colocar isso em sua mente. Você sempre pode encontrar uma desculpa para não fazer algo, mas será apenas uma desculpa. Você não pode culpar ninguém a não ser você mesmo. Ninguém além de você é responsável pelo seu fracasso. (Ben Carson)

Começo minha contribuição a este livro citando acima um texto de Benjamin Solomon Carson, conhecido como Ben Carson. No filme *Mãos talentosas* – Sony Pictures (2009), conta a história verdadeira de Benjamin Carson (Cuba Gooding Jr.), um renomado neurocirurgião pediátrico, psicólogo, escritor, professor, filantropo e político norte-americano. Benjamin Solomon Carson (1951) nasceu em Detroit, Michigan, Estados Unidos, no dia 18 de setembro de 1951. Filho de Robert Solomon Carson, um pastor batista, e de Sonya Carson, que teve seu primeiro filho com 13 anos. O jovem Ben Carson não tinha muita chance nem perspectivas na vida. Tendo crescido em um lar desfeito em meio à pobreza e ao preconceito, suas notas eram baixas e seu temperamento inflamado. No entanto, sua mãe nunca perdeu a fé em seu filho e sempre foi sua grande incentivadora, mesmo sendo analfabeta, ela insistiu para que ele seguisse as oportunidades que ela nunca teve, ajudou-o a expandir sua imaginação, sua inteligência e acima de tudo, a crença em si mesmo. Essa fé e essa autoconfiança seria seu dom e a essência que o levaria a perseguir seu sonho de tornar-se um dos mais importantes neurocirurgiões do mundo.

É um belíssimo filme, e uma grande lição de vida, mostrando que todo ser humano é capaz de superar suas limitações, e alcançar seus objetivos quando realmente se propõe a isso.

Com o exemplo de Bem Carson podemos notar como a mente pode ser programada para gerar resultados e atingir o sucesso em qualquer campo da vida. Todo ser pensante neste mundo tem a capacidade de trabalhar sua mente positivamente em busca dos objetivos e o oposto também é verdadeiro, ou seja, a mente programada para o fracasso também gerará resultados negativos e insatisfação.

Já diria Henry Ford, fundador da Ford Motor Company.: "Se você acha que pode ou pensa que não pode, de uma forma ou de outra você estará certo."

Dando um enfoque no campo profissional, certamente nos deparamos, todos os dias, com dezenas de profissionais que não se encontram totalmente felizes em seu trabalho, muitas vezes desmotivados e estagnados nas empresas, sem a perspectiva de melhorias ou, quem sabe, perdidos sem saber o que fazer. Na maioria das vezes, os motivos da insatisfação é a falta do autoconhecimento, da consciência em entender que o que se tem feito pela própria carreira não tem sido o suficiente para assegurar-lhe o atendimento das próprias expectativas profissionais, a falta de um propósito. Isso mesmo, a falta da consciência que está ligada diretamente ao autoconhecimento.

A consciência, por definição, é o sentimento ou conhecimento que permite ao ser humano vivenciar, experimentar ou compreender aspectos ou a totalidade de seu mundo interior.

Quantos de nós são conscientes de que podemos controlar o que entra e o que sai de nossa mente, de nosso interior? Quantos de nós entendemos que temos a total capacidade e o poder de programar nossa mente para o sucesso e o insucesso? Quantos de nós já decidiram que sua vida mudaria no dia seguinte com base na mudança de suas crenças, ou a extinção de nossas crenças limitantes? Crenças essas muitas vezes originadas no passado, que se penduram até hoje? Quantos de nós já acordaram, um certo dia, decididos que reescreveriam uma nova história?

Durante minha trajetória profissional em cargos de gestão dentro e fora do Brasil, aplicando processos de *coaching* profissional/executivo com meus colaboradores, me deparei com muito deles altamente motivados, desempenhando uma carreira brilhante e colhendo excelentes resultados, como também já pude vivenciar aqueles que não estavam felizes e se sentiam verdadeiramente desmotivados. O que pude perceber durante esses processos era como o *mindset* dessas pessoas era diferente, ou seja, havia aqueles que tinham o *mindset* programado para o sucesso como aqueles que tinham o *mindset* programado para o insucesso, ou seja, a forma como eles programavam suas "atitudes mentais" refletia diretamente nos seus resultados.

Citarei aqui dois exemplos de perfis profissionais para melhor exemplificar como nossa mente age diretamente em nossos resultados.

Algum tempo atrás, durante uma experiência na gestão de um determinado departamento em uma multinacional americana, numa planta de manufatura europeia, tive a oportunidade de participar de um processo de formação de potenciais gestores, juntamente com o corpo diretivo da empresa. O departamento que estava sob minha gestão na ocasião era um grande contribuinte nesse processo devido ao tipo de trabalho estratégico que esse departamento exercia para o negócio, tanto que 5 dos 11 atuais gerentes haviam iniciado suas carreiras neste departamento que eu geria. Era uma área extremamente estratégica, sendo o ponto de contato da planta com a matriz nos EUA, para tanto, exigia de seus colaboradores, em sua maioria engenheiros, extremo foco e diligência nos projetos corporativos, oferecendo demasiadamente significativa exposição internacional, atuação de liderança com foco em resultados. Enfim, era um excelente local para formar gestores de alto impacto. Na ocasião, eu gerenciava 20 colaboradores engenheiros, excelentes por sinal, muito bons no que faziam.

Citarei o exemplo de dois desses engenheiros (resguardarei o nome e mudarei o contexto por motivos de ética).

Gerson Carlos era um engenheiro exemplar, super seguro de si, focado, atuava de forma consistente nos projetos sob sua responsabilidade e seus resultados atendiam às expectativas. Tinha 41 anos de idade, 15 anos de empresa e estabilidade em sua função. Gerson era pontual, cumpria religiosamente o horário de expediente, falava pouco, não era muito fã de relações interpessoais, se expressava pouco nas reuniões, e sempre cumpria e aceitava as missões impostas de forma proativa. Jamais mostrou descontentamento com a função que anos desempenhava, jamais mostrou vontade em assumir outros desafios dentro da organização. A meu ver, Gerson era aquele típico profissional de carreira técnica, satisfeito em sua posição, que não era muito simpatizante de funções com exposição e com muita inter-relações pessoais. Durante todos esses anos de empresa, Gerson já havia presenciado alguns de seus colegas de trabalho mudarem de departamento, assumindo posições de destaque no negócio e, um certo dia, para minha surpresa, durante uma avaliação de desempenho anual, Gerson me relatou seu descontentamento com a atividade e o desejo de continuar evoluindo profissionalmente. Naquela ocasião, perguntei a Gerson qual função que almejava e que o deixaria feliz e satisfeito. Ele me relatou que gostaria de assumir uma supervisão em manufatura, pois o atual gerente, em aproximadamente dois anos, se aposentaria e ele poderia assumir após um certo tempo a gerência, logrando, assim, seus objetivos financeiros, e estando na posição de supervisão, já estaria com um pé dentro da gerência. Em seguida, continuou e disse que teria condições, pois já conhecia bem a empresa e estava trabalhando nela há 15 anos. Quando questionei Gerson sobre o porquê ele tinha vislumbrado esse caminho profissional e se ele havia parado para pensar sobre a rotina em manufatura, ele respondeu: "Chefe, eu tenho uma noção do que seja manufatura, quase todos os projetos implementados lá eu participei, sinto que agora é a minha vez de ser promovido, me sinto preparado." Ainda não satisfeito com a resposta de Gerson, indaguei: "Gerson, o que você tem feito para se preparar tecnicamente para esta posição?" Ele respondeu: "Chefe, em termos de estudos, eu não consegui continuar depois que me graduei em engenharia, porque a empresa nunca me mostrou horizontes de crescimento. Também me casei cedo e o orçamento era curto. Os cursos de idiomas também não consegui levar adiante, saía muito tarde da empresa, mas se eu ver um horizonte nessa posição de gerência em manufatura, poderei buscar tudo isso, pois estarei ganhando mais...".

Confesso que, após a devolutiva de Gerson, fiquei pensativo em seu pedido. Claramente, Gerson tinha estagnado, perdido o tempo em continuar se preparando e se desenvolvendo no decorrer dos anos. Não tomou a direção da própria vida, deixando oportunidades passarem a sua frente por falta de empenho e, talvez, falta de consciência em girar seu *mindset* para novos desafios.

Darei uma pausa no caso de Gerson para falar de um outro profissional que passou por mim. Este se chamada Ernesto Vidal.

Ernesto Vidal foi um outro engenheiro que passou pelo mesmo grupo, entrou bem depois que Gerson e passou um pequeno tempo no departamento, aproximadamente quatro anos, deu excelentes contribuições e, em pouco mais de seis, se tornou gerente da área de manutenção. Durante suas avaliações de desempenho anuais, sempre deixou claras suas pretensões e sua vontade de crescer profissionalmente na empresa, sempre me procurava para discutir os acontecimentos do dia a dia e me perguntava como estava indo, o que precisava fazer para futuramente ter a chance de disputar o cargo de gerente de manutenção.

Era automotivado, não parou de se aperfeiçoar tecnicamente, fez especialização na área, MBA em gestão de pessoas, concluiu os cursos de espanhol e inglês e já tinha uma fluência intermediária/avançada nas línguas. Foi um profissional muito participativo nos assuntos e decisões relevantes no departamento e habilidoso nas relações interpessoais. Sempre perguntei o porquê ele queria ir para a manutenção, ele me respondeu que se identificava muito com tecnologia de máquinas, gostava de trabalhar sob pressão e havia muitas ideias para implementar no departamento, falou também que queria gerenciar sua própria equipe, que tinha um perfil técnico adequado e estava certo de que daria muitas contribuições para a nossa fábrica. Sua fluência nas línguas poderia facilitar nas discussões internacionais com outras plantas pelo mundo e estreitar a comunicação internacional em busca das melhorias para nossas estratégias. Lembro-me até hoje o quanto gostava de ver a evolução de Ernesto e como o apoiei a conquistar essa vaga. Ernesto foi um profissional que construiu sua própria trajetória de sucesso naquela empresa, antes de ser gerente do departamento de manutenção, ele já se sentia na manutenção, ele já se via gerente do departamento, sua mente estava totalmente dedicada para aquilo, seu *mindset* estava poderosamente programado àquele objetivo. Pietro tinha um ano a menos de idade que Gerson, também era casado e tinha filhos, o que nunca foi uma desculpa ou obstáculo para sua evolução educacional.

Você consegue compreender a diferença entre esses dois engenheiros? Como você avalia a forma que ambos programaram seu *mindset*? Qual deles teve a consciência da importância em nutrir o pensamento com novas possibilidades profissionais e como se preparar para elas com o passar do tempo?

Claro que se trata de um exemplo no âmbito profissional, mas quantos Gersons e Pietros encontramos trabalhando na mesma empresa que nós? Dentro de nossas famílias?

No livro *Inteligência emocional*, Daniel Goleman retrata que a consciência das emoções é o fator essencial para o desenvolvimento da inteligência do indivíduo, e a incapacidade de lidar com essas emoções pode minar a experiência escolar, acabar com carreiras promissoras e destruir vidas. O fracasso e a vitória não são determinados por algum tipo de loteria genética: muito dos circuitos cerebrais da mente humana são maleáveis e podem ser trabalhados.

Talvez você esteja me perguntando o que aconteceu com os engenheiros Gerson e Pietro... Calma, vou terminar...

Gerson, após alguns meses, teve sua oportunidade na supervisão de manufatura, após diversas sessões de *feedbacks*, porém ele não havia entendido que a supervisão

168 Coaching mude seu mindset para o sucesso

em manufatura exigia uma forte habilidade na gestão de pessoas. Havia uma forte necessidade em trabalhar sob pressão e tomar decisões rápidas, o tempo à frente do computador era mínimo e exigia muita dedicação e jogo de cintura no chão de fábrica. O que vocês acham que aconteceu? Foi uma frustrante experiência para Gerson, ele não se adaptou à posição e, logo, entendeu que aquele cargo não combinaria com o seu perfil. Faltou no Gerson a sensibilidade do "autoconhecimento". Gerson, em pouco mais de um ano retornou ao departamento anterior, entrou em um processo de descontentamento profissional e nos deixou um ano depois. Talvez tenha faltado em Gerson a capacidade de autoanálise, o controle de suas emoções, o entendimento de que ele poderia, sim, ter reprogramado seu *mindset* a fim de extinguir suas crenças antigas e limitações, redesenhando seu futuro naquela posição de gestão, mudando ou reprogramando o seu *mindset* para o sucesso. Foi muito triste perdê-lo.

Porém, a história de Pietro nem preciso contar, certo? Pietro se tornou Gerente Regional de Manutenção, tendo o controle de todas as plantas da Europa sob sua responsabilidade no ponto de vista de manutenção.

23

Leader coach e time de alta *performance*

Quando um gestor assume a postura de *leader coach*, ele tanto cumpre suas funções fundamentais dentro da empresa, como promove condições de autoconhecimento para ele e seus liderados. Essa atitude é indispensável, pois é a partir da compreensão do potencial (dos indivíduos e da equipe como um todo) que excelentes resultados são alcançados, originando um time de alta *performance*

Idenilson Vieira

Idenilson Vieira

Master coach certificado pela SLAC (Sociedade Latino Americana de Coaching) e membro da PCA - Professional Coaching Alliance, nos Estados Unidos. Graduado em administração com habilitação em gestão de negócios, MBA em gestão empresarial, *marketing* e gestão de pessoas. Especializado em administração bancária, consultor de investimentos certificado pela AMBIMA CPA20, com mais de 30 anos de experiência no desenvolvimento de pessoas. Atua como gerente geral de agência bancária, consultor organizacional na gestão, treinamento e motivação para gerentes; coordenador administrativo e de planejamento estratégico e gerente sênior no Norte e Nordeste do Brasil, em uma multinacional do mercado financeiro. Possui certificações em *coaching* como: *master coach, executive coach, leader coach, team coach, professional coach certification*, analista *sixseconds, assess* e *disc*.

Contatos
www.idenilsonvieira.com.br
idenilson.coach@gmail.com
Facebook: idenilsonvieiracoach
(11) 97139-8664 / (71) 99323-8441

> "Liderança não é uma coisa que a gente herda.
> A gente não nasce líder. A gente escolhe ser líder e depois conquista."
>
> Abílio Diniz

O líder possui um papel imprescindível em uma organização, especialmente no gerenciamento do capital humano. Ele é o responsável por fazer a integração dos liderados, repassar a cultura e valores da empresa, conseguir bons resultados, incentivando o crescimento e preservando a harmonia e o bem-estar do grupo.

Ao longo destes 30 anos de estudos e trabalhando como gestor e *coach*, pude observar que muitas empresas se defrontam com a falta de preparo dos gestores para assumir o perfil de liderança *coach*. Sendo assim, existe a dificuldade de encorajar a equipe e estimular sua capacidade em ser melhor a cada dia de trabalho.

Visando que os atuais e futuros gestores possam explorar mais suas características e assumir o papel de líderes, se faz necessário compreender seu *mindset*. A pesquisadora de Stanford, Carol Dweck, revela em seu livro *Mindset - A nova psicologia do sucesso*, que o sucesso em diferentes áreas da vida não se deve somente a um talento ou habilidade especial. Ele é resultado da maneira como encaramos a vida, que é o que se chama de *mindset* – modelo mental, atitudes, crenças e valores. Muitas das escolhas são feitas com base nessas convicções.

Mindset fixo e *mindset* de crescimento

De acordo com a pesquisa de Carol Dweck, existem dois tipos de *mindsets* e utilizamos os dois, sendo um mais predominante que o outro em alguns aspectos da nossa vida.

No *mindset* fixo, acredita-se que o talento e as capacidades são imutáveis. Ou ela é inteligente ou não é, ou tem determinada habilidade ou não tem. Ao pensar e agir desta forma, pode caminhar para a estagnação e a desmotivação.

Em contraposição, no *mindset* de crescimento, a pessoa acredita que o talento e suas capacidades podem ser desenvolvidas com tempo, persistência, superação e aprendizado. Pensando e agindo assim, abriremos caminho para as oportunidades e conquistas.

Ela não classifica um tipo como sendo o certo ou o errado, mas nos faz refletir que o *mindset* de crescimento nos possibilita mais êxito e sucesso.

Por que se tornar um *leader coach*?

> "No futuro, todos os lideres serão *coaches*. Quem não desenvolver essa habilidade,
> automaticamente será descartado pelo mercado."
> Jack Welch - CEO da General Eletrics

Ainda existem gestores que não cumprem o papel de líderes com maestria, uma vez que utilizam da sua posição, para atingir seus objetivos individuais e não entregam os resultados esperados para as organizações. Nestes casos, o autoconhecimento e mudança de *mindset* são processos importantes.

O *coaching* se torna extremamente relevante para que o gestor possa se enxergar de uma maneira mais completa, entender quem verdadeiramente é e como isso afeta sua posição de liderança. A partir deste processo, é possível compreender seus dons e talentos, e ainda desenvolver novas competências para desempenhar de forma assertiva seu papel transformador, apoiando a equipe e alcançando melhores resultados.

Várias organizações estão utilizando a metodologia, seja na contratação de *coaches* executivos, seja certificando seus líderes como *coaches*.

O papel do *leader coach*

> "O *coaching* é uma relação de parceria que revela/liberta o potencial das pessoas de forma a maximizar o
> desempenho delas. É ajudá-las a aprender ao invés de ensinar algo a elas."
> Timothy Gallwey

Um gestor que utiliza o *coaching*, consegue lidar mais facilmente com as mudanças e pressões enfrentadas no dia a dia, desenvolve e aprimora habilidades, bem como fornece apoio e motivação para sua equipe. Isto permite criar um ciclo de aprendizagem, melhorando os comportamentos e relacionamentos, e possibilitando que todos tornem-se profissionais melhores e com resultados mais expressivos.

O *leader coach* tem a capacidade de enxergar os membros da equipe de maneira individual e coletiva, compreendendo seus pontos fortes, de melhoria, perfil comportamental, valores e ambições.

Percebe que resultados não são exclusivamente financeiros, mas também se apresentam na qualidade das relações interpessoais, saúde, disposição, desenvolvimento intelectual e equilíbrio emocional. Ele consegue contemplar novas possibilidades de evolução para si e ao grupo. Além disso, mantém o entusiasmo para aprender e ensinar, abertura para dar e receber *feedback* e habilidades para enfrentar obstáculos.

Para desempenhar seu papel de *leader coach*, se faz necessário desenvolver competências, habilidades e conhecer ferramentas importantes deste processo. Entre elas são destacadas:

- **Autoconfiança:** para inspirar confiança aos outros, é necessário ter confiança em si. Ela surge do autoconhecimento e da congruência entre pensamentos e ações. Gestores autoconfiantes demonstram segurança, flexibilidade, resiliência, facilidade de expressar suas opiniões e enfrentar desafios.

- **Credibilidade:** para garantir um relacionamento confiável, é preciso que o gestor demonstre conhecimentos e recursos (experiências, capacitações, exemplos de vida e profissional) que apoiem o liderado durante a caminhada para fazer parte de um time de alta *performance*.

- **Saber fazer perguntas:** Peter Drucker disse, certa vez, que "O líder do passado era uma pessoa que sabia o que dizer. O líder do futuro é uma pessoa que sabe perguntar". Elas servem para criar uma conexão com o liderado, permitindo que o gestor conheça cada vez mais sua equipe, consiga colher mais informações, desconstruir pensamentos, clarificar significados, identificar limitações e criar novas opções e escolhas. Devem estimular a ação, gerar opções, criar comprometimento e propiciar o autoconhecimento.

- **Escuta atenta:** concentrar-se totalmente naquilo que o liderado está dizendo, expressando ou demonstrando empatia e interesse durante toda a conversa, para que o gestor compreenda o significado do que é dito no contexto apresentado pelo funcionário.

- **Escuta estruturada:** a importância de classificar e sintetizar o que se escuta, entendendo o conteúdo da conversa e, fundamentalmente, o seu significado. O gestor no papel de *leader coach* sabe sintetizar e também percebe quando é preciso avançar nos assuntos, evitando que o liderado se perca em detalhes desnecessários. Com isso, saberá quais aspectos o liderado mais quer valorizar e trabalhar.

- **Foco no futuro (*feedforward*):** a palavra *feedforward* sintetiza uma ideia de Marshall Goldsmith, que significa "olhar para a frente" ou "avançar". Com esta visão, o gestor pode orientar sua equipe sobre as habilidades e competências que precisam potencializar ou desenvolver. Isto permite que várias pessoas possam dar ideias e sugestões de melhorias que contribuam para alcançar os resultados do time, buscando assim, sua alta *performance*.

- **Feedback:** é uma palavra inglesa que significa realimentar ou dar resposta a um determinado pedido ou acontecimento. Para o gestor, funciona para esclarecer questões relacionadas ao andamento do trabalho, as ações e resultados obtidos. O *feedback* dá oportunidade de praticar novos conhecimentos e de refletir sobre a prática, analisar e avaliar o desempenho. Ele facilita a descoberta de novas perspectivas e opções de aprimoramento.

- **Respeito à diversidade:** além de tratar igualmente os indivíduos, independentemente do gênero, raça, credo, origem, *status* ou função, o gestor que deseja atuar como *leader coach*, precisa ser sensível aos atributos do seu liderado e estar aberto para conversar sobre esses aspectos, sem nenhum tipo de julgamento.

As principais ferramentas de apoio para o *leader coach*

Existem diversas ferramentas de *coaching*, que podem ser utilizadas por gestores no papel de *leader coach*. Trago algumas em destaque, principalmente por apoiar o profissional no desenvolvimento das sessões. São elas:

- **Estrutura de diálogo em *coaching*:** ela contempla sete fases. 1. Estado atual. 2. Meta. 3. Realidade. 4. Opção. 5. O que fazer. 6. Revisão. E 7. Plano de ação. Essa estrutura é adaptada do modelo G.R.O.W. de Sir John Whitmore, autor do livro *Coaching para performance*.

É importante lembrar que o *coach* é um facilitador que apoia o *coachee* na escolha das melhores opções, sem oferecer conselhos ou opiniões que proporcionem direção, como é reforçado por Sulivan França (presidente da SLAC).

- **Meta S.M.A.R.T:** é um acrônimo utilizando *specific* (especifico), *measurable* (mensurável), *attainable* (alcançável), *relevant* (realista) e *timed* (tempo definido). A palavra *smart* também significa "inteligente" em inglês, que resume a essência da ferramenta, uma vez que se torna mais palpável, clara e tem um prazo predefinido – artifícios que tornam mais fácil o cumprimento da meta.

- **Análise SWOT:** é um acrônimo para as palavras *strengths* (forças), *weaknesses* (fraquezas), *opportunities* (oportunidades) e *threats* (ameaças). É ótima ferramenta para desenvolvimento e compreensão de situações individuais, da equipe e da empresa.

- **Modelo CASIO:** circunstâncias, atitudes, *standarts* (padrões), importância e *overall* (equilíbrio das áreas). Objetivo da ferramenta é ajudar o *coachee* a identificar padrões de comportamento e realizar ações que se sintonizem melhor com seus valores.

- **Avaliação de competências:** é uma forma eficiente de identificar os conhecimentos, habilidades e atitudes de um colaborador, para o cargo e função que o mesmo está exercendo.

- **Gestão eficaz do tempo**: ajudar o *coachee* a analisar e reorganizar suas tarefas e atividades.

Utilizando essas ferramentas, o *leader coach* consegue diagnosticar os problemas, identificar as opções com clareza, tomar decisões assertivas e se tornar excelente estrategista. Além disso, o liderado passar a ter consciência de cada tarefa a ser executada, se responsabilizando e se comprometendo por elas, muito mais do que se o gestor apenas dissesse o que ele deveria ser feito.

Times de alta *performance*

> "O todo é maior do que a soma de suas partes." -Aristóteles

Diante de todo esforço, dedicação, comunicação clara, com metas desafiadoras e realizáveis, a equipe começa a ganhar confiança em si, perceber o seu desenvolvimento e aprendizado contínuo, e se torna mais eficiente e orientada à ação. Isso cria um ambiente mais seguro à criatividade e crescimento, alinhados em termos de visão, missão, objetivos e valores pessoais e organizacionais. Conciliando as necessidades individuais de respeito, saúde, família, sucesso profissional, bem-estar e lazer, com as necessidades da organização, com certeza o líder terá construído um time de alta *performance*.

Conclusão

> "O *coaching* não é simplesmente uma técnica a ser conduzida e rigidamente aplicada em algumas circunstâncias prescritas. É um jeito de gerenciar, um jeito de tratar as pessoas, um jeito de pensar, um jeito de ser. Aproxima-se o dia em que a palavra *coaching* desaparecerá de uma vez do léxico, e essa prática passa a ser apenas uma maneira de se relacionar com os outros no trabalho, e em qualquer outro lugar." John Whitmore

O objetivo deste artigo que utilizei como base minhas pesquisas em obras literárias, qualificações e certificações em *coaching*, bem como em meus trabalhos realizados em várias organizações, foi exatamente descrever como é possível utilizar uma gestão com o papel de *leader coach*, realizando um trabalho de alto padrão e aperfeiçoamento profissional e pessoal, simultaneamente tanto para o líder, quanto para sua equipe.

Se você é um gestor, acredita que ainda não possui alguns destes atributos relatados neste capítulo sobre o *leader coach*, e entende que seriam importantes para o seu desenvolvimento, já deu um passo muito importante!

A autoconsciência é a primeira etapa para um processo de mudança. Desta forma, faça o seu plano de ação e defina uma estratégia para desenvolver o que for necessário.

Obrigado por me acompanhar até aqui nessa caminhada, e que ela possa servir de inspiração de alguma forma. Sucesso!

Referências

DWECK, Carol. *Mindset: a nova psicologia do sucesso*. Editora Objetiva, 2017.

GOLDSMITH, Marsall, LYONS, Laurence S, MCARTHUR, Sarah. *Coaching: o exercício da liderança*. Editora Elsevier, 2013.

NASCIMENTO, Wilson. *Implantação da cultura coaching em organizações*. Literare Books, 2015.

STÉFANO, Rhandy Di. *O líder coach: líderes criando líderes*. Editora Qualitymark, 13ª reimpressão, 2016.

WHITMORE, John. *Coaching para performance – Aprimorando pessoas para profissionais*. Editora Qualitymark, 3ª reimpressão, 2012.

24

Qual é o propósito?

A vida é bela, vale a pena e devemos nos permitir ser o que
quisermos nesta existência, menos infelizes!

Ivo Oliveira

Ivo Oliveira

Psicoterapeuta com atendimento na cidade de São Paulo, onde nasceu e foi criado. Educado em escola pública, com foco e determinação, passou no primeiro e único vestibular em que se inscreveu, visto a falta de recursos na época. Formou-se em Turismo, pós-graduou-se em *Marketing*, agregando outros cursos na área de gestão e finanças. Trabalhou desde 1995 no setor privado, passou por empresas nacionais e multinacionais, de grande porte de setores como hoteleiro, viagens, seguros e assistência, entre outros. Somou experiência corporativa dentro e fora do Brasil, e palestras a universitários de diversas áreas. Enfrentou lutos, relacionamentos afetivos conflituosos, tratamentos médicos para a ansiedade, pânico e depressão, tornando-se psicanalista em 2016, após o início da sua jornada de autoconhecimento. Busca conhecimentos e vivências em diversas áreas, com reconhecimento internacional como a PNL, passando pelo *coaching*, planejamento financeiro pessoal, ludoterapia, *reiki*, somados à fitoterapia indígena e técnicas de meditação, entre outros.

Contatos
ivo.equilibrio@gmail.com
(11) 97620-3919

Em paralelo à definição de estratégias, metas e objetivos para o planejamento dos próximos anos de vida, o intuito deste artigo é auxiliar todos que chegaram em um determinado momento da sua jornada, em meio a questionamentos, insatisfações e sem saber ao certo o que querem para suas vidas, ou se onde chegaram atualmente os faz sentir plenitude em seus corações.

Independentemente do tempo de empresa ou de vida, existem muitas pessoas neste século se sentindo perdidas e questionando o que realmente são ou qual caminho seguir. Muitos acham que o relacionamento está caminhando para o fim, outros acreditam que está na hora de mudar de emprego, há aqueles que estão em busca de uma transição de carreira, outros apenas trocar de carro, ir para um apartamento ou casa com mais espaço.

E existem muitos porquês... Por que ainda não fiz aquela viagem? Por que ainda não estudei música? Por que ainda não fiz aula de dança? Por que não estudei teatro? Por que não estudar artes? Por que deixei de fazer aquilo ou isto? Por que ainda não consegui fazer o que eu quero? Etc. Os porquês podem ser inúmeros, mas aqui é que começa o caminho para encontrar a sua resposta e, digo a sua resposta, porque somos seres únicos, digital, íris, DNA, já comprovados pela ciência, nos mostram que somos únicos entre todos os bilhões de humanos que habitam o planeta, então, a sua resposta também deve ser individualizada, personalizada e única, poderá até ser semelhante a de outros, mas deve ter a característica do seu Ser.

Para mergulharmos neste universo, é necessário olharmos com bons olhos a insatisfação que nos cerca neste momento, a infelicidade no trabalho que nos tira o sono todas as noites, o desânimo das segundas-feiras pela manhã, o medo que repentinamente nos acomete sem explicação, a dúvida se o relacionamento que vivemos atualmente é saudável ou não, se devemos deixar tudo e ir para um ano sabático, etc.

Se já identificou que algo tem que mudar, inicialmente, o medo da mudança poderá ser o principal bloqueio, mas também será o maior encorajador, já que só o enfrentando você terá as respostas que procura. Ora, no início dos tempos, os seres humanos tinham medo de sair das suas terras, pensavam que o mundo era quadrado, que nos mares viviam seres muito perigosos, que não valeria navegar por outros lugares. Bastou o primeiro audacioso se levantar e seguir o seu caminho, que não demorou muito para as caravelas descobrirem um mundo novo.

Então, quanto a esta sensação que nos acompanha desde muito cedo, é possível dizer: a questão não é sentir medo, mas como você encara o medo! Admita que sente medo, só siga adiante e diga a si mesmo(a): coragem!

Ivo Oliveira   **181**

Sendo assim, se teve coragem para seguir até aqui na sua vida, e iniciar uma busca por outros caminhos procurando respostas, alternativas, etc., já passou pelo grande obstáculo que faz com que a maioria fique no sofá da sala ou, ainda, vivendo uma vida automática, esperando a morte chegar. Mas, se questionar estas pessoas, verá que a felicidade não é algo que estão vivenciando com frequência. Por isso, continue, você está no caminho certo.

Quero lhe fazer uma pergunta: você sabe o único local onde não mais poderá realizar seus planos, objetivos, desejos e sonhos?

Pense! O medo já ficou para traz nos parágrafos anteriores, a questão agora é pensar. Convido você a praticar isso, para não viver mais a inconsciência a qual muitos estão entorpecidos. Ou seja, quantas vezes você já deu uma resposta para alguém, sem pensar? Quantas vezes você teve uma reação ou estímulo, sem pensar? Na maioria das vezes em que fiz isso, eu me arrependi. Então, o segredo a partir de agora é: pensar! Entre uma ação, reação ou qualquer atitude, respire e pense.

Pense se vale a pena gastar energia com certas coisas, se vale a pena dar aquela resposta que lhe veio à cabeça, se vai lhe fazer bem ter esta ou aquela atitude.

Agora, vamos pensar e refletir que a vida é bela, vale a pena e que devemos nos permitir ser o que quisermos nesta existência, menos infelizes!

Conseguiu pensar e chegar a uma resposta para aquela pergunta do único local onde não mais realizará seus planos, objetivos, desejos, sonhos? Caso não, posso ajudar: o cemitério.

Aqui chegamos ao ponto onde já começamos a pensar, e podemos refletir sobre o porquê de a infelicidade deste século estar não só nas doenças físicas, que, muitas vezes, são resultado da somatização que fazemos das nossas emoções, mas o porquê de os ansiolíticos, antidepressivos e os medicamentos para TDAH estarem entre os mais vendidos da indústria farmacêutica.

A busca constante pelo aumento da produtividade, da ampliação da receita, margem e lucro, faz o mercado corporativo ser um verdadeiro abatedouro. Consequentemente, muitos profissionais se vêm na chamada "Roda do Rato", que nada mais é do que aquilo que você imaginou, ou seja, aquela gaiolinha onde o porquinho da índia ou o ratinho de estimação fica correndo, sem nunca chegar a lugar algum. Digo isso, pois é o que vemos no consultório cotidianamente.

Pessoas que até atingiram o seu suposto sucesso, as metas, alcançam objetivos no trabalho, mas se sentem desvalorizadas, não reconhecidas e com uma vida sem real propósito.

Disso eu entendo bem, trabalhei em grandes empresas, nacionais e multinacionais, as maiores e melhores de seus segmentos, e nada não me impediu de ter crises de pânico e ansiedade. Contribuí bastante com os meus bônus e comissões gastos em médicos e com a indústria farmacêutica, pelos medicamentos que me ajudavam a ser mais produtivo, visando alcançar aquela promoção, além dos calmantes, ansiolíticos para baixar o nível de estresse e ansiedade. O ponto aqui não é dizer que qualquer tratamento que esteja fazendo nesta linha está equivocado, muito pelo contrário. O ponto é pensar em como chegou até aqui, e não só ficar no efeito, mas buscar a causa.

Sempre achei que estava me divertindo, que estava atingindo o sucesso que meus pais queriam que eu tivesse, que estava me tornando o genro que toda sogra queria, que era o homem que toda mulher desejava.

Dificilmente me preocupava com o preço dos lugares que eu frequentava, tinha um *hobbie* que me divertia muito, muitos amigos, e superficialmente era bastante feliz.

Até que em uma noite acordei com a sensação de que estava morrendo, sensação não, eu tinha certeza de que estava morrendo. Ao chegar no hospital, após diversos exames, o residente me disse para voltar para casa porque estava tudo normal.

— Normal? Perguntei a ele, em tom de ironia.

— Estou morrendo e você me diz que está tudo normal? Você só pode estar brincando!

—Vou lhe receitar um calmante e lhe recomendar um psiquiatra – disse o residente.

— Como assim, psiquiatra? Deve estar havendo algum engano aqui, além de me dar alta sem nenhum procedimento agressivo, como um desfibrilador, você está achando que estou louco?

Confesso que quase agredi o médico, mas acabei seguindo sua recomendação e, no dia seguinte, parecia que tinha sido apenas um pesadelo.

Ao conversar com alguns amigos, percebi que isso parecia uma epidemia, na verdade. Foi aí meu primeiro passo para o caminho dos ansiolíticos, calmantes, antidepressivos e outros medicamentos.

Como minha história não é o foco aqui, vamos ao que realmente interessa: o propósito disso tudo.

Eu já não estava contente com muita coisa em minha vida, mas, isso tudo era mascarado por uma falsa sensação de segurança que o emprego, o dinheiro e os bens me davam.

Não quero dizer que ter um bom emprego, dinheiro e bens é ruim, pelo contrário, mas depois de sentir essa tal sensação de morte, tudo começou a ter outra perspectiva na vida, principalmente porque, eu, na verdade, nunca havia pensado que um dia iria morrer.

Foi aí que depois de alguns mochilões, uma separação e um vazio interno enorme, eu comecei a perguntar qual era o real propósito disso tudo na minha vida, aquele velho: quem sou eu? De onde venho? Para onde vou? Qual é o significado da vida, etc.

Sendo assim, sem encher linguiça, ou querer fazer um artigo que o faça apenas dormir em uma noite qualquer, o que estou querendo mostrar é que todo caos que nos acomete é, de fato, uma benção, e não uma maldição, como sempre fomos condicionados a pensar. E digo condicionados, porque, desde a mais tenra idade, fomos instruídos a aceitar verdades absolutas, fazer decorebas para passar nas provas, a acreditar em tudo o que nos diziam, nos "porquê sim" e nos "porquê não". Só que, agora, passamos uma parte da vida achando que a verdade dos outros é também a nossa, no entanto, é preciso refletir sobre elas e entender quais verdades, crenças, valores são realmente nossos ou se vieram de alguém e estão nos limitando ou aprisionando.

Outra questão é que, desde crianças, criamos muitas máscaras para sobreviver, seja para não desobedecer aos pais e não sermos castigados recebendo apenas suas carícias e amor, sermos os melhores da sala e obtermos o reconhecimento dos professores e colegas, sermos as crianças educadinhas que todos elogiavam que, dessa forma, chegamos no hoje e não sabemos mais quem somos na realidade.

Nesse sentido, pense! O que você diria para alguém que lhe perguntasse quem é você? Podemos apostar que muita gente diria seu nome, número de documento, onde reside, no que trabalha, *status* civil... não é?

Só que isso não é quem você é. É apenas uma identificação para existência como um indivíduo, acaba que, de certa forma, continua a ser as máscaras que foram criadas e se continua criando.

Um exemplo é quando vemos que depois de vivermos um tempo na paixão da nova relação afetiva, começamos a identificar comportamentos que nos incomoda no outro e vice-versa. Isso acontece, porque, de certa forma, vestimos a máscara de uma pessoa perfeita, mas que durante o tempo de convivência, não se mantém. E só este assunto dá conteúdo para um livro inteiro.

Ainda bem que o questionamento, a crise de pânico, uma insatisfação inexplicável, um vazio torturante, em algum momento da vida nos acomete. Assim, se você se vê em meio à uma fase que está o corroendo, e você começou a buscar por respostas, parabéns! Você deve se sentir feliz da vida, porque é o seu momento de despertar para si, para os outros e, principalmente, para o seu real propósito neste mundo e no universo.

Acredite, este momento é benéfico e você é privilegiado em poder acordar, por isso, o sentido deste artigo é simplesmente tranquilizá-lo e dizer que, para ser realmente feliz e realizado na vida, terá que identificar o seu verdadeiro propósito.

Foi isso que também aconteceu comigo, e depois de estudar anos para me tornar um profissional mais capacitado ao mundo corporativo, eu decidir estudar mais, para me tornar uma pessoa melhor, um filho melhor, um companheiro melhor, um irmão melhor, um pai melhor, um ser humano melhor e, hoje, em tudo o que eu faço, uma pergunta é minha diretriz: qual é o real propósito disso? Seja para uma atitude a ser tomada, ou um trabalho a ser executado, seja para o que for, essa pergunta me faz seguir ou faz mudar a direção.

Assim, a grande dica aqui é buscar o seu verdadeiro propósito nas coisas e na sua vida, porque uma vida sem propósito não tem razão de ser e, aí, frustrações, doenças psicossomáticas e a carga de insatisfações é o que restará.

O autoconhecimento é o primeiro passo, quer ver? Faça comigo, agora, uma pequena autoavaliação: como você é no trânsito?

Uma pessoa bem-humorada, que sempre está disposta a dar passagem, que colabora com os pedestres, ciclistas e afins, que já está habituada ao trânsito e se programa para sempre estar no horário e sem pressa, que não se desentende com os outros motoristas, ou melhor, que não se deixa envolver pela infelicidade alheia? Ou aquela pessoa turrona, que não dá passagem que, ao ser fechado, quer pagar na mesma moeda, que nunca tem tempo para uma boa ação e adora a buzina?

Isso lhe dará uma visão inicial, se realmente está sendo aquela pessoa tão boa e equilibrada quanto acha ser, e de como seu emocional anda. Isso também te mostrará o quanto você desenvolveu a sua maturidade emocional até agora, e dirá se tudo na sua vida está seguindo o seu propósito. Porque quando estamos no nosso real propósito, nada nos abala, seja no cotidiano corporativo, seja no cotidiano familiar, seja onde for.

O que esta época está nos trazendo é a oportunidade de termos coragem de descobrir quem realmente somos, e de sermos quem somos. Ora, para nos encontrarmos, não precisamos, primeiro, nos sentirmos perdidos?

Se você se identifica com qualquer passagem aqui deste artigo, então busque por autoconhecimento e invista realmente em você! Faça orações cotidianas, independente da religião, terapia, *coaching*, meditação, esporte, caridade, e desembarace a sua vida financeira.

Independente da ordem, faça todas elas, pois somos corpo, mente e alma e, qualquer desequilíbrio num destes pontos, desequilibra nossa vida.

Finalmente, não tenha medo de ser quem você é, conheça suas sombras, sempre pense antes de qualquer coisa e questione o seu propósito em tudo, pois no caminho do autoconhecimento, não há fracasso, nem retrocesso, só evolução e felicidade.

Referências

BABA, Sri Prem. *Propósito: a coragem de ser quem somos.* Rio de Janeiro: Sextante, 2016.

BABA, Sri Prem. *Amar e ser livre: as bases de uma nova sociedade.* Fortaleza: Demócrito Dummar / Agir, 2015.

CHOPRA, D.; FORD, D.; WILLIAMSON M. *O efeito sombra: encontre o poder escondido na sua verdade.* São Paulo: Lua de Papel, 2010.

CHAPMAN, Gary. *As 5 linguagens do amor: como expressar um compromisso de amor a seu cônjuge.* 3. ed. São Paulo: Mundo Cristão, 2013.

KLINJEY, Rossandro. *O tempo do autoencontro: a necessidade e o papel do deserto em nossas vidas.* Goiânia: Feego, 2016.

KRZNARIC, Roman. *Como encontrar o trabalho da sua vida.* Tradução de Daniel Estill. Rio de Janeiro: Objetiva, 2012.

25

O que é ser inteligente?

Você já se sentiu não muito inteligente? Ou, então, já se perguntou por que certas pessoas parecem ter um raciocínio rápido, enquanto outras demoram a entender ou perceber as situações? Normal. Milhões de pessoas já se sentiram ou se sentem como você, ou se perguntaram: quem está certo e quem está errado? Posso lhe dizer que não há certo ou errado, e que há uma razão, uma motivação para que as pessoas ajam e reajam dessa, ou daquela forma em sua vida. No artigo a seguir, você poderá tirar estas e outras dúvidas, e compreenderá o que motiva cada um a ter as mais diversas reações diante dos acontecimentos da vida, e perceberá que somos todos inteligentes dentro de nossa percepção de mundo

J. F. Araújo

J. F. Araújo

Master Coach executivo, *Coach* em estratégia comercial (implantação comercial em todo Brasil), *Coach* de acompanhamento e avaliação internacional nos países: Estados Unidos, Holanda, Bélgica, México e em Dubai (Emirados Árabes Unidos). Trabalho realizado com avaliação e seleção de perfis nas capitais brasileiras e no exterior. *Headhunter*, descobridor e compilador da ferramenta INATHU – Inteligências Naturais Humanas. Autor internacional, com a publicação do livro *A cura em si*, em Portugal, e o lançamento dos livros *Usted es la cura*, na Espanha e no México, e *You are the cure I*, nos Estados Unidos e Inglaterra. Palestrante e conferencista internacional, realizou trabalhos e *workshops* também na Suíça, Inglaterra, Portugal, Espanha, Alemanha e Noruega. Recentemente, lançou seu livro *You are the cure II*, na Noruega.

Contatos
www.inathu.com.br
www.voceeacura.com
jose.coachmaster@gmail.com
Facebook: J. F. Araújo
Instagram: jose.coachmaster
LinkedIn: JF Araújo

Na formação natural do nosso psiquismo, da nossa personalidade, ou como queiram chamar nos seus conceitos de linguagem ou paradigmas, são necessários mecanismos que tomem forma e possam externar nossas habilidades e inabilidades inatas.

Esses mecanismos cognitivos são os responsáveis pela nossa interação cerebral e orgânica. Eles formam os caminhos de interação e execução, para desempenhar as nossas atribuições cognitivas de competências e aptidões. Este caminho/formação se dá a partir de três filtros, que denominei, num novo neologismo, de Núcleos de Inteligência. São eles: núcleo ativo, núcleo racional e núcleo emocional.

Afirmo que todos nós somos dotados dos três núcleos: ativo, racional e emocional, e ainda temos um quarto nível, que é o núcleo instintivo, que foi e é o primeiro contato da inteligência do ser humano ainda não acabado, mas evoluindo junto com as inovações tecnológicas e da própria ciência.

Em meus estudos empíricos, descobri que cada Núcleo de Inteligência possui quatro Grupos Naturais de Inteligência (GNI), os quais denominei: GNI Fazedor, GNI Intimidador, GNI Continuador Ativo, GNI Futurista Ativo, GNI Neutro Racional, GNI Otimista, GNI Distante, GNI Futurista Racional, GNI Continuador Emocional, GNI Neutro Emocional, GNI Diferente e GNI Disponível.

Neste artigo, traremos a descoberta/ferramenta INATHU – Inteligências Naturais Humanas, a qual abordará os três pilares/filtros básicos: os núcleos/campos/filtros de Inteligências. Com relação aos Grupos Naturais de Inteligências, traremos em outro artigo.

Os Núcleos de inteligência funcionam não só como caminhos cognitivos, mas também formam uma "composição" de cada Grupo Natural de Inteligência.

Os três núcleos (campos/filtros) de inteligências

Os conceitos e definições da inteligência variam de acordo com as épocas e a evolução do nosso planeta e do nosso meio.

Desde muito tempo, os filósofos já tinham percebido uma força ou uma diferenciação nas aptidões (competências) das pessoas. O filósofo Sócrates (470-399 a.C.), em seus estudos, também já havia percebido e dividiu essas competências em três tipos de inteligências, as quais denominou de: Homem-cabeça, Homem-peito e Homem-ventre.

Platão, discípulo de Sócrates, dividiu o corpo humano em três partes: cabeça (razão), peito (vontade) e baixo ventre (desejo ou prazer). Afirmou que, quando essas três partes agissem como um todo, ter-se-ia o homem integral. Ele acreditava que essa integralidade seria o resultado do homem ao atingir a temperança. Ele pensava num Estado-Modelo e traduziu o seu conhecimento para a política, constituindo o poder como um ser humano: a cabeça seria os governantes, o peito seria as defesas/sentinelas, e o baixo-ventre seria os trabalhadores.

No meu trabalho com as Inteligências Naturais Humanas, denominei-as de Núcleo (campo/filtro) Ativo, Núcleo (campo/filtro) Racional e Núcleo (campo/filtro) Emocional.

A divisão de Platão, cabeça (razão), peito (vontade) e baixo-ventre (desejo/prazer), correlaciona-se também com o meu trabalho das Inteligências Naturais Humanas, em que a cabeça (razão) é o Núcleo Racional, o peito (vontade) é o Núcleo Emocional e o baixo-ventre (desejo) é o Núcleo Ativo.

Quando Platão classifica a cabeça como governante, o peito como defesa, e o baixo-ventre como trabalhadores, está se referindo, juntamente com Sócrates, às três formas distintas de ver o mundo e de nele agir.

Para ambos os filósofos, o homem cabeça (razão) era racional e centrado, cuja expressão corporal está associada ao cérebro, ao pensamento (intelecto): os governantes.

O homem peito (vontade) era apaixonado pela vida, prestimoso, homem-sentimento: as sentinelas.

O homem baixo-ventre (desejo) era considerado o que tinha desejo de fazer, de realizar: os trabalhadores.

Fechando a análise que estou fazendo, o núcleo Racional é o homem cabeça, e as suas ações estão ligadas ao centro das ideias.

O núcleo Emocional é o homem peito, cuja expressão corporal está associada ao coração e às emoções: o centro de sentir.

O núcleo Ativo é o homem baixo-ventre, cuja expressão corporal e atitude estão associadas ao centro motor.

O médico estadunidense e neurocientista, Paul D. MacLean é autor da Teoria a qual ele concluiu que, nosso encéfalo atual reflete a evolução que sofreu ao longo das eras. Ele acreditava que nossa caixa craniana continha não um, mas três encéfalos, sendo cada um deles o registro de um estágio diferente de nossa evolução. Nominou este paradigma de Encéfalo Triúnico ou Teoria do Cérebro Trino[1].

A Teoria do Cérebro Trino, de MacLean, propôs que o cérebro humano era a formação de uma tríade cerebral, ou seja, que nosso cérebro possui três camadas ou três cérebros: reptiliano, límbico e o neocórtex.

Em seus estudos, chegou à conclusão de que os três encéfalos operam como computadores biológicos interconectados, cada um com sua própria inteligência. O cérebro, ao longo de sua evolução, adquiriu três componentes que, em nossos estudos empíricos e pesquisas, nesses mais de 20 anos, nominamos de Núcleos de Inteligência (campos/filtros).

---

1 *The Triune Brain in Evolution: Role in Paleocerebral Functions* (1990)

São eles: Núcleo Ativo – Núcleo Racional – Núcleo Emocional.

Correlacionando os estudos e ensinamentos de Sócrates e Platão, os estudos e descobertas de Paul MacLean sobre a tríade cerebral, com o meu trabalho sobre as Inteligências Naturais Humanas (INATHU), temos a seguinte analogia:

Sócrates	Platão	Paul MacClean	J. F Araújo - INATHU
Homem-ventre	Operários	Cérebro Reptiliano	Núcleo Ativo
Homem-cabeça	Governantes	Cérebro Neocórtex	Núcleo Racional
Homem-peito	Sentinelas	Cérebro Límbico	Núcleo Emocional

Os mecanismos cognitivos de composição (núcleos de Inteligência) agem, diretamente, desde as preferências, e até determinam certo jeito de viver e de perceber o mundo.

As nossas camadas estão em plena interligação, como se representassem um veículo de células elétricas, que podemos definir como sendo um campo eletromagnético com as cores e as qualidades inerentes a cada filtro.

As influências dos estilos cognitivos dos núcleos/campos/filtros (Ativo – Racional – Emocional) são bem maiores do que possamos imaginar. Características psicológicas indicam uma preferência de cada núcleo/campo/filtro, influenciando desde predileção, até competências inatas.

Possuímos forças interiores que, aqui, denominamos habilidades – potencial inato – um conjunto de aptidões que vêm no pacote de cada um desses Filtros (Ativo – Racional – Emocional).

NÚCLEOS (CAMPOS/FILTROS) DE INTELIGÊNCIAS
CARACTERÍSTICAS POSITIVAS (HABILIDADES)

ATIVO
- Muita Iniciativa
- Rápidos
- Proativos
- Práticos
- Antenados/Perceptivos
- Dinâmicos
- Intensos
- Auto-Exigência

RACIONAL
- Lógicos
- Raciocínio rápido
- Técnicos
- Imparciais
- Criadores de métodos
- Estrategistas
- Analíticos/Ponderados
- Sensatos

EMOCIONAL
- Atentos
- Atenciosos
- Resilientes
- Prestativos
- Românticos
- Carismáticos
- Sensíveis aos outros
- Conquistadores de pessoas

Todos os três núcleos de inteligência detêm e possibilitam competências bem específicas (habilidades). Trazem também suas inabilidades.

NÚCLEOS (CAMPOS/FILTROS) DE INTELIGÊNCIAS
CARACTERÍSTICAS NEGATIVAS (INABILIDADES)

ATIVO		
	- Impulsivos	- Precipitados
	- Impacientes	- Mandões
	- Humor volátil	- Inconsequentes
	- Inconstantes	- Irritantes/irritados

RACIONAL		
	- Frios/Calculistas	- Ausentes/Isolados
	- Cismados	- Sarcásticos
	- Minimalistas	- Demorados
	- Tímidos	- Insensíveis

EMOCIONAL		
	- Melancólicos	- Manhosos/Mimados
	- Melosos/Chorões	- Vingativos/Magoados
	- Vitimizados	- Ciumentos/Controladores
	- Inadequados	- Possessivos/Metidos

Os três filtros influenciam nas capacidades, competências e no desempenho das atividades dos cargos e funções.

Por exemplo, uma pessoa que tenha em primeiro plano o filtro ativo, não ficará satisfeita e motivada se estiver em uma função que exija mais racionalidade e calma, pois será antagônico à sua natureza.

O mesmo acontece com as pessoas que tenham em primeiro plano, o filtro emocional, e necessitem trabalhar distantes de pessoas e com tarefas racionais e frias.

E a situação também afeta as pessoas que naturalmente possuem em primeiro plano, o filtro Racional e tenham que tentar ser mais ativas e rápidas; não vão conseguir, e aí se sentirão frustradas e desmotivadas.

Tanto no *coaching* executivo, quanto no *coaching* de pessoas-chave numa empresa, saber sua estrutura cerebral no conhecimento dos núcleos/filtros de inteligência faz uma enorme diferença, tanto na motivação, como no comprometimento dos colaboradores em geral.

Saber o que motiva e o que desmotiva as pessoas, adianta não só tempo e investimento, mas traz resultados mais duradouros e colaboradores mais felizes.

Vamos exemplificar com o grupo natural de inteligência, denominado Fazedor, que possui a seguinte composição:

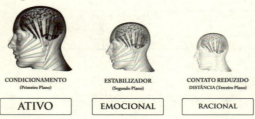

O Núcleo Ativo no condicionamento traz muitas competências como a praticidade e o detalhismo estético (capacidade de perceber pequenos defeitos).

O Núcleo Emocional é usado por eles em situações que necessitam, mas sua atuação é muito veloz, voltando a usar o núcleo ativo com muita rapidez.

E o contato reduzido com o Núcleo Racional, faz que as pessoas do GNI Fazedor acabem trocando as bolas, isto é, pensam numa determinada coisa, mas dizem outra. A falta do Núcleo Racional acentua mais o núcleo condicionado, que nesse caso, é o Núcleo Ativo e é por eles preferido. Isso os torna práticos e habilidosos com os movimentos, porém, mais ansiosos e precipitados nas ações e atitudes.

Na prática:
No *coaching* executivo que estou atuando no momento, temos três diretores no comando de uma indústria de alimentos, e os mesmos são de comportamentos bem diferentes.

Uma diretora com seu mecanismo cognitivo (composição natural): o filtro emocional em primeiro plano, o filtro racional em segundo plano e em terceiro plano o filtro ativo. O filtro ativo em terceiro plano, faz com que adiem resoluções e até fujam dos supostos conflitos. O filtro emocional em primeiro plano, lhes faculta pensar com o coração.

Um diretor com seu mecanismo cognitivo (composição natural): o filtro ativo em primeiro plano, o filtro racional em segundo plano e em terceiro plano o filtro emocional; O filtro ativo em primeiro plano, potencializa uma ansiedade do futuro e uma impulsividade que acaba atropelando os processos, mas também traz um forte poder de execução e liderança. O filtro emocional em terceiro plano, faz com que as pessoas se tornem descartáveis, ou seja, não mais importantes para o processo.

Um diretor com seu mecanismo cognitivo (composição natural): o filtro emocional em primeiro plano, o filtro ativo em segundo plano (que impulsiona o filtro emocional para fora) e em terceiro plano o filtro racional. O emocional em primeiro plano e para fora, faz com que sejam conquistadores de pessoas, mas também os tornam dependentes de ter que ajudar e de serem queridos e requisitados o tempo todo. O filtro Racional em terceiro plano lhes afasta de pensar mais friamente e de se afastar dos colaboradores na hora certa.

Mas é bom frisar que esses mecanismos de cognição (caminhos cerebrais), seja no aprendizado ou desempenho de uma função ou tarefa, existem em todos os colaboradores de uma empresa.

E é muito importante que a diretoria, RH ou mesmo o *coach* que está na estratégia da empresa, tenha o mapa dos colaboradores com seus respectivos GNIs – Grupos Naturais de Inteligências – para que possam obter mais eficiência e resultados mais duradouros.

As competências de cada grupo natural de inteligência são inúmeras, e se colocássemos todas, dificultaria a percepção e identificação das que lhes pertencem, mas que ainda estão latentes ou fechadas no baú das reservas (*matrix*/sistema) e da falta de incentivo para colocá-las para fora.

A natureza construiu-nos com potenciais inatos, donde nascem as habilidades, que, por sua vez, constroem as competências inatas em cada um dos doze grupos naturais de inteligências.

Aqui trazemos as bases dos Núcleos de inteligência, que irão fazer enorme diferença nas pessoas e empresas.

Portanto, os resultados estão totalmente ligados às pessoas, seja manipulando materiais, controlando máquinas, ou controlando outras pessoas. Saber como lidar com elas de maneira simples e natural, percebendo cada uma delas como um ser único, e levando em conta a singularidade de lidar com elas de maneira precisa e personalizada, está sendo a melhor estratégia para que se possa competir num mercado que demonstra que quem tiver o melhor time é quem realmente obterá um melhor resultado.

Referências:

ARAÚJO, José Fernando. *Conhece-te a ti mesmo.* 2 ed. Blumenau. Editora Nova Letra, 2006.

ARAÚJO, J. F. *Você é a cura: stop doenças inventadas.* 2 ed. Blumenau. Editora 3 de Maio, 2016.

ARAÚJO, J. F. *Você é a cura II: verdades que você precisa saber.*1 ed. Blumenau. Editora 3 de Maio, 2017.

ARAÚJO, José F. *A cura em si: fim às doenças inventadas.* 1 ed. Portugal. Editora Luz da Razão, 2018.

IVANOV, Ivanovich. *Somos todos inteligentes.* 2 ed. Blumenau. Editora 3 de Maio, 2014.

26

Mindset fixo ou de crescimento? Qual é o seu?

Esta reflexão fala sobre você e não sobre o outro. O quanto nos projetamos nas relações com nossos filhos, sem nos darmos conta de como pensamos e reagimos. O quanto reforçamos a segurança ou o medo em novas situações. Olhar para si é, antes de mais nada, sair do lugar que conhecemos, para nos enxergar de fora e, verdadeiramente, nos acolher com todos os defeitos

Jamile Dertkigil

Jamile Dertkigil

Criadora do Programa *Kriya Teen Lab*, desenvolvido para adolescentes em busca do seu propósito. *Coach* com foco em vida pessoal, profissional e vocacional. Certificada pela International Association of Coaching Institute; SLAC – Sociedade Latino Americana de Coaching; e Instituto Maurício Sampaio. Certificada na ferramenta DISC. Facilitadora e co-educadora de *Design Thinking*. Pós-graduada em *Marketing* e graduada em Comunicação Social. Fez parte do mundo corporativo por mais de 20 anos, trabalhando para grandes marcas. Curso de Ativismo quântico com Amit Goswami, Integral Way – Gabi Picciotto e Mari Ostermann, *Insight by* Gabi Picciotto e Flavia Possas, Consultoria de Estilo – Oficina de Estilo; RUA – Rede Ubuntu, Consultoria de Estilo, Curso de Psicologia em negócios – Luiz Fernando Garcia, entre outros.

Contatos
www.kriyadesenvolvimentopessoal.com
jamile@kriyadesenvolvimentopessoal.com
Facebook: Kriya Desenvolvimento Pessoal
Instagram: jamiledertkigil

Como descobrir se você tem um *mindset* fixo ou de crescimento? Observando-se.

Como descobrir se você educa seu filho para um *mindset* fixo ou criativo? Observando-se!

O *mindset* fixo busca a comprovação do ego, apoia-se na inteligência e julgamento alheio. Precisa insistentemente provar coisas que já foram provadas. Mantém-se fixo na mesma posição, não gosta de assumir riscos e nem de enfrentar novos desafios.

O *mindset* mutável, ou de crescimento, é do tipo que busca o desenvolvimento em qualquer fase da vida. Tem paixão pelo aprendizado e desenvolve vários talentos na sua busca incessante. O erro ou o risco fazem parte do aprendizado, além de gostar de experiências novas.

Mas, saber disso não é suficiente para educar uma criança. O professor, o método escolar e os valores que permeiam esta relação têm mais a ensinar do que apenas uma lousa, um computador ou um livro.

A crença cultivada pela educação recebida em casa ou pela escola pode contribuir na construção de um ou outro *mindset*.

O que nos faz acreditar na infância ou na adolescência, por meio das informações e vivências, é, muitas vezes, responsável pelo sucesso dos futuros profissionais. O produto final é um conjunto de crenças que nos faz ir adiante, em busca do que se quer, ou apenas nos faz esperar por aquilo que um dia alguém vai trazer, vai cair do céu!

Um aluno que é elogiado pela sua inteligência e não pelos seus esforços, pode desenvolver uma aversão a desafios mais difíceis. Quando elogiamos, estamos alimentando o *mindset* fixo e não o de crescimento. O elogio alimenta o ego e não a superação, a ação, a realização, o esforço.

Os pais confundem os filhos, tentando dar confiança perpétua a eles. E quando não mais estiverem por perto para dar suporte, esses futuros adultos vão duvidar de si diante da necessidade de correr riscos.

Elogiar os filhos pelo caráter ou personalidade, não os faz crescer explorando seus potenciais. Devemos elogiar o esforço pelo aprendizado, pelo percurso que deu resultado, pelas estratégias e escolhas ponderadas. Houve um desafio e este foi superado.

Lembre-se do piloto

Em caso de despressurização, cairão máscaras, coloque primeiro em você, e depois no seu filho.

A forma como educamos os nossos filhos, na maioria das vezes, está baseada em nossas crenças, traumas e educação que tivemos. Ou seja, em nossa história!

Perceba como você reage mediante situações novas, os gatilhos mentais que te levam ao comportamento de sempre. Um exercício é buscar novas formas de encarar cada problema cotidiano, por menor que seja, você vai perceber coisas que nunca viu.

Como fazer diferente, se apenas estamos reagindo contra algumas coisas? Reagindo contra nossos pais, contra algo que passamos na adolescência, contra o que não aceitamos em nós ou apenas tentando controlar o que não queremos ver.

Desta forma, não estamos olhando para eles como indivíduos, pessoas com sua personalidade própria, com suas carências, com sua forma de ser.

Olhando para o indivíduo

Quem são seus parceiros na educação dos seus filhos?

A escolinha do bairro que fica ao lado da sua casa? A babá que cuidou do filho da sua amiga? A primeira saída que lhe vem à cabeça? A experiência do outro pode servir para você, mas pode também não servir!

O cuidado de olhar para o indivíduo que você deu à luz, começa bem cedo. Quando ele chora porque está com calor e você é friorenta, quando ele rejeita sua sopa e você acha que é pessoal, quando te provoca com perguntas difíceis e você se faz de surda.

Devemos ensinar a diversidade na vida desde cedo, olhando para isso como oportunidade de crescimento e não com medo do que vai acontecer "se perdermos o controle".

Experimentar o quente e o frio.

Experimentar diversos alimentos.

Experimentar brinquedos e brincadeiras que desafiam.

Ninguém aprende mais, com o mesmo. Precisamos de motivação, interesses novos.

Você vai fazer diferente da média das cinco pessoas que você convive, e alguém te repreende e você volta para a caixinha de novo! E, assim, vamos repetindo modelos, passando de geração em geração, até que alguém tenha a coragem de romper com o círculo vicioso.

O mais importante é notar seu filho(a) com necessidades próprias e não com base no seu modelo mental. O que disso, acontecendo neste momento, é um reflexo meu? Que parte pertence a ele(a)?

Questione e construa a sua forma de ver o mundo, olhando para ele(a) como um ser único e não para o que você gostaria de ver.

Então, responda para si mesmo: o que eu, enquanto família, pai ou mãe, identifico como importante para uma vida feliz? Quando falo vida feliz, o que quero dizer com isso? Que valores nossa família tem enquanto sistema? Qual o meu papel?

Escolhendo suas parcerias

Saímos do primeiro sistema que é a família e vamos iniciar a fase do segundo sistema, que é a escola, e com ela o social ampliado.

Que tipo de resultado eu quero que meu filho tenha na vida? Em que tipo de educação escolar, eu acredito? O que eu acredito ser importante na educação, conteúdo, relacionamento, individualidade, grupo, formação? Qual instituição atende de forma mais aproximada aos meus anseios e as particularidades/interesses do meu filho?

As escolas que colocam um aluno atrás do outro nas salas de aula, os livros didáticos tradicionais, parecem não representar mais a nossa realidade atual.

A nova escola valoriza o ser humano e o meio ambiente. Tem como atividades, por exemplo, o plantio de uma horta, a importância da rega, a colheita no tempo certo e a salada do almoço!! Quando se faz isso, se aprende o respeito à natureza, se aprende sobre biologia, física, matemática, português e ainda mais, desenvolve-se a autorresponsabilidade, consciência, autonomia, empreendedorismo, protagonismo, economia colaborativa, etc.

Talvez, estas matérias sejam mais importantes para a vida, do que as tradicionais. Aprender com a experiência e, por meio dela, se torna uma referência muito positiva, ainda que em alguns momentos tenhamos que olhá-la para ressignificar.

Conhecer um escultor por meio de sua obra ou se inspirar num livro para criar uma escultura. Colocar a mão na massa literalmente, e não ficar imóvel numa carteira de sala de aula, apenas "recebendo a mamadeira" na hora certa. Falar na hora certa, fazer a lição certa, ir no banheiro na hora certa, dar a resposta certa! Errar é imprescindível para aprender, para crescer, para sair do mesmo lugar. Você é do tipo que briga com seu filho quando ele erra a resposta? Você aproveita a oportunidade explícita para abordar outras coisas?

A escola que entende e acolhe o diferente, a diversidade, o erro, a experiência, tem novas maneiras de olhar para o mundo novo. Romper com padrões que não representam as necessidades das novas gerações.

O professor não é mais a autoridade máxima, ele é um facilitador do aprendizado e não está com ele a última palavra! Cada um faz a sua parte e juntos conseguimos construir um lugar melhor.

Queremos políticos que pensem no coletivo, mas criamos filhos individualistas, mimados e superprotegidos! Que país você quer para o futuro dos seus netos? Isso passa pela sua educação, sua responsabilidade.

Trabalhar a intuição desde criança, talvez, esteja dois passos adiante. Mas, não posso deixar de falar sobre isso. A intuição é desenvolvida por meio do lúdico. A criança vai se conectando com ela mesma e entendendo do que gosta, e a medida que vai amadurecendo, percebe seu propósito de forma orgânica.

Feedback

Para vivermos melhor a economia do coletivo, da sustentabilidade, do novo aprendizado, temos que entender o *feedback* como uma ferramenta que contribui para melhorar as nossas competências e a nossa comunicação.

"(...) Crianças precisam de *feedback* honesto e construtivo. Se ficarem sempre "protegidas", não aprenderão bem. Vão ver conselhos, *coaching* e *feedbacks* como algo negativo e danoso. Não fazer críticas construtivas não é bom para a confiança das crianças; prejudica seu futuro." Comenta Carol S. Dweck, considerada uma das maiores especialistas no tema.

Críticas construtivas são aquelas que contribuem para que a criança repare alguma coisa ou apresente um resultado melhor. É uma oportunidade de crescimento, não de julgamento!

Um bom exemplo disso:

Filho: — Sou muito desastrado

Pai: — Isso não é o que se diz, quando deixamos cair os pregos (o que importa é o que fará com isso).

Filho: — O que é que se diz?

Pai : — Se diz: os pregos espalharam, vou recolhê-los!

Filho: — Só isso?

Pai: — Só isso.

O que você fala de si e sobre os outros diz muito de como pensa e age na vida.

O julgamento nos mantém no *mindset* fixo, ficamos com medo de sermos mal julgados, nos tornamos péssimos competidores, não aceitamos erros provenientes do aprendizado. Não saímos do lugar! Nos mantemos fixos com medo do novo!

As mesmas perguntas e respostas diferentes

Vivemos em novos tempos, com possibilidades de recriar novos cenários. A nova escola ainda não chegou para todos e, talvez, isso demore mais do que gostaríamos. Mas, dentro de casa, por meio do amor e da atenção plena, olhando para o indivíduo com suas necessidades, podemos fazer nosso jardim florescer.

Mudar o *mindset* é estimular o esforço para conseguir o resultado esperado. Olhar para o que já conhecemos e identificar como somos e o que queremos mudar. E mudar! Ir atrás do que se quer e como se quer, é totalmente possível.

Aceitar novas formas de ver o mundo, é aceitar novas formas de olhar para o nosso cotidiano, família, filhos, amigos, professores. Olhar para nossos funcionários e parceiros e para nossa própria vida, ressignificando momentos difíceis.

Pare de julgar e comece a fazer diferente, teste novas formas, outras respostas para os mesmos desafios, pequenas coisas vão construindo um caminho diferente!

Saia hoje, com uma roupa de cor diferente, aquela que você nunca usaria e perceba o que sentiu ao conseguir fazer isso e ao longo do dia.

Reflexão:

1. Pense em alguma situação em que foi rotulado, uma nota em uma prova, um ato rude ou uma rejeição. Concentre-se neste episódio. Sinta as emoções que o acompanham e até sua reação fisiológica. Agora, coloque-se numa perspectiva do *mindset* de crescimento. Examine honestamente seu papel naquela situação, mas entenda que ela não define sua inteligência ou sua personalidade. Ao invés disso, pergunte-se: o que aprendi (ou posso aprender) com essa experiência? Como posso utilizá-la para meu aperfeiçoamento? Substitua sua história anterior, considerando esta, como uma nova forma de olhar aquela situação.

2. Quando ficar desanimado por não ter conseguido realizar algo do jeito que gostaria, pense em aprendizado, desafio, enfrentamento de obstáculos. Pense no esforço como uma força positiva, construtiva, e não como algo desagradável. Experimente isso.

3. Há algo que você sempre quis fazer, mas teve medo de não saber fazer bem? Faça planos (estude, busque informações, trace estratégias) para realizar. E faça, não importando o resultado, mas tendo a certeza de que se esforçou verdadeiramente para obter o resultado esperado.

4. Você dá rótulos a seus filhos? Um é artista e o outro cientista? Da próxima vez, lembre-se de que não está ajudando em nada, mesmo que isso, para você, seja um elogio. Lembre-se de que, para desenvolver o *mindset* de crescimento, devemos olhar para o esforço que gerou o resultado.

Referências

BECK S. JUDITH. *Terapia cognitivo-comportamental teoria e prática.* 2.ed. Editora Artmed, 2013.
DWECK S. CAROL. *Mindset, a nova psicologia do sucesso.* 1.ed. Editora Objetiva, 2017.

27

Seja produtivo e torne sonhos em realidade

Neste capítulo, você vai entender o que é ser uma pessoa produtiva na visão do *coaching* e como pode ter uma alta produtividade. Com isso, atingindo a alta *performance* de uma forma natural e leve, conseguindo otimizar tempo e multiplicar os resultados, fazendo com que alcance todos os objetivos, metas e sonhos, de uma forma simples e clara

João Paulo Mesquita

João Paulo Mesquita

Master Coach formado em programação neurolinguística – *practitioner* em PNL – Instituto Elsever. Iniciou sua vida profissional em 1995, e foi evoluindo de cargo aos poucos. Conseguiu uma grande experiência no mundo corporativo, até que decidiu encarar um novo desafio e fundou a própria empresa. Em 2009, formou-se em MBA em gestão empresarial pela Fundação Getulio Vargas, FGV. Sempre procurando evoluir, buscou novos conhecimentos e conheceu o *coaching*; a partir dali, viu que poderia ajudar as pessoas a terem um melhor comportamento, fazendo com que buscassem seus sonhos, e encontrassem realização pessoal e profissional. Para conseguir isso, aprofundou-se no *coaching* e formou-se em *life coaching, leader coaching, executive coaching, career coaching e master coaching*, tendo como foco a produtividade e a alta *performance*.

Contatos
www.jpmesquita.com.br
coach@jpmesquita.com.br
Facebook: coachjpmesquita
Instagram: jprmesquita
(13) 97405-6402

Você já teve a sensação do dia não ter valido valeu a pena? Há dias que tem a sensação de que sobreviveu ou não viveu? Sente que a sua vida é morna (mais ou menos)? Percebe que a vida está parada? Isso acontece quando você não é uma pessoa produtiva. O que é ser uma pessoa produtiva ou ter uma alta produtividade?

No *coaching*, ser produtivo ou ter uma alta produtividade, não está relacionado com a quantidade de coisas ou tarefas que conseguiu realizar no final do seu dia, mas a sensação de que ele realmente valeu a pena. Sentir que deu mais alguns passos em direção aos seus sonhos, ter a sensação de que fez coisas úteis que condiz com seu propósito de vida, valores e princípios; sentir que viveu de verdade e não sobreviveu. Com isto, aproveitando o máximo possível de todos os momentos da vida.

No processo de *coaching* trabalhamos a alta produtividade em todos os segmentos da vida pessoal e profissional. Isso ocorre tanto para ser produtivo em vender mais livros quanto para ser feliz ou ter equilíbrio emocional.

Como isto é feito no *coaching*, para ser tão eficaz, simples e claro, independente de qual objetivo queremos alcançar?

No *coaching* trabalhamos quatro pilares. São eles: foco/clareza, planejamento, ação e melhoria contínua /consistência. Percorrendo este caminho (quatro pilares), você será auxiliado a ter alta produtividade. Com isto, você terá autorresponsabilidade, estará presente em tudo que fizer (não colocar a vida no piloto automático), e vai fazer o que realmente tem que ser feito, no tempo certo (não procrastinar).

Como funcionam os quatro pilares do processo de *coaching* para que eu consiga ser produtivo?

1º - Foco e clareza: muitas vezes, queremos muitas coisas, mas, ao mesmo tempo, não temos clareza do que queremos. Quando falamos de foco e clareza, é preciso saber exatamente onde e quando queremos chegar, porque só após saber o seu destino, consegue criar o caminho para alcançar o seu objetivo. Exemplo:

Duas meninas estão querendo ir à praia, uma tem foco e clareza, e a outra não. A que não tem foco e clareza pega o táxi e fala para o taxista:

– Leve-me à praia!

A qual praia o taxista vai levá-la? Ele pode levá-la em uma muito longe e, talvez, ela acabe desistindo no meio do caminho, ou em uma praia que a faça se sentir insegura a ponto de não querer ficar.

Agora, a menina com foco e clareza pega o mesmo táxi e fala ao taxista:

– Leve-me para a Praia Bela, eu vou ficar bem em frente ao *shopping* e, por favor, faça este caminho que é mais rápido.

É notória a diferença de que tem foco e clareza, para quem não tem. A pessoa com foco tem muito mais chance de alcançar o seu objetivo.

Seguem abaixo dois exemplos de objetivos intangíveis que meus *coachees* (clientes) conseguiram identificar com clareza o que deveria acontecer para saber que os alcançariam. Exemplos:

• Um cliente disse que seu objetivo era "ser feliz", e saberia que tinha alcançado, quando voltasse a ter vontade de viajar com alguém novamente e comprar as passagens.

• Um cliente disse que queria "ter controle emocional" e falou que teria a certeza de que alcançou, quando a irmã dele o criticasse e ele respirasse fundo aceitando as críticas, respondendo sem brigar.

Ter foco e clareza é fundamental para alcançar nossos objetivos e sonhos, porque sem foco, não é possível planejar um caminho consistente e claro para atingir o que queremos, e sempre que vamos para algum lugar, precisamos do "endereço" onde queremos chegar.

2º - Planejamento: para alcançar algo, o primeiro passo é ter foco e clareza, e o segundo é planejar. O que acontece, muitas vezes, é que as pessoas acabam planejando sem ter clareza do que querem. Se eu não tiver o foco claro, como irei planejar da forma correta?

Então, se você pulou o primeiro (foco e clareza), volte lá e leia antes de planejar.

Planejando, faça um plano de ação que irá transformar o seu foco com ação direcionada, para facilitar sua melhoria contínua e atingir seu resultado. Isso irá prepará-lo para percorrer o caminho com mais consistência.

Quais as vantagens em criar um planejamento (plano de ação) antes de entrar em ação?

São inúmeras vantagens, uma delas é que você consegue criar um "mapa" que vai mostrar o passo a passo que irá percorrer para atingir seu objetivo. Com isto, você consegue se preparar para as barreiras que irão surgir no meio do caminho. Outra vantagem é que começa a ter várias pequenas metas e conquistas, antes de chegar no sonho, porque se você ficar olhando o objetivo final, pode acabar desistindo por achar que está muito longe. Sendo assim, as submetas darão mais consistência para seguir em frente.

Ter um planejamento é fundamental no processo para alcançar um objetivo, porque você saberá, com clareza, o caminho que vai percorrer e as barreiras que irá encontrar. Desta forma, você consegue saber quais os recursos necessários que precisa ter para superar as barreiras e poder se preparar para agir de forma correta e no momento certo, com isto diminuindo os riscos e atingindo o resultado de uma forma consistente. Agindo assim, você será uma pessoa produtiva chegando ao final do dia com a sensação de missão cumprida, que o dia valeu a pena e que conseguiu dar mais alguns passos em direção ao seu objetivo.

3º - Ação: nós somos o que fazemos e não o que planejamos. Este é um ditado velho, porém muito atual.

Você consegue se ver atingindo o seu sonho sem entrar em ação? Acredito que a sua resposta foi "não". Para as coisas acontecerem e você ser produtivo, com a sensação de que está andando na direção certa, você tem que entrar em ação. Muitas vezes acabamos esperando que os outros façam pela gente, outras vezes ficamos esperando o momento certo que nunca chega, e acabamos perdendo a oportunidade. No *coaching*, a ação é a principal base para fazer acontecer, porque do que adianta você ter foco, clareza e planejar, mas não entrar em ação? Sabe o que vai acontecer? Nada vai acontecer, porque você é quem faz as coisas acontecerem. Então, se há algo a fazer, vá e faça.

Nos meus atendimentos, escuto muito meus *coachees* (clientes) sabotarem suas ações, quando falam três palavras. Então, atenção se você fala estas palavras. São elas:

• **Eu queria:** quando falamos em ação para dar mais um passo em direção ao objetivo, você não fala "queria fazer", você fala "vou fazer", porque você é o protagonista da sua vida e faz as coisas acontecerem.

• **Eu pensei:** quando falamos em ação para chegar mais perto do sonho, você não fala "pensei em fazer", você fala "vou fazer", porque você é autor do seu mundo e faz acontecer.

• **Eu vou tentar:** quando falamos em ação para se aproximar do objetivo, você não fala "eu vou tentar", você fala "eu vou fazer". Quando você fala "tentar", automaticamente seu cérebro coloca a opção de que pode fracassar, então não tente nada, vá e faça.

Entrar em ação é um dos principais fatores para conseguir atingir os objetivos, pois você é responsável pelo acontecimento das coisas e constrói o seu mundo. Então, se não entrar em ação, não vai conseguir ser produtivo, não alcançará seus objetivos e acabará vivendo o mundo dos outros. Assim, viva o seu mundo e entre em ação, porque tomando as ações direcionadas para seu objetivo dentro do planejamento, você terá a sensação de chegar no final do dia e perceber que valeu a pena viver. Irá sentir-se produtivo e terá a certeza de que está andando na direção dos seus sonhos e objetivos, dia após dia.

4º - Melhoria contínua e consistência: como você pode ser melhor hoje do que era ontem e, também, ser melhor amanhã do que é hoje?

Estas são perguntas que você precisa fazer para atingir a alta produtividade. Estamos sempre buscando a melhoria contínua para conseguir a consistência.

Atualmente, as pessoas começam projetos, só que acabam desistindo no meio do caminho. Isso acontece porque não têm consistência, não conseguem notar que estão melhorando a cada dia, desde que começaram a jornada. Quando percebem que estão melhorando, criam energia e se sentem preparadas para continuar em suas jornadas rumo ao sonho. Por isso, temos que buscar a melhoria contínua sempre, para criar consistência e estarmos preparados, a fim de superarmos obstáculo por obstáculo dos que aparecerão pelo caminho.

A seguir, duas situações que demonstram bem por que temos que buscar a melhoria contínua:

João Paulo Mesquita **207**

1 - Quando você sente que chegou ao topo, no melhor da sua versão, você tende a entrar na zona de conforto. Quando isto acontece, você acaba não procurando coisas novas e acaba relaxando. Enquanto isso, coisas novas são inventadas, concorrentes se especializam, novas metodologia são lançadas e você acaba ficando estagnado. Então, sempre tem que se perguntar: onde dá para melhorar?

2 - Conforme você vai avançando na direção dos seus objetivos, a tendência é que as barreiras fiquem mais altas. Um jogo de *videogame* reflete bem isso, conforme você vai avançando de fase, o grau de dificuldade aumenta. Na nossa vida é igual, conforme você vai andando na direção dos seus sonhos, as barreiras vão ficando mais difíceis. Por isso, você sempre tem que buscar a melhoria contínua para estar melhor a cada dia e poder avançar de fase. A pergunta que você tem que se fazer é: eu sou uma pessoa melhor do que era há uma semana ou mês atrás? O que aprendi?

Sempre temos que estar em EPP (Evolução Pessoal Permanente) para alcançar nossos objetivos de uma forma consistente. A melhoria contínua traz a energia e mostra que estamos preparados para atingir o objetivo. Você nota que está crescendo e melhorando a cada dia, por ser uma pessoa produtiva e estar fazendo coisas úteis que estão levando você na direção dos seus sonhos, porque tomou as ações corretas com foco e clareza, dentro do plano de ação, sempre buscando a melhoria para alcançar o seu objetivo.

Após explicar os quatro pilares, não poderia faltar um exercício de *coaching*, que é bem simples e auxiliará você a começar a ter mais clareza sobre como está hoje (ponto A) e como deve agir para atingir seu objetivo (ponto B).

1º passo: pegue um papel em branco e caneta;

2º passo: coloque seu objetivo e sonho na parte de cima da folha. Lembrando que este objetivo deve ser claro;

3º passo: escreva na folha, no mínimo, dez coisas que fazem parte de sua rotina. Faça como se fosse um relatório de sua rotina. Se possível, coloque a quantidade de horas. Exemplo:

Trânsito: uma hora por dia;

Academia: duas horas por dia;

Redes sociais: três horas por dia;

Dormindo: oito horas por dia;

Lendo livro: 30 minutos por dia;

Assistindo TV: três horas por dia;

Trabalhando: seis horas por dia.

Obs: coloque coisas que fazem parte da sua rotina, mesmo que não faça todos os dias. Não fique preso em fechar o relatório em 24 horas, porque este relatório não é do seu dia, e sim da sua vida. Então, poderá ficar abaixo ou acima das 24 horas.

4º passo: circule a rotina que está ligada diretamente ao objetivo que você colocou na parte de cima da folha e faça a seguinte pergunta: como posso intensificar esta rotina na minha vida? Quando?

Obs: não sei você, mas eu, João Paulo Mesquita, quando fiz este exercício pela primeira vez, tomei um baita susto, porque circulei apenas uma coisa. A partir daí, vi que jamais alcançaria o meu sonho se não mudasse, pois não fazia quase nada para que ele acontecesse. Como eu iria alcançar meu sonho, tendo os mesmos comportamentos e ações? Os próximos passos do exercício fizeram com que eu mudasse.

5º passo: agora, coloque a letra "e" na rotina que você pode eliminar, e se faça a seguinte pergunta: como eliminarei esta rotina da minha vida? Quando?

6º passo: olhe novamente para seu relatório e coloque a letra "d" no que você pode diminuir, e se questione: como posso diminuir esta rotina da minha vida? Quando?

7º e último passo: já que eliminou e diminuiu algumas rotinas, você terá mais tempo para incluir novos comportamentos que estarão ligados diretamente ao seu objetivo. Então, a pergunta que você tem que fazer para si próprio é: quais ações eu vou incluir na minha rotina de vida, que vão me ajudar a alcançar meu sonho? Quando?

Podemos concluir que ser produtivo é fazer a coisa certa na hora certa, tudo com propósito que fará você ter a sensação de alta produtividade. Mostramos que é possível sim, ser produtivo de uma forma simples e bem clara, porque quando você tiver a autorresponsabilidade, presença nas ações, foco com clareza e planejamento, você entrará em ação e sempre buscará a melhoria. Conseguimos atingir nossos sonhos de uma forma que o caminho é leve e gratificante, vendo cada etapa sendo conquistada, você se tornando uma pessoa bem produtiva e ficando melhor dia após dia. Com isso, dando a certeza que é um vencedor e merecedor de tudo que foi buscar e conquistou, porque você fez acontecer e pode fazer muito mais. Seus sonhos são infinitos e sua força e energia para ter mais conquistas também são. Então, vá lá e faça acontecer.

28

A vida dos sonhos: seu *mindset* mostra o caminho

Viver a vida dos sonhos é o maior dom da vida. Sonhar lhe dá motivação para abrir caminhos, existentes apenas na imaginação. Apesar de sabermos disso, algo nos paralisa e acabamos espremendo nossos sonhos, até que eles se tornam invisíveis, de tão escondidos. Este capítulo lhe mostra o despertar do *mindset*, para que você se torne autor de suas realizações e desfrute a plenitude da vida dos seus sonhos

Kátia Manzan

Kátia Manzan

Advanced Coach, Pós-Graduada em *Coaching* e atua como *Coach* de Carreira. É palestrante há mais de 15 anos no Brasil. Como *Coach*, desenvolveu o "Passos de Tigre", um Programa impactante, com alto poder transformador nas áreas de *Leader Coaching*, RH *Coaching*, *Coaching* Vocacional e *Life Coaching*, gerando maior empoderamento pessoal e profissional e impactando vidas. Destaca-se pela maneira singular de trabalhar, integrando razão e emoção, na busca de aprimorar competência e atingir resultados extraordinários. Atua como docente em cursos de pós-graduação, é coautora de dois livros, e já trabalha em seu livro solo. Como Administradora e Pós-Graduada em Educação, foi Diretora Escolar, mas abriu mão da gestão da escola que fundou e formou mais de dois mil alunos. Inseriu muitos deles no mercado, para viver a missão de transformar vidas e fazer as pessoas acreditarem que podem sonhar e ter a vida dos seus sonhos.

Contatos
katiamanzancoach@hotmail.com
(34) 99637-1515

Certamente, você já se perguntou por que algumas pessoas vivem a vida dos seus sonhos e, outras, apesar de muito caminharem, parecem não sair do lugar. Se você analisar a vida destas pessoas de sucesso perceberá que todas elas possuem *mindsets* de crescimento. A melhor notícia é que o *mindset* pode ser trabalhado e isto quer dizer que você também poderá entrar para este seleto grupo. Isso porque os nossos resultados dependem, quase sempre, da nossa maneira de pensar e esta forma é o que determina o *mindset*.

Mas, o que é *mindset*? Atualmente, muito utilizada, *mindset* é uma palavra da língua inglesa que significa "atitude" ou "modelo mental". Segundo Daniel Goleman, autor do *best-seller Inteligência emocional*, o nosso comportamento é condicionado por estes modelos mentais, que podem ser entendidos como a forma que enxergamos o mundo.

A professora Carol Dweck, da Universidade de Stanford, dividiu o *mindset* em dois tipos: "*mindset* fixo" e o "*mindset* de crescimento". Este último pode ser usado para promover as mudanças que desejamos em nossa vida. Isto explica por que, quando você muda sua mentalidade, seu mundo muda na mesma velocidade.

Podemos dizer que *mindset* fixo é o modelo mental que interpreta sua inteligência ou seus talentos, como características natas, que permanecem relativamente estáticas ao longo da vida e, por isso, é caracterizado como mais limitante, oferecendo, assim, maior permanência em uma espaçosa zona de conforto. Já o *mindset* de crescimento, defende que sua inteligência e os seus talentos podem ser desenvolvidos com seu esforço pessoal.

Assim, as pessoas com *mindset* fixo acreditam apenas no talento que possuem, e acabam julgando os demais como competentes ou incompetentes. Já as que tem o *mindset* de crescimento, acham que é bom ter qualidades e talentos, mas entendem que são apenas o ponto de partida, pois sabem que o desenvolvimento pessoal é uma questão de prática, treinamento e, acima de tudo, superação de limites.

O interessante é que as pessoas com *mindset* fixo têm a tendência de acreditar que todos os que as rodeiam são como elas, e acabam, muitas vezes, aprisionando talentos em cargos efetivos, por desconsiderar o admirável poder que nossa mente possui de mudar nossa realidade.

Em contrapartida, as pessoas com *mindset* de crescimento acreditam que sua atitude mental as faz agir e as impulsiona a provocar as mudanças que as conduzem ao sucesso. Certas disso, elas creem, ainda, que todos à sua volta também são capazes de chegar onde desejam.

Recentemente, ouvindo a pregação de meu pastor, me deparei com um excelente exemplo de mudança de *mindset*. Ele nos contou que seu pai, apesar de engenheiro formado e atuante em uma grande empresa, ia e voltava do trabalho de bicicleta, pois não possuía carro na época. Certo dia, ouviu na pregação de sua igreja, que poderia ter o que desejasse, se tivesse fé suficiente. Com isso, ele decidiu que compraria seu primeiro carro e iniciou uma campanha, com a orientação de, diariamente, reforçar em sua mente o desejo almejado. Obedecendo o preceito, ele saía mais cedo de casa, rumo ao trabalho, para passar em uma loja de carros. Estacionava ali sua bicicleta, entrava na loja, e simplesmente tocava o carro do seu sonho, sem preocupar-se com o que iam pensar ou falar de sua atitude. Por pouco mais de 90 dias, ele saiu de casa, cerca de meia hora antes do horário habitual e repetiu, rigorosamente, aquele ato.

No final do período, ele chamou sua família para passear. Sem que soubessem onde iriam, o pastor e seu irmão, adolescentes na época, acompanhados de sua amada mãe, estranharam quando seu pai os avisou de que não pegariam um ônibus. Caminharam alguns quilômetros, inconformados por estarem a pé, sem imaginar o objetivo daquele passeio. Entraram em uma loja de carros, exatamente aquela que, por meses, seu pai havia, assiduamente, visitado. Para a surpresa de todos, eles saíram no carro comprado por seu pai. Lindo testemunho de fé. Ele nos dá a certeza de que nosso *mindset* pode nos direcionar para nosso sucesso ou para o nosso fracasso, pois ele determina os nossos resultados.

Outro fato importante desta história é que o incentivo que ele teve de seu pastor, que certamente tinha um *mindset* de crescimento, foi de extrema importância para a mudança de sua atitude mental. Você pode estar se perguntando o que isso tem a ver com a fé, e posso te dizer que, de acordo com a palavra de Deus, Ele nos concede os desejos de nosso coração; assim, se sua mente não estiver convencida de seus desejos, como ela encherá seu coração?

Muitas pessoas não ousam, sequer, exteriorizar seus desejos, pois se conformaram a uma peculiar mesmice, sem perceberem que o medo de tentar tirou delas a incrível oportunidade de viver a plenitude de seus sonhos.

Outras se perguntam sobre como vencer na vida ou como ter força de vontade para seguir em frente, e hoje, sabemos que as pessoas com um *mindset* de crescimento têm mais possibilidades de viver suas vidas em abundância. Não que o sucesso seja um caminho fácil, pelo contrário, exige muito esforço e, por isso, é muito importante que você tenha um motivo claro para querer, de verdade, vencer! Este motivo precisa ser forte, baseado em um propósito, pois ele será sua força para não o deixar desistir, em lugar algum deste sinuoso caminho.

Para identificar se o seu objetivo é, verdadeiramente, um propósito, avalie se ele reflete sua essência e se te aproxima ou te afasta do seu ideal de vida. Isto é importante, porque, muitas vezes, não sabemos o que teremos que enfrentar e acabamos querendo atingir um objetivo, mas nos recusando a fazer o que é necessário para alcançá-lo.

Como observado na história, tudo o que você mentaliza, sem perceber, ordena ao seu cérebro. Isso porque a ação inicia no seu pensamento e na forma como trabalha seu *mindset*. Quando o objetivo não é claro, o cérebro tem dificuldade para entender e nos conduzir até a realização de nossos sonhos. Diariamente, ao tocar no carro que desejava, inconscientemente, orientava o seu cérebro, mostrando seu desejo, e este passo foi fundamental para as ações que se sucederam. Isto é importante porque, se não mostrarmos ao nosso cérebro exatamente o que queremos, nossa mente pode nos sabotar, pois ela tem uma inclinação natural de nos proteger de tudo que é desconhecido. Desta forma, sempre que encontramos obstáculos no caminho, nossa mente envia a mensagem de defesa, sugerindo que a gente não vá adiante. Assim, se você não tiver clareza de onde quer chegar, dificilmente estará preparado para vencer todos os desafios e acabará desistindo antes de alcançar seu objetivo. E clareza em seu propósito é exatamente o primeiro passo para mudar sua mentalidade e ajustar seu *mindset*, pois se continuar fazendo as mesmas coisas, nunca verá resultados diferentes.

O segundo passo é acreditar que você pode, pois quando cremos, um novo caminho se abre e passamos a ter certeza de que ele nos guiará às nossas realizações. Isso o fortalecerá para lidar com as críticas e o ajudará a convencer os outros da importância do seu sonho, pois o pensamento alheio pode abalá-lo e fazê-lo mudar de curso. Em nossa história, quando aquele senhor ouviu que poderia ter o que desejasse, ele teve clareza de que compraria seu carro, o que desencadeou o início da mudança do seu *mindset* fixo para o incrível e espetacular despertar de um novo *mindset*: o *mindset* de crescimento.

Mas, por que para algumas pessoas é tão difícil viver este despertar? Precisamos compreender que alguns de nossos comportamentos são determinados por crenças. Temos crenças limitantes e potencializadoras. Estes comportamentos geram resultados que podem limitar (crenças limitantes) ou potencializar (crenças potencializadoras); as nossas atitudes. São com essas interpretações que construímos nossos modelos mentais. As crenças são adquiridas desde a infância e somadas conforme vivemos.

As crenças limitantes são interpretações negativas do que vimos, sentimos, experimentamos ou ouvimos em algum momento de nossa vida, e que incorporamos como verdades ou convicções. O problema é que elas nos paralisam, inconscientemente, em momentos que deveríamos avançar. Nestes momentos, que nos deparamos com uma situação semelhante já vivida, nossas decisões sofrem influência daquele padrão, impedindo a nossa ação. Por isso, identificar e ressignificar as crenças é importante para que você possa viver a vida dos seus sonhos.

A história mostra que, mesmo sem perceber, o pai do pastor quebrou crenças instauradas, quando, depois da certeza de que compraria aquele carro, iniciou uma nova rotina, fortalecendo sua mente com as visitas diárias à loja.

Observe que o primeiro passo te mostra onde chegar, e o segundo te revela que é possível chegar lá. Para continuar sua jornada, o próximo passo é ter um planejamento de suas ações, estabelecendo metas semanais, mensais, semestrais, e anuais, que te conduzirão ao incrível universo de seus sonhos.

Para começar, escolha um dia da semana para fazer seu planejamento. Coloque em um papel, *software* ou aplicativo de celular, quais as ações necessárias dos próximos dias. O importante é que você saiba exatamente o que fará, dia após dia. O que não pode acontecer é acordar e se perguntar: "o que eu vou fazer hoje?" Tenha isto definido com antecedência e acompanhe de perto cada ação realizada.

Para este terceiro passo, trabalhe com três níveis de metas: metas fáceis, moderadas e difíceis. Classificá-las te mostrará como trabalhar, para não se frustrar se não atingir as difíceis com a mesma tranquilidade que consegue atingir as mais simples. Isso não significa que terá que diminuir o nível de suas metas, pois as fáceis não o tiram de sua zona de conforto e, dificilmente, realizará seus sonhos se não sair dela. Sem dizer que, quando você se força a sair dessa zona, para aprender algo novo ou difícil, seus neurônios conseguem formar novas conexões, ficando mais fortes e lhe dando mais segurança para lidar com as mudanças.

Depois de tudo planejado, você precisará de foco para seguir em frente. É aqui que a situação começa a ficar difícil, porque sempre haverá algo para desviá-lo dos objetivos, por isso, desconectar-se de tudo o que pode tirar seu foco é fundamental para persistir no caminho rumo ao sucesso. O foco lhe dá a persistência e a determinação necessárias para seguir em frente e realizar o seu sonho. Foi exatamente a clareza do que queria, aliado à certeza de conseguir (instaurada pela ressignificação de crenças), que desenvolveu no pai de meu pastor, o foco, observado pela constância em ir à loja e tocar no carro que desejava.

O último, e não menos importante passo, é comemorar cada conquista. Na história, o pai do pastor levou a família para juntar-se a ele em uma grande comemoração! Mas, muitas vezes, não alcançar uma meta, nos deixa com sentimento que não somos capazes, e por isso, comemorar cada passo, por menor que seja, pode mudar esta realidade. Outro ponto importante desta comemoração é que ele te faz perceber que o caminho percorrido é tão importante para a realização de um sonho, quanto a conquista do seu objetivo. Como sempre ouvimos falar: você não chega a lugar algum se não percorrer passo por passo.

Sabemos o que plantamos e por que colhemos e, agora sabemos, também, que é possível mudar nosso *mindset* e viver a vida dos sonhos. No entanto, nunca é demais reforçar que esconder suas emoções não é honesto consigo e pode ser um grande obstáculo ao desenvolvimento pessoal e, por isso, o autoconhecimento é tão importante para revelar os seus limites e sua vontade de superá-los.

Ele lhe dá, ainda, a consciência para perceber que os objetivos que não atingiu e que não te deixaram a sensação de fracasso, eram simplesmente porque não tinham a ver com a sua essência e pode ter sido fruto de influências, crenças, padrões da sociedade, alheios a sua verdadeira vontade.

Agora, você sabe que é possível mudar seu *mindset* e conhece todos os passos importantes para que seu objetivo seja alcançado, então, por que deixar seu sonho na gaveta? Vá em frente e não tenha medo de errar, ele faz parte do processo, por isso, agradeça a cada erro, afinal, seu *mindset* se desenvolve, também, com os seus erros.

Tenha em mente que seu maior inimigo é você, mas seu maior aliado, também. Cuide muito bem de seus pensamentos, afinal, você é o responsável por separar o que é bom e ruim. Concentre-se no que é importante, coloque toda a força que há em seu coração, para ultrapassar as fronteiras do seu ser e se lance na maior aventura que a vida pode te proporcionar – viver a vida dos seus sonhos, pois como dizia Henry Ford, "se você pensa que consegue fazer algo ou pensa que não consegue fazer algo, você está certo."

Quando sua mente entender que esta é a grande oportunidade para te levar onde quiser, você terá um *mindset* preparado para vencer e se tornará "imparável", afinal, sucesso é uma decisão, e quando sua mente entender isso, absolutamente nada poderá impedir sua vitória.

29

Mindset gerando a transformação de resultados

Neste capítulo, veremos os principais tipos de mentalidades, e como impactam no nosso dia a dia. Trataremos, aqui, de hábitos e da implementação das mudanças que queremos e, por fim, vamos aprender sobre a força de vontade, como ela influencia em nossos resultados e como desenvolver essa habilidade para manter o foco em nossos objetivos

Leonardo Vieira Santos

Leonardo Vieira Santos

Possui mais de dez anos no trabalho de liderança na área militar. Desenvolve as principais habilidades para equipes de alta *performance*. Vem, há quatro anos, trabalhando na área de desenvolvimento pessoal. Experiência como docente e palestrante. Especialista em liderança e gestão de processos. Formado em Gestão de Processos Gerenciais. Pós-graduado em *Essential Master Coach* e, também, em Neurociência Aplicada à Aprendizagem.

Contatos
leonardovieiracoach@gmail.com
https://www.linkedin.com/in/leonardovieiramastercoach
(62) 98593-5675

A autora Carol Dweck, em seu livro *Mindset: the new psychology of success* (Objetiva) 2006, trata de dois tipos principais de mentalidade, a fixa e a de crescimento. Com mentalidade fixa, o indivíduo consegue obter resultados limitados as suas habilidades ou capacidades cognitivas, ou seja, valorizam apenas o talento nato. Podemos observar esse tipo de mentalidade no nosso dia a dia, com frases do tipo: "fulano sempre consegue os melhores cargos, ele é muito talentoso" ou "não nasci para ser bem-sucedido, não tenho o que é necessário". Este tipo de mentalidade é desenvolvido quando somos premiados por sermos bons em algo e o esforço não é levado em consideração. Já a mentalidade de crescimento valoriza o esforço e a determinação. Dessa forma, encaramos o fracasso como uma oportunidade de aprender sobre onde erramos e o que precisamos aprender ou desenvolver para superar determinado obstáculo. Essa mentalidade é desenvolvida quando, mesmo não tendo êxito em alguma situação, somos parabenizados por nossos esforços.

Tendo em vista que optamos por fazer essa mudança, é importante lembrar que nós sempre continuamos a fazer aquilo que, repetidamente, já fazemos no nosso dia a dia por meio dos hábitos portanto, não basta decidir pela mudança, é necessária a aplicação de forma consciente deste novo padrão até que se torne um hábito. A princípio, todo novo comportamento exige um certo esforço para ser implementado no nosso dia a dia, e justamente após a repetição, ele se torna um hábito e, assim, de forma mais espontânea e com menos esforço, passamos a aplicar este mesmo comportamento. Nos processos de *coaching* existem as "tarefas" entre uma semana e outra, o que potencializa a execução das etapas importantes para alcançar cada objetivo. Da mesma forma, você pode iniciar com pequenas tarefas onde vai aplicar uma mentalidade de crescimento e, por meio da repetição dessas atividades, a aplicação deste novo *mindset* se tornará um hábito. Um exemplo da utilização do *mindset* de crescimento é no momento de enfrentar um desafio, seja em um projeto no trabalho ou na vida pessoal. Mesmo enfrentando obstáculos e tendo falhado, com esta mentalidade você vai procurar aprender onde errou, levando a crença de que pode melhorar suas habilidades e, dessa forma, persistirá até atingir o êxito no seu objetivo.

Para que essas ações tenham mais chance de serem executadas, você pode utilizar a metodologia *kaizen*. *Kaizen* é uma palavra de origem japonesa que significa mudança para melhor ou melhoria contínua e, em termos práticos, consiste em iniciar um projeto ou uma atividade que pode exigir muito esforço ou tempo, dividindo em etapas ou tarefas menores mais simples e fáceis de serem aplicadas. Assim, com pequenos passos repetidos diariamente para que essas ações se tornem hábitos e, aos poucos, aumentando a dificuldade das tarefas, por exemplo, para desenvolver o hábito da leitura, você pode começar lendo duas ou três páginas por dia e a cada semana aumentar este número. Por fim, dentro de um ou dois meses estará lendo em torno de dez a quinze páginas diárias, lembrando que o foco é no hábito que está sendo construído e a repetição com frequência adequada trará os resultados desejados. Este método pode ser aplicado em diversas situações, inclusive no caso em que estamos buscando desenvolver o hábito da mentalidade de crescimento. Outro ponto muito importante é comemorar cada pequena vitória. A cada etapa vencida são necessárias pequenas comemorações, podendo ser algo simples como um café ao final da tarefa ou um pequeno entretenimento, mas ficando claro o motivo da comemoração, pois isso gera valência emocional e garante mais consistência no desenvolvimento de novos hábitos.

Em muitos momentos, devido à dificuldade de mudança e do esforço empregado nas tarefas, nos sentimos desanimados e vem a vontade de desistir. É justamente quando você precisará de um componente que faz toda a diferença entre as pessoas de sucesso, que alcançam seus objetivos e aquelas que apenas começam, mas raramente terminam algo, ou seja, a força de vontade. Esse fator é tão importante que é aplicado em diversos momentos no nosso dia a dia, quando precisamos nos levantar para ir trabalhar quando nossa vontade é continuar na cama, quando alguém nos ofende e temos que manter a calma para não responder à altura, quando vamos praticar algum exercício e, na verdade, preferimos ficar deitados no sofá assistindo a um filme e em vários outros momentos do nosso dia em que fazemos algo que é importante, mesmo preferindo fazer qualquer outra coisa.

Há um teste realizado em 1960, conduzido pelo psicólogo Walter Mischel, então professor da Universidade de Stanford, que ficou conhecido como o "Teste do *Marshmallow*". Nele, era oferecido a crianças um *marshmallow* imediatamente ou dois *marshmallows*, se elas esperassem até o retorno do pesquisador, dentro de 15 minutos. Anos mais tarde, os pesquisadores buscaram informações sobre os participantes do experimento, e descobriram que as crianças capazes de esperar por mais tempo pela possível recompensa apresentaram a tendência de terem melhor êxito na vida, tendo mais sucesso financeiro, profissional e, também, nos relacionamentos.

Portanto, a força de vontade constitui um fator decisivo, não apenas para a mudança de hábitos, mas para alcançar qualquer objetivo. A melhor notícia sobre esse tema é que a habilidade não é algo estático e pode ser desenvolvida. Para tratar do assunto, vamos comparar a força de vontade com um músculo de nosso corpo. Da mesma maneira que nos exercitamos para fortalecê-lo, podemos exercitá-la para aumentar a sua capacidade.

Recentemente, neurocientistas comprovaram uma característica de nosso cérebro relacionada ao aprendizado, a neuroplasticidade. Esta capacidade torna possível que o ser humano aprenda em qualquer idade, ou seja, se você praticar muito uma habilidade, com o passar do tempo se tornará um *expert* nessa prática. Por exemplo, se sua prática mais comum é ficar preocupado com cada problema que se apresenta, seu cérebro vai se desenvolver nesse quesito e encontrar diversas formas diferentes para ficar preocupado com mais agilidade e mais eficiência, assim, você alcançará a maestria em preocupar-se. No entanto, se a sua intenção é aumentar o nível de concentração, conforme você coloca esta habilidade em prática, seu cérebro também se modificará e desenvolverá novos caminhos neurais, aumentando a densidade da massa cinzenta nas regiões responsáveis pela concentração, tornando esta habilidade cada vez mais desenvolvida.

Assim, vemos que a força de vontade pode ser desenvolvida da mesma maneira que um músculo, este que se fortalece à medida em que é empregado. Existem algumas práticas que ajudam nesse trabalho como abrir as portas usando a outra mão, não aquela normalmente está acostumado para tal, acordar um pouco mais cedo para fazer alongamentos, uma pequena caminhada ao redor do quarteirão ou espalhar algumas tentações pela casa como barras de chocolate e biscoitos e até mesmo meditar por alguns minutos por dia. Essas práticas vão ajudá-lo a desenvolver a força de vontade, mesmo sendo trabalhada em áreas diferentes e esta habilidade estará disponível sempre que for necessária, em todos os aspectos da vida.

Outro aspecto da força de vontade é a energia gasta com esse esforço, mais uma vez comparando com um músculo, que atinge seu limite quando sua energia se esgota, a força de vontade, por mais que esteja desenvolvida, possui essa limitação. Justamente por esse motivo que é mais frequente cedermos às tentações ao final do dia, quando estamos mais cansados ou quando estamos com fome. Nesses momentos em que cedemos, por exemplo, à tentação de comidas menos saudáveis apesar do arrependimento vir logo em seguida. Por esse motivo, os especialistas em gestão do tempo recomendam fazer sempre o mais importante logo no início do dia, justamente o momento onde temos mais energia e maior força de vontade. Sendo assim, para a aplicação do máximo de seu potencial utilizando a força de vontade é importante um descanso adequado, uma boa alimentação e uso estratégico dos momentos onde sua disposição é maior para enfrentar os maiores desafios do dia, ao invés de deixar para mais tarde, como é comum acontecer.

A mudança de comportamento e o enfrentamento dos obstáculos vão se tornar mais fáceis com o desenvolvimento da força de vontade, que você pode aplicar no seu dia a dia, e no momento em que for enfrentar um desafio maior em você pode se sentir tentado a desistir e retornar ao *mindset* fixo, procure estar disposto, descansado e com energia para maior êxito da sua força de vontade.

Dessa forma, vimos os principais tipos de mentalidades de acordo com a pesquisadora e professora da Universidade Stanford Carol S. Dweck, a mentalidade fixa e a mentalidade de desenvolvimento, as principais diferenças entre cada uma e como a mentalidade de desenvolvimento pode ajudá-lo a alcançar seus objetivos, assim como tornar esse tipo de mentalidade um hábito e um comportamento natural para o enfrentamento dos desafios. Vimos, também, como fazer a mudança de hábitos de uma forma consistente, por meio do método *kaizen*, onde o foco é nos pequenos passos a cada dia, com frequência e consistência e, por fim, vimos como a força de vontade pode nos ajudar a superar os momentos em que nos sentimos tentados a desistir da mudança e do desenvolvimento, e também meios para fortalecer esta habilidade tão importante no nosso dia a dia.

Referências
DUHIGG, Charles. *O poder do hábito: por que fazemos o que fazemos na vida e nos negócios.* Objetiva, 2012.
DWECK, Carol. *Mindset: the new psychology of success.* Objetiva, 2006.
MAURER, Robert. *Pequenos passos para mudar sua vida.* Sextante, 2016.
MCGONIGAL, Kelly. *Os desafios à força de vontade.* Fontanar, 2014.

30

Como ativar o seu real potencial!

Neste capítulo, você encontrará diversos *insights* sobre como disparar as mudanças de comportamento. Isso o levará a um grau de consciência mais elevado, para que possa mudar o seu modelo mental e criar novas perspectivas de crescimento pessoal

Lucedile Antunes

Lucedile Antunes

Executive & Life Coach formada pelo ICI – Integrated Coaching Institute com credenciamento internacional pela ICF – International Coach Federation e fundadora da L. Antunes Consultoria & *Coaching*, empresa de consultoria em gestão organizacional, *coaching* e treinamentos. Coautora do livro *Bússola de gestão para construção civil* e autora de diversos *blogs* e artigos sobre pessoas e processos. Engenheira civil de formação pela Faculdade de Engenharia Industrial (FEI). Especializações em Gestão de Pessoas (Disney Institute) e Empreendedorismo (Endeavor), com pós-graduações nas áreas de Responsabilidade Social (USP), Gestão para a Excelência do Desempenho (FGV) e Gestão Ambiental (FEI).

Contatos
lucedile@lantunesconsultoria.com.br
LinkedIn: Lucedile Antunes
(11) 98424-9669

Quero começar este capítulo convidando você a fazer a seguinte reflexão: como você pode elevar a qualidade dos seus pensamentos para atrair coisas boas?

São questões como estas que nos levam ao início do processo de mudança da nossa mentalidade e tomada de consciência, para adquirirmos novos hábitos e comportamentos.

A vida nos possibilita encerrar ciclos e nos desenvolvermos como pessoa. É como se nela iniciássemos e finalizássemos filmes, atuando como personagens. Portanto, vale a reflexão:

o Qual personagem estou vivendo hoje?

o Qual personagem quero passar a viver amanhã?

o Quais novos hábitos e comportamentos tenho que desenvolver?

Temos a liberdade para experimentar o que há de melhor dentro de nós, e escolher nossos caminhos. Tudo depende de como direcionamos o nosso "olhar", que pode ser na realidade, dificuldades e obstáculos, ou nas infinitas possibilidades que a vida nos oferece. Ela pode ser enxergada de duas formas:

Positivamente:

o Com mais leveza;

o Com mais oportunidades;

o Com mais desafios;

o Com mais possibilidades.

Negativamente:

o De forma mais amarga;

o Com mais obstáculos;

o Com mais dificuldades;

o Com mais bloqueios e fixada em crenças limitantes.

Os obstáculos são oportunidades infinitas de crescimento. Portanto, devemos buscar a consciência para definir e redefinir o melhor caminho a seguir, quantas vezes for necessário.

Os sofrimentos e doenças são gerados quando há a presença de muitas "crenças limitantes". As crenças limitantes, muitas vezes, estão presentes desde a infância, quando a própria família coloca na cabeça da criança que ela não é capaz ou boa o suficiente para conseguir o que sonha, ou quando rótulos são atribuídos.

Mas, elas também podem ser consequência de uma situação recente e específica, como, por exemplo, um forte desentendimento com um superior ou com um familiar. Pensamentos equivocados e modos negativos de enxergar a vida, fazem grandes estragos no inconsciente do indivíduo.

Pensamentos inadequados, destrutivos e destorcidos, geram pensamentos negativos, que consequentemente geram toxinas e uma frequência desajustada. Criamos "hábitos" positivos ou negativos, em tudo que colocamos "foco". Exemplos:

Se o foco é na reclamação, ele aumenta o hábito de reclamar.

Se o foco é na solução, há um aumento no hábito de ser criativo.

Portanto, para alterarmos um hábito destrutivo, temos que mudar o condicionamento que foi programado, passando de destrutivo para construtivo. Os pensamentos destrutivos acabam aparecendo por crenças limitantes, inseguranças e medos gerados ao longo da vida. Mas a boa notícia é que, qualquer pessoa pode mudar esse modelo mental e tomar posse da sua vida de forma plena, atingindo os objetivos que deseja.

Nos meus processos de *coaching*, busco identificar as crenças limitantes que são nocivas e paralisam a evolução. Apoio de forma estruturada o *coachee*, na conscientização dos impactos que hoje estas crenças de escassez trazem a sua vida, visando ressignificar novas crenças de abundância, que irão apoiá-lo no seu crescimento e desenvolvimento.

O primeiro passo para a mudança é conhecer as suas percepções. A sua percepção é a sua realidade. Conforme você percebe, você cria. Conforme você cria, você irá projetar. Sendo assim, o "exterior" nada mais é do que a manifestação do "interior". (GEORGE, 2017)

Crie, então, a partir da sua conscientização sobre as percepções, as suas novas perspectivas. O seu ponto de vista é uma perspectiva particular e única. Se você mudar o seu ponto de vista, a sua perspectiva vai mudar. (GEORGE, 2017)

Portanto, a mudança de mentalidade acontece de dentro para fora!

Mudar a mentalidade, significa desafiar algumas de suas próprias crenças profundamente arraigadas, romper antigas ilusões e ir em busca das verdades que já existem dentro de você.

E lembre-se: o desconforto faz parte das etapas de realização, porque estaremos em constante mudança.

Sempre digo: tudo que colocamos "foco", aumenta! Portanto, você pode decidir colocar o foco na realização ou na reclamação. São nossos pensamentos que nos direcionam. As possibilidades são infinitas, temos todo potencial para realizá-las. Basta querer, decidir e seguir com foco, determinação e constância.

Agora, vou compartilhar com você, alguns passos para iniciar o processo de mudança:

1. Busque conhecer os seus potenciais;

2. Acredite na sua capacidade de realizar mudanças;

3. Seja grato por ter a possibilidade de fazer decisões;

4. Busque limpar constantemente as toxinas negativas geradas;

5. Seja plenamente responsável pelos seus atos, e elimine o hábito de terceirizar a culpa;

6. Tenha gratidão pelas oportunidades que a vida lhe proporciona de aprender e crescer;

7. Busque desenvolver comportamentos que estejam de acordo com os seus propósitos e missão, e tenha sempre consciência de que suas ações estejam congruentes;

8. Viva de acordo com os seus valores e não abra mão deles;

9. Reconheça o outro como semelhante, busque compreender o seu momento exercitando o verdadeiro perdão;

10. Tenha sempre atitudes éticas. Por exemplo, não faça aos outros o que não gostaria que fizessem com você;

11. Pratique sempre o respeito;

12. Não crie ilusões e expectativas irreais, pois estas paralisam a evolução;

13. Busque equilibrar todas as dimensões da vida física, mental, emocional, energética e espiritual;

14. Elimine as coisas banais e improdutivas da sua vida;

15. Identifique os gatilhos que o impedem de avançar para o sucesso.

Lembre-se: tudo aquilo que investimos energia construtiva, nós materializamos para o sucesso.

Só você pode decidir sobre a sua própria vida! Portanto, a decisão está nas suas mãos. E, para finalizar, nunca se esqueça de sempre comemorar cada conquista em gratidão pelos seus avanços.

Desejo muito sucesso a você, sempre!!!

Referências

GEORGE, Mike. *Mindsets.* Editora Vozes, 2017.

GOLDSMITH, Marshall. *O Efeito Gatilho.* Companhia Editora Nacional, 2017.

31

Autoengano: uma faca de dois gumes

Como disse Richard P. Feynman: "O primeiro princípio é que você não deve se enganar, e você é a pessoa mais fácil de enganar". Vamos entender o que hoje a ciência diz sobre um dos mecanismos do nosso cérebro, e como o *coaching* pode ajudar a atingir os nossos objetivos por meio das nossas emoções, tirando proveito desse mesmo mecanismo

Luciana Forte

Luciana Forte

Graduada em Administração de Empresas; Pós-Graduada em Neuropsicopedagogia; *Coach* e Analista Comportamental; Especialista em Aprendizagem Acelerada e Memorização; Professora de Administração Geral e Pública; Estudante entusiasta de Neurociências; apaixonada pelo cérebro e suas incríveis e infinitas funções relacionadas ao comportamento humano e à aprendizagem.

Contatos
coachluforte@metodologiadaaprovacao.com.br
Instagram: metodologia_da_aprovacao
(13) 99787-2061

Quais seriam os seus sentimentos, caso você terminasse um namoro hoje? As pessoas têm o hábito de superestimar o impacto emocional de uma experiência negativa – ou pelo menos, aparentemente negativa. As pessoas acreditam que ficarão por muito tempo deprimidas – muitas vezes acreditam que a dor será eterna – e, geralmente, fazem de tudo para evitar essa dor. Mas, os estudos científicos de hoje mostram que não é bem assim. Após, em média, seis a doze meses, as pessoas tendem a voltar aos seus níveis médios de felicidade. Por trás dessa capacidade de resiliência existe um mecanismo chamado autoengano: uma espécie de mecanismo de defesa da nossa mente. Robert Trivers define o autoengano como o ato de mentir para si. Ele argumenta que chegou à conclusão considerando que a informação verdadeira é excluída da nossa mente.

Utilizando ainda o mesmo exemplo citado no parágrafo anterior, quando a estabilidade da nossa mente é comprometida, porque somos deixados pelo nosso companheiro, de repente, depois de algum tempo, começam a surgir em nossa mente ideias do tipo: "ele não me merecia", "eu sabia que não ia dar certo"etc. Estas ideias começam a nos deixar mais resilientes, portanto, voltam a equilibrar a nossa mente aos poucos. O que acontece é que a nossa mente muda a nossa crença para não se desestabilizar, então, a crença anterior de que a pessoa era perfeita começa a ser substituída – com uma certa facilidade –, e a pessoa passa a não ser tão boa assim – seja isso verdadeiro ou não.

Hoje, a psicologia contemporânea chama essa desestabilização da mente de "dissonância cognitiva". Imaginemos aquela tensão que sentimos quando percebemos que duas – ou mais – de nossas crenças entram em conflito com nossos comportamentos: não malhamos, mas sabemos que o sedentarismo pode nos matar; fumamos, mas sabemos que o cigarro pode nos matar; comemos demais, mas sabemos que a gula pode nos engordar ou nos matar; não estudamos, mas sabemos que a ignorância nos fecha portas. A teoria da dissonância cognitiva ensina que em uma situação de desestabilização da mente, fazemos o possível para reduzir ou eliminar a dissonância, alterando nosso sistema de crenças, acreditando numa nova ideia, no intuito de recuperar a estabilidade da mente. É aí que o autoengano entra em ação, normalmente, por meio das justificativas. Nossa mente não gosta dessa desestabilização, ela não suporta dois pensamentos dissonantes ou incompatíveis, ao mesmo tempo.

A necessidade de justificar o que fazemos e pensamos se deve ao fato de que nosso ego faz de tudo para defender a nossa honra. Quanto maior for a ameaça ao desequilíbrio da nossa mente – fazendo com que não nos sintamos bem –, maior é a nossa tendência a ver a realidade de maneira distorcida.

Robert Feldman acredita que a dissonância cognitiva é um dos elementos para entendermos como funciona o autoengano:

> (...) quando nossas opiniões, nossa conduta ou nossas crenças se contradizem, nos vemos obrigados a alterar nossos sentimentos, a criar uma série picassiana de distorções do que pensamos; as ideias que aparecem em nosso interior são mais coerentes entre si, mas não são necessariamente coerentes com a realidade: a realidade física resiste à distorção mental fácil. (...) O importante é compreender que essa alteração de pensamentos, desejos, crenças e reavaliações de critérios e valores representam um mecanismo natural e fundamental da mente humana.

A verdade é que nós inventamos histórias a nós mesmos, para podermos sobreviver. Apesar disso, é importante salientar que esse processo nem sempre ocorre de maneira tendenciosa – mesmo que inconscientemente, por meio do autoengano –, por conta disso, precisamos analisar as situações e as circunstâncias, e nos conhecermos muito bem, para sabermos interpretar o que estamos sentindo, no intuito de conseguirmos ter discernimento entre a realidade e uma possível ação do autoengano – que atua de maneira consciente e, principalmente inconsciente. Assim como fazemos uso desse mecanismo de forma natural – consciente ou inconsciente – como, por exemplo, num processo de luto por conta da perda – para a morte - de um ente querido, podemos fazer uso desse mecanismo de defesa sem que, necessariamente, os fatos e as circunstâncias que fizeram com que chagássemos a determinada conclusão – crença - tenham sido alterados de maneira tendenciosa –consciente ou inconsciente – por conta do autoengano. No caso da perda de um ente querido, o autoengano começa a agir aliviando as nossas dores, fazendo brotar ideias como, por exemplo, "chegou a hora da pessoa partir".

Para explicar melhor por que, nem sempre, é o autoengano agindo, vou citar um outro exemplo. No caso de um término de relacionamento, não significa que, necessariamente, estamos errados se após um período descobrirmos que o ex-parceiro realmente não era tão legal como achávamos que fosse. Utilizei o verbo "descobrir", justamente para demonstrar que existem casos que, realmente, a nossa percepção após o término do relacionamento está correta e não se trata somente do mecanismo do autoengano.

Já que estamos falando de relacionamento, para reforçar a hipótese de ausência do autoengano, é válido mencionar que hoje, a ciência considera a paixão como um estado de demência temporária – o que, possivelmente, explica a nossa cegueira dentro de algumas relações – motivo pelo qual muitas vezes enxergamos melhor o nosso parceiro, após sairmos da relação e, principalmente, quando não estamos mais apaixonados.

Voltando à questão da dissonância entre crença e comportamento, como no caso, por exemplo, de termos consciência de que fumar pode causar câncer, mas, ainda assim, fumarmos, nos perguntamos com frequência por que é tão difícil alterar estes comportamentos. Por que temos tanta dificuldade com mudanças? A resposta gira em torno, justamente, da resistência da nossa mente em relação à desestabilização. Mudar significa quebrar hábitos, o que é muito difícil – como todos nós já percebemos –, pois é uma das situações em que ativamos o autoengano e, em vez de mudar de fato, dizemos: "vou iniciar a dieta na segunda", "vou mudar o ano que vem", "vou começar a estudar quando eu tiver tempo", "este é meu último copo de bebida", "este é meu último cigarro", etc. É mais fácil crer que vamos iniciar a dieta na segunda, pois não desestabiliza a nossa mente no momento, do que causar um desconforto imediato, causando desestabilização da mente, iniciando a mudança na mesma hora. Caímos no mesmo problema: mudamos a nossa crença, para não provocar uma desestabilização, um mal-estar. E, de quebra, geramos um outro problema: essas promessas de futuro nos impedem de mudar algo agora, quando é necessário mudar para gerar resultados. Embora pareçam ser promessas muito racionais, não são totalmente racionais, principalmente, porque nós somos seres que, na maior parte do tempo, somos irracionais. O que acontece é que nesse momento, inconscientemente, o autoengano está agindo e nos fazendo acreditar que estamos sendo racionais. Quando chegar o momento futuro em que dissemos que iniciaríamos algo, estaremos tomados, mais uma vez, pela irracionalidade e, provavelmente, vamos acreditar novamente, que na próxima semana vamos começar a dieta. Ainda reiteramos: "agora é sério!".

Por conta do autoengano, logo encontramos algumas justificativas para não fazer o que precisamos fazer no presente. E não há nada mais ineficaz do que justificativas. A justificativa paralisa a gente e tende a transferir para o externo, toda a responsabilidade pelos nossos fracassos, e é nesse processo que apontamos o dedo para os outros. Quando apontamos o dedo para os outros, tiramos o peso de si – o peso de ser um agente de mudança – e permanecemos na inércia, deixando de aprender e evoluir com as situações. Muitas vezes, nos deixamos levar pelo autoengano e começamos a justificar nossos insucessos, ao invés de entrarmos em contato com a nossa verdadeira causa.

Uma maneira de aprendermos a lidar com o autoengano é por meio do autoconhecimento. É muito importante nos conhecermos, para podermos reconhecer as nossas emoções e identificarmos se os nossos comportamentos estão alinhados com elas. Quando a gente se conhece e sabe identificar o que a gente realmente está sentindo, na maioria das vezes, pegamos o autoengano "no pulo" e aprendemos a extrair o que ele tem de bom – afinal, ele tem o seu motivo de existir – e assim, reduzimos, consideravelmente, a autossabotagem. Todas as nossas emoções são informações precisas que devemos utilizar, porém, isso não é tão simples como deveria. Para que fique um pouco mais claro o benefício de entendermos nossas emoções e "limitações", em vez de justificá-las, vou citar um exemplo bem simples.

Certa vez, um aluno, que iniciou os estudos para um determinado concurso público, disse para mim que se sentia travado para fazer simulados. O estado "travado" era encarado pelo estudante como o motivo para não realizar simulados, então ele aceitou a situação e começou a autossabotagem, por meio do mecanismo do autoengano: "eu não nasci para estudar", "eu sou burro" etc. Esta situação gerou uma emoção negativa: a frustração. A frustração, na verdade, é derivada de uma emoção oculta, ela não é uma emoção primária – o que também acontece com a ansiedade, que tem origem em alguma outra emoção. No caso em questão, a frustração estava associada à sensação de incapacidade e insegurança que o estudante sentia ao sentar-se para realizar um simulado. Percebam que o sentimento de insegurança mostra que o estudante se sentia inseguro por estar despreparado para realizar simulados, e com medo de sentir a dor de tirar uma nota baixa. Ao encontrar o real motivo de se sentir travado, bastou perguntar para si o que poderia fazer para se sentir mais preparado, que logo encontrou uma resposta: preparar-se um pouco mais, para se sentir mais motivado, em vez de se sentir frustrado. Esta é a chave para que a emoções, sem exceção, sejam grandes informantes, ao invés de nos limitarem.

No dilema do estudante, ficou evidente a presença do autoengano se manifestando, pois ele começou a falar coisas como: "eu não sou muito inteligente mesmo", "nunca fui bem nos estudos", "concurso não é para mim" etc. Olhem as crenças que ele desenvolveu (ou aceitou) para não passar pela dor de realizar um simulado e tirar uma nota baixa! A pessoa que se vale do autoengano no momento errado não se desafia e se mantém dentro da sua zona de conforto. Em vez de se preparar para adquirir as habilidades necessárias para alcançar os seus objetivos, continua se enganando, acreditando que o que ela desejava já não é tão importante, não é para ela ou não vale mais a pena. Percebam que, nesse caso, o uso do autoengano, inicialmente, pelo estudante, não foi útil. Nosso cérebro tem infinitas funções incríveis que podemos utilizar a nosso favor – e que estão ali para isso, mas que, muitas vezes, utilizamos toda a sua capacidade de maneira errada, então toda a força que poderia ser gerada para fazer um bem terá o mesmo impacto para o mal.

O estudante mencionado passou por um processo de *coaching* comigo. Ficou muito claro, logo no início do processo, que a atuação do autoengano era tão inconsciente, que se não fosse o processo de *coaching*, provavelmente, ele teria desistido como a maioria faz. O processo ajudou o estudante a descobrir e a ressignificar as crenças que eram geradas pelo autoengano.

No contexto, podemos dizer que a capacidade de saber gerenciar o autoengano está relacionada com a habilidade de usar as emoções desagradáveis – em vez de fugir delas – para gerar comportamentos positivos e emoções benéficas.

Toda emoção tem uma finalidade, prestar atenção nela pode revelar o que precisamos fazer de diferente para conseguirmos melhores resultados, em qualquer área de nossas vidas. Não amputamos nosso dedo por estarmos com uma unha encravada, certo? Com as emoções é a mesma coisa: devemos tirar proveito delas, ao invés de fazer uma cirurgia emocional para se livrar da dor.

Quando identificamos o que está por trás da dor e/ou da justificativa, estamos próximos de identificarmos padrões de comportamentos inadequados a nossa evolução. Como *Coach*, podemos direcionar nossos *coachees* a extrair todas as emoções e crenças que existem por trás das suas experiências e sentimentos, para que potencializem seus resultados e atinjam seus objetivos. Mas e você, conseguiu identificar alguma situação em que talvez o autoengano esteja fazendo você se sabotar? Reflita!

32

Executivos de sucesso têm foco no desenvolvimento emocional

Atualmente, 91% dos profissionais são contratados por conhecimento técnico e demitidos por comportamento. Aprendemos nas faculdades a teoria, mas não sobre relacionamentos, emoções e empatia. O diferencial para o profissional do século XXI é o olhar para dentro de si e para o outro. Reconhecer as emoções e ter gestão sobre elas é o caminho mais assertivo para se obter resultados extraordinários

Lucila Marques

Lucila Marques

Coach executiva e de carreira, facilitadora de treinamentos comportamentais. Palestrante, colunista da revista *Coaching Brasil*. Ex-diretora de *marketing* ICFSP – International Coaching Federation, SP. Coordenadora de *marketing* da ICF Global Conference 2014 Latin America. Atuou 28 anos como executiva de *marketing* em empresas como Fotóptica, Polaroid, LEGO Brinquedos, Parque Aquático Wet`n Wild SP, EF Escolas Internacionais, FAAP (prof. titular de *Marketing*) e WCR Trade Marketing. Graduada e pós-graduada em *Marketing* pela ESPM – Escola Superior de Propaganda e Marketing. ABRH-SP facilitadora do Grupo de Estudos de Dinâmicas Humanas. Certificada em *Inner Game*, CNV, HD, *Coaching* PNL, *Neurocoaching*, *Big Five* e Empretec.

Contatos
www.lucilamarques.com.br
lucila@lucilamarques.com.br
Facebook: @lucilamarquescoaching
LinkedIn: Lucila Ferraz Marques
(11) 99906-7789

No mundo atual, não basta ser inteligente, esperto e preparado para competir. É preciso ter calma, empatia e persistir diante das frustrações para conseguir viver bem no amor, ser feliz com a família e vencer no mercado de trabalho.

Daniel Goleman

A rapidez com que a nossa rotina tem se transformado é tão grande que até parece que o mundo está girando cada vez mais rápido. Acredito que temos essa sensação pela enorme quantidade de informações que recebemos das mídias, redes sociais, *e-mails*, jornais, revistas e por acreditar que temos que saber de tudo ao mesmo tempo.

Essa transformação não ocorreu somente na nossa rotina. Ela refletiu também em várias áreas de nossa vida pessoal e profissional. Antigamente, eram poucas as profissões que tínhamos para escolher, estas se resumiam basicamente em médico, advogado, dentista, engenheiro e professor. Parece que era mais simples de se escolher do que nos dias de hoje. Ao longo dos últimos anos, as profissões foram se ramificando, se especializando e, com elas, a forma de trabalhar e de se relacionar.

Existe um ditado que diz: "Manda quem pode, obedece quem tem juízo", e assim eram as relações antigamente: diretas e retas, não se falava em sentimentos e emoções nos ambientes de trabalho. O profissional bom era aquele que cumpria as regras conforme o chefe pedia. Valorizava-se o pensar e o realizar e não o sentir.

Em 1995, esse formato começou a tomar outro rumo, quando Daniel Goleman escreveu um *best-seller* com o título *Inteligência emocional*, que se refere à gestão das emoções e dos relacionamentos. Goleman definiu inteligência emocional como:

"(...)capacidade de identificar os nossos próprios sentimentos e os dos outros, de nos motivarmos e de gerir bem as emoções dentro de nós e nos nossos relacionamentos."

A forma de se comportar começa a ter novas perspectivas e expectativas. O modelo de "chefe" passa a ser antigo, obsoleto e mal visto; a bola da vez agora é o líder! Aquele que olha além do negócio, dos números e da tarefa; surge então um novo olhar para o ser humano, agregando os sentimentos e as emoções. Dentre as competências esperadas hoje para um líder de sucesso, a inteligência emocional é uma das mais importantes.

Enquanto essas transformações técnicas ocorriam, as relações profissionais iam se ajustando e se humanizando. O teste de QI (quociente de inteligência) deixa de ser o principal requisito para saber se o profissional é capaz ou se é garantia de sucesso; ser intelectualmente brilhante e emocionalmente inapto não garante mais a estabilidade e o crescimento profissional. Os tempos mudaram. Nos dias de hoje, a inteligência emocional (QE) passa a ser responsável pelo sucesso e pelo insucesso dos indivíduos. Vencem na vida aquelas pessoas que têm bem desenvolvida a sua inteligência emocional.

O QI contribui com apenas 20% do sucesso na vida – os 80% restantes são resultado da inteligência emocional. Os grandes líderes têm a capacidade de identificar os próprios sentimentos e os dos outros, de lidar com essas emoções e permitir que as relações profissionais possam ir além de gestor – colaborador. Você conhece algum líder de sucesso que não tem grandes e importantes formações acadêmicas, mas, quando se dedica, seja no que for, ele tem sucesso? Assim são as pessoas inteligentes emocionalmente.

Para identificarmos os nossos sentimentos e nossas emoções precisamos entender como nascem. A figura do *iceberg* consegue ilustrar bem o tema. Quando avistamos um *iceberg*, conseguimos ver a sua parte superior, que fica para fora d' água. Porém, não nos é possível enxergar a grande parte que fica submersa, invisível aos navegantes; da mesma forma acontece com nossos comportamentos, que são observáveis e vistos por todos, porém, o que originou a ação ou a reação, não é visto a olho nu. Emoções são geradas em nossa mente, para assimilar a presença de algo importante ou significante na nossa vida, e que vai nos fazer agir de alguma forma. A emoção nos faz agir, seja para lutar, fugir, ou seja, para nos aproximar; é um processo complexo que envolve múltiplas manifestações em nosso organismo.

De nossos pensamentos, valores e crenças, é que surgem nossas emoções, e a partir deles é que agimos e temos determinados comportamentos. Se as emoções geram nossos comportamentos, e os nossos comportamentos refletem em nossos resultados e em nossa *performance*, a inteligência emocional é um diferencial muito importante nas relações profissionais.

Lembre-se de uma conversa recente que tenha tido em seu trabalho com seus colegas ou com o seu gestor. Você percebeu alguma interferência de suas emoções? Você conseguiu se controlar ou disse algo que deixou o clima ruim? Alguma vez você sentiu tanta raiva de alguma situação que chegou até a passar mal? E quando a felicidade é tanta, que as risadas ficam altas demais e acabam até atrapalhando sua atenção e seu resultado?

Quantas vezes você parou para refletir sobre suas emoções? Qual a interferência delas em seu dia a dia?

Parafraseando Charles Darwin que disse – "A grande diferença entre o homem e o macaco é o senso moral" – eu diria que "A grande diferença entre o homem e a máquina são os sentimentos". As máquinas poderão ser inteligentes, mas ainda não terão sentimentos. Então, saber se relacionar será a competência de maior destaque de agora em diante, em especial com a chegada da revolução 4.0, que avança em direção ao desenvolvimento da inteligência artificial.

Os próximos dez anos parecem reservar transformações mais velozes e profundas do que as ocorridas nos últimos 30 anos, tanto nas áreas sociais, econômicas e administrativas, quanto nas culturais, comportamentais e científicas. O conceito de Goleman

242 Coaching mude seu mindset para o sucesso

sobre inteligência emocional descreve as competências das pessoas que precisam lidar e se adaptar às extraordinárias mudanças que ocorrerão nas próximas décadas.

A maioria das situações de trabalho envolve relacionamentos entre pessoas e a inteligência emocional é o suporte para esse desafio da arte de se relacionar. Veja cinco passos para desenvolver a sua inteligência emocional:

Passo 1 - Autoconsciência: a inteligência emocional significa ter uma gestão sobre nossas emoções, então precisamos reconhecer quais são e quando acontecem. Todos temos uma Marta dentro de nós! Isso mesmo, a Marta são os cinco sentimentos básicos do ser humano: medo, amor, raiva, tristeza e alegria, e eles interferem e influenciam em nosso aprendizado, memória, na atenção, no julgamento e na nossa tomada de decisão. Estes sentimentos são legítimos e podem ser representados por diversas emoções: choro, berro, carinho, risada, suor, vermelhidão no rosto, palpitação no coração dentre outros. A emoção é um fenômeno que não está sob nosso controle, é uma manifestação externa do nosso corpo, visível e pública, ao contrário do sentimento que ocorre em um plano interno, por meio da experiência mental e própria de cada um.

Existem diversas formas de identificar o gatilho de nossas emoções, a que utilizamos é uma simples e efetiva:

• Em nossa vida, experimentamos vários sentimentos, mas nesse exercício focaremos somente nos cinco destacados anteriormente (se você quiser pode incluir outros). Em um caderno/ um arquivo/ no celular, enfim, na forma que for mais confortável para você, separe uma página para cada sentimento, medo, amor, raiva, tristeza e alegria.

• Ao final de cada dia, dedique um tempinho e se lembre de como ele foi, quais gatilhos e emoções surgiram. Por exemplo: Medo – na apresentação para a diretoria fiquei com medo de errar, Alegria – fiquei alegre em ir almoçar com alguns amigos, Amor – quando cheguei em casa minha filha veio me abraçar.

• Anote por 15 dias e, ao final, faça uma análise, identifique quais as ações ou situações são coincidentes em cada sentimento. Esta relação das ações e comportamentos indicará quando e como as emoções aparecem.

• Este exercício ajuda a reconhecer seus sentimentos, a conhecer quais são os gatilhos que geram as emoções, suas habilidades e limitações. Daqui em diante, você está começando um processo de autoconhecimento.

Passo 2 - Gestão das emoções: certa vez, escutei uma frase e sempre a repito "a ignorância é uma benção". Até então, você não sabia sobre suas emoções, mas, a partir de agora, não há como escapar... A capacidade de ter uma gestão sobre as emoções nasce com a autoconsciência, que é administrar as emoções e lidar apropriadamente com os sentimentos.

Levantar os seus pontos fortes e seus pontos fracos pode ser bastante interessante para ajudar a reconhecer suas emoções. Se você já sabe quando as emoções acontecem e como se expressam, então você pode ajustar e gerenciá-las de acordo com cada momento, fazendo escolhas mais acertadas. Por exemplo: se eu sei que lugar barulhento me irrita e me deixa nervosa, vou evitar ao máximo ir a um. Se fico muito ansiosa e nervosa quando tenho que fazer apresentações em público, procuro um curso para melhorar minha *performance* ou peço para que outra pessoa da equipe faça a apresentação. Se me sinto alegre, tranquila e feliz quando estou com meus filhos, vou me programar para estar sempre com eles. Se me divirto com meus amigos e isso me traz felicidade, então vou participar de mais encontros com eles. Dessa forma, você terá resultados mais positivos no seu dia a dia. O mais importante não é o que você sente e, sim, o que faz com os sentimentos.

Passo 3 – Controlar produtivamente: as emoções são inevitáveis, mas os sentimentos gerados são plenamente possíveis de se controlar e gerenciar. Tendo consciência das emoções negativas que nos bloqueiam, podemos nos libertar delas por meio de um processo dirigido pela razão e focar em nosso objetivo. Para isso, devemos ter condições externas e internas. As externas estão fora de nosso controle dependem de condições e de outras pessoas; já as internas podemos controlar e depende totalmente de nós mesmos. Perceber as variações das mudanças de emoções e sentimentos, trarão autoconhecimento e poder de decisão. A consciência emocional – interpretação de nossas emoções ou sentimentos – nos dá condições de controlar as nossas ações.

Passo 4 – Reconhecer a emoção dos outros: empatia é uma habilidade que permite às pessoas reconhecerem necessidades e desejos dos outros, permitindo nos conectarmos e detectarmos como nossas ações podem impactar o outro. Existe um termo em inglês que exemplifica muito bem a empatia *put the other shoes* – coloque os sapatos do outro. Quando colocamos o sapato da outra pessoa, temos a possibilidade de sentir se está confortável ou não, se está apertado, como é caminhar com aquele calçado que não é nosso, quais as consequências de andar muito, enfim, como é colocar algo que é particular do outro em nossos pés. No ano de 2017, o Museu da Empatia circulou o mundo, passando também pelo Brasil, com a proposta de colocar o sapato de outro, escutar sua história e sentir o que a pessoa sentia. Quem teve a oportunidade de visitá-lo, teve uma experiência incrível, conseguimos nos transportar e nos conectar com a história da outra pessoa, sentindo, de fato, o que ela sentiu.

Muita atenção: empatia não é simpatia! As pessoas confundem muito estes conceitos. A escritora Brenee Brown traduz de forma bem clara a diferença. Enquanto a empatia conecta as pessoas, a simpatia desconecta. Para nos conectarmos com os outros, precisamos antes nos conectarmos conosco, para que possamos reconhecer o sentimento. A empatia acontece quando olhamos para o outro e entendemos a sua perspectiva. Não julgamos (essa é a parte mais desafiadora), mas reconhecemos apenas sua emoção e compartilhamos nossos sentimentos. Já a simpatia tenta ver o lado bom de tudo, tentar deixar as coisas melhores ou competir na conversa, por exemplo: (A) Acho que serei demitido... (B) pelo menos você tinha um emprego – (A) discuti com meu gestor (B) não fica assim, amanhã vocês se entendem - (A) minha proposta não foi aceita (B) e a minha que nem deixaram entregar.

A empatia é uma habilidade que pode ser apreendida e treinada, e que faz toda a diferença nos relacionamentos interpessoais. Procure entender mais do que ser entendido. Ao despertar essa sensibilidade, a interação entre as pessoas será mais saudável e eficaz.

Passo 5 – Gestão dos relacionamentos: é a habilidade das relações sociais, ou uma combinação de todos os outros passos anteriores. Nesse passo, a empatia também está presente. Ela possibilita que tenhamos relações mais profundas e significativas com as pessoas que estão ao nosso redor. A partir do momento que reconhecemos nossas emoções, descobrimos o gatilho delas, podemos ter a gestão sobre elas e decidir como agir quando elas surgem, direcionando-as para realizar nossas metas, sem esquecer das necessidades do outro, eu estou sendo inteligente emocionalmente.

Ser inteligente emocionalmente é compreender como as emoções ocorrem dentro de nós e das outras pessoas, é ter a gestão das emoções, por meio de atitudes racionais e do entendimento do processo emocional. Quanto mais nos conhecemos, mais inteligente emocionalmente somos.

Para refletir:

- O quanto você está comprometido em transformar seu comportamento para ter suas metas realizadas?

- Em uma escala de zero a dez, sendo zero nada e dez muito, em que nível está seu autoconhecimento?

- O quanto você reconhece e tem habilidade de gerenciar suas emoções?

- O que está impedindo você de ser um líder de sucesso?

- Qual será o seu primeiro passo para ser um líder inteligente emocionalmente?

Referências

BROWN, Brenee. *A arte da imperfeição.* Novo Conceito, 2012.

GOLEMAN*, Daniel. *Inteligência emocional.* Objetiva, 1995.

*Daniel Goleman, jornalista científico americano, colunista do *The New York Times*,
escreve principalmente sobre avanços nos estudos do cérebro e das ciências comportamentais.

33

Mudança de *mindset*: papéis comportamentais e *life coaching*

Você, certamente, conhece uma mãe, filho, esposa, irmão, gestora ou sócio. São diversos papéis comportamentais e, para cada um deles, existe um *mindset* e seus respectivos impactos no resultado global do indivíduo. E você se pergunta: por que uma pessoa lidera na empresa de forma excelente e em casa vive um caos?

Luiz dos Santos Neto

Luiz dos Santos Neto

Coach com atuação em alta *performance* e estrutura *Life* para crescimento comportamental sustentável e em equilíbrio com os diversos papéis sociais. *Trainer* em Comportamento Humano. Hipnólogo com formação Ericksoniana, *Master Practitioner* em PNL. Terapeuta Renascedor, Administrador (UFPE) com MBA em Finanças Empresariais e Controladoria. Mais de duas décadas de experiências profissionais em empresas de serviços e transformação metalúrgica. Empresário, Palestrante, Pai e apaixonado pelos estudos e aplicações em perspectiva das ferramentas para mudanças no *mindset* humano.

Contatos
www.gerenser.com.br
luiz@gerenser.com.br
Facebook: @gerensercomvoce
Instagram: reflexaoempauta
(81) 98800-1911

Um dia desses, recebi o convite para almoçar com um empresário que dizia se sentir com dificuldades de tomar algumas decisões. Durante o almoço, ele propôs me contratar para ajudá-lo a melhorar os resultados de sua empresa por meio do processo de *coaching*. A sensação era de tanta urgência, que, logo ao retornar ao escritório, me debrucei sobre a proposta comercial e, para minha surpresa, foi aprovada sem questionamentos transcorridos cinco minutos após o envio.

Agenda definida para dois dias após aquele almoço, chegando em sua empresa, percebi que aquele processo não se tratava apenas de *coaching* de negócios ou executivo, pois transparecia um problema sistêmico em várias áreas da vida daquele empresário. Ele dizia que a esposa não o compreendia; os líderes de sua empresa não tomavam decisões; ele não tinha tempo para passar momentos com seu filho; não praticava atividades físicas e os momentos sociais e espirituais que lhe recarregavam as energias em outros tempos não aconteciam mais.

Contei a velha metáfora do furacão, que de imediato ele confirmou balançando a cabeça, pois desabafou dizendo: — Eu trabalho como um alienado e não consigo usufruir de nada...

Fez-se um minuto de silêncio! Aguardei até que ele voltasse a respirar mais naturalmente e lhe disse que tinha uma proposta: realizar o *life coaching*! Expliquei os impactos e as expectativas das mudanças em sua forma de pensar a estrutura do alicerce mental que estava utilizando até aquele momento. E ele aceitou.

Traçamos duas frentes de trabalho: a primeira foi entender os modelos mentais por trás de cada papel que ele vivenciava; e a outra frente foi a forma de utilização das emoções básicas e suas influências em casa um desses papéis. Ele fez as anotações do que acabara de ouvir, debruçou-se sobre alguns rabiscos e perguntou: — Estou confuso agora, e com a sensação que algo começou a mudar aqui dentro. Isso é normal?

Você pode estar com essa mesma dúvida, depois de ler este último parágrafo... e minha resposta é: sim, isso é normal. E, o que explica isso então?

Os papéis sociais e os modelos mentais

Cada ser humano vive vários papéis sociais: pai, marido, filho, profissional, amigo, entre outros, tanto quanto, mãe, esposa, filha, profissional, amiga. E o que se observa com frequência é o indivíduo utilizando os mesmos recursos comportamentais em papéis diferentes. Por exemplo: uma executiva de multinacional, com mais de dez mil colaboradores, apresentando resultados extraordinários, acredita que se utilizar a mesma estrutura de comportamentos e ações do trabalho em sua casa, com o marido e filhos, vai obter sucesso. E, na prática, quase sempre o resultado é totalmente inverso.

Essencialmente, a análise do exemplo apresentado se relaciona com as competências vinculadas a cada papel... vejamos: no ambiente de trabalho, essa executiva utiliza a flexibilidade como sua maior competência, e, ao tempo que é casada com um militar de alta patente, muito sensível a mudanças radicais na rotina. Há grandes chances de conflito, se ambos não desenvolverem a competência da comunicação no relacionamento.

Emoções e suas funções

Em uma perspectiva tão importante quanto a dos papéis sociais estão as emoções. Se você relembrar as possibilidades de conflito entre a executiva e o militar do exemplo anterior, de imediato, perceberá que esses conflitos, naturalmente, vão gerar significados e estes significados estarão vinculados às emoções. Lendo isso, você pergunta agora: de forma prática, como gerenciar as emoções em conflitos tão recorrentes como esse em que eu me percebi relembrando? E eu respondo: entendendo a função de cada emoção vivenciada e as utilizando de forma imediata com foco na solução de problemas.

Venha comigo para dentro de um caso real que, dentre dezenas de vezes, já aconteceu em sessões de *coaching* vivenciadas por mim... Minha cliente chega à sessão, informando que ela vivenciou uma discussão em seu relacionamento com o companheiro, diz que está muito irritada e registra que ele não a compreende. De imediato, perguntei: você, nesse momento está triste, com raiva ou com medo? E ela me responde com outra pergunta: que diferença faz, se ele não me compreende? E eu continuei... para cada uma dessas emoções e suas derivações existem estratégias e ações diferentes para você escolher e melhorar seu relacionamento.

Você está se perguntando agora: acredito que ela estivesse sentindo raiva. E a pergunta é: como se lida com a raiva? É exatamente esta a pergunta. Qual a função de cada emoção e como utilizar essas emoções ao meu favor? Sugiro, neste momento, que você pesquise sobre a função das emoções, para compreender melhor.

Competências

Depois de nos debruçarmos sobre o entendimento das emoções e como utilizá-las, a cliente e eu seguimos para estudo das competências e quais delas eram indicadas para os papéis sociais que ela vivenciava naquele momento. A primeira a ser identificada foi a comunicação. E aqui se faz necessário parênteses para duas questões fundamentais na comunicação: primeiramente, o responsável pela comunicação é quem deseja comunicar algo a alguém. Mesmo que a pessoa não esteja fazendo esforço algum para entender, a responsabilidade continua com você. A segunda e tão importante quanto a primeira é que a comunicação termina quando você tem certeza, por meio do *feedback* do ouvinte, de que ele entendeu.

Dentro da ótima da comunicação é possível sugerir algumas estratégicas. Por exemplo:

- Fale no positivo evitando o uso na palavra não.

- Se está difícil falar algo para alguém, escreva o que está sentindo e entregue para essa pessoa.

- Foque a comunicação naquilo que você deseja de hoje em diante. Evite o passado.

Com essas três considerações é possível trabalhar intensamente a competência da comunicação no ambiente pessoal e no profissional.

Depois de trabalhar a comunicação com minha cliente, partimos para a competência de tomada de decisão congruente com seus valores essenciais.

Valores essenciais

Valores essenciais são estruturas do sistema de crenças que atuam sobre você quando se faz necessário uma tomada de decisão. Reconhecer quais são os três principais valores essências que você vive neste momento (visto que as posições de seus valores essenciais podem mudar com a idade e a maturidade) fará grande diferença na forma como você toma suas decisões. Vamos considerar que na minha estrutura de crenças os três principais valores essências sejam 1º respeito, 2º paternidade e 3º família, e eu seja convidado para prestar consultoria em um outro país e que ficarei 60 dias fora e cinco no Brasil. Certamente, minha estrutura de crenças e valores vai interferir fortemente para que eu não aceite esta consultoria. Visto que ficarei muito tempo longe dos meus filhos (paternidade) e de minha esposa, mãe e irmãos (família).

Então, para ajudar a minha cliente, fizemos alguns exercícios para descobrir quais os valores essenciais que ela vive neste momento e os utilizamos para orientá-la na tomada de decisão mais rápida e congruente. Neste momento do processo, a cliente já estava percebendo como funciona o *coaching*: Meta > Ação > *Feedback* > Nova meta > Ação > *Feedback*. Essa percepção nos permitiu um aprofundamento maior no processo.

Começamos a focar na mudança de *mindset* no ambiente profissional. Após alguns exercícios e reflexões, verificamos que esta cliente estava administrando a empresa com uma visão majoritariamente operacional e em pequena proporção de forma tática. O desafio era desenvolver a visão estratégica. E você pode se perguntar: E na vida pessoal, é necessário ter uma visão estratégica? A resposta pode ser sim, se você entender que a rotina e a alienação estão afetando sua vida pessoal. E, como se desenvolve a visão estratégica?

Para responder a esta última pergunta, vamos voltar lá ao casal de nossa executiva e o militar. Vamos considerar que ela deseja mudar a forma de ver o seu casamento. E a forma definida é a mudança da visão dela sobre como fazer para sair da visão operacional para a visão estratégica. Um dos passos a ser realizado é refletir sobre o que motiva cada um deles. Outro passo é entender o que cada um entende sobre casamento. Em seguida, compreender que neste relacionamento existem indivíduos com seus próprios anseios e frustrações. E tão importante quando estes passos é perceber o que eles compartilham de semelhanças quanto aos sonhos. Para que, munidos destas informações, promovam um diálogo transparente para a promoção de um novo realinhamento deste relacionamento.

Passo a passo

1) Identifique seus papéis sociais;

a. Pai ou mãe, marido ou mulher, filho ou filha, profissional...

2) Identifique os modelos mentais de cada papel social que você vivencia atualmente;

a. Como profissional, estou agindo de forma desatenta, egoísta e desmotivada...

3) Identifique os papéis sociais que você deseja que mudem;

a. Quero mudar minhas atitudes como esposa e mãe...

4) Identifique as competências que você deseja desenvolver em cada papel social;

a. Quero melhorar minha comunicação, determinação e comprometimento...

5) Identifique se é possível transferir competências de um papel social para outro;

a. Sou muito organizado no trabalho e posso aplicar isto nas minhas finanças pessoais...

6) Identifique os gatilhos que despertam suas emoções de forma mais intensas;

a. Fico com muita raiva quando minha esposa questiona minhas amizades...

7) Identifique seus valores essenciais

a. Amizade, família e dinheiro...

8) Defina suas metas e os valores que você deseja atender por trás dessas metas.

a. Quero jantar com minhas amigas – me sinto respeitada quando faço isso...

9) Defina as ações referentes a cada meta.

a. Conversar com minha esposa sobre a importância de jogar bola aos sábados e me encontrar com meus amigos de faculdade...

10) Aja agora!

a. *It's Time!!!*

Desejo a você todo o sucesso. E lembre-se de duas coisas que, para mim, são muito importantes:

> "É impossível o homem aprender aquilo que ele acha que já sabe."
> Epicteto

> "Você é recompensado em público pelo que
> pratica por anos nos bastidores."
> Anthony Robbins

34

Coaching em saúde integrada

Atualmente, milhões de pessoas buscam obter qualidade de vida de várias formas e métodos, porém, para que elas tenham uma saúde plena, necessitam buscá-la de forma holística. Aqui, iremos analisar como o processo de *coaching* pode desenvolver e estimular pessoas a buscarem conhecimento acerca da saúde integrada que envolve os pilares racional, emocional, físico, nutricional e espiritual

Marcelo Cunha Ribeiro

Marcelo Cunha Ribeiro

Graduado em Ciência do Esporte pela UEL. Pós-Graduação em Nutrição Esportiva pela UGF – São Paulo e em Treinamento Personalizado pela UniFMU - SP. *Master Trainer Coach* na Febracis 2018. Pós-Graduação em Manejo Florestal – WPOS. Diversos Cursos como Empretec, Aprender a Empreender, Jardinagem Florestal, Medicina Genômica, Liderança e Empreendedorismo. Quase 20 anos estudando a área de saúde e bem-estar, atuando como professor, *personal trainer*, proprietário de academia, palestrante e consultor. Idealizador do projeto Sementes da Vida (Racional, Emocional, Físico, Nutricional e Espiritual).

Contatos
www.sementesdavida.com
marcelo@sementestecnologicas.com.br
(14) 99754-8142

Sementes da vida: a história

Primeiramente, gostaria de agradecer a você leitor(a) pela oportunidade de obtermos um melhor relacionamento e parabenizá-lo pela busca de constante aprendizado. Desejo, por meio desta leitura, levá-lo ao conhecimento da história de uma metodologia que vai transformar a sua vida e de muitas pessoas. Faremos uma viagem pelo tempo, para compreender um conceito chamado Sementes da vida, que integra os princípios racional, emocional, físico, nutricional e espiritual.

Oficialmente, tudo começou em 1999, quando fui para Londrina/PR e realizei o curso de Ciência do Esporte, na UEL. Foi onde obtive os primeiros ensinamentos sobre o pilar físico, com excelentes professores e turma unida. Na época, tive o privilégio de trabalhar como estagiário em academias de grande porte e atender centenas de alunos que buscavam mais saúde e qualidade de vida.

Finalizado o curso, foi o momento de buscar mais conhecimento. Sempre acreditei na integração de princípios e percebia naquela época uma disputa entre atividade física vs. nutrição, qual é o melhor? Respondia para mim mesmo: "Como assim, os dois estão unidos, temos um só corpo e eles se complementam". Assim, fui para São Paulo/SP em 2002 realizar uma pós-graduação em Nutrição Esportiva, e atrás de mais informações sobre esse necessário pilar nutricional.

Continuando a caminhada em busca da saúde integrada e trabalhando ativamente em academias de São Paulo, chegou o momento de aperfeiçoamento profissional como *personal trainer*. Assim, fui realizar uma pós-graduação em Treinamento Personalizado e entre professores renomados e matérias especiais alguns estimularam a compreensão e me fizeram enxergar o pilar emocional. Meditava comigo mesmo: "Verdade mesmo, acontece inúmeras vezes eu montar um ótimo treino, unido com aconselhamentos e programas nutricionais, mas o aluno está mal psicologicamente, pressão constante e *stress* alto... Desse modo, seu corpo não estará em harmonia".

Sempre gostei muito de viajar, visitar amigos em outras cidades e em uma delas encontrei um parceiro do Paraná e resolvemos montar uma academia. A responsabilidade havia aumentado e a bagagem de anos poderia ser aplicada em um empreendimento próprio, assim, também aumentaram os estudos, e fui realizar o Empretec. Puxando um gancho, no livro *Manual completo do empreendedorismo*, da Literare Books detalhei as *Dez características do comportamento empreendedor*, integrando com a história e desenvolvimento da empresa Sementes Tecnológicas. Nele, você poderá obter mais informações sobre o Empretec e nosso projeto em saúde.

Voltando à academia, que foi estruturada em Londrina/PR, encontrei o momento de idealizar uma primeira parte da missão que tenho. Em parceria com uma nutricionista e uma psicóloga, realizamos o Projeto *Wellness* – que uniu os pilares Atividade Física, Psicologia e Nutrição, onde 18 pessoas realizaram, durante 12 semanas, esse treinamento integrado e obtiveram resultados excelentes.

Como empreendedor e tendo que administrar uma empresa, em mais um momento de aperfeiçoamento, fui realizar um MBA em Administração e Gestão do Conhecimento, em que compreendi o pilar Racional, a gestão do pensamento, os modelos mentais, os *insights*, a metanoia, o *mindset* e o pensamento positivo, estes absorvidos em minha mente e razão.

Em 2007, um dos momentos mais importantes da minha vida aconteceu, no primeiro retiro de carnaval que compareci, escutando a música " O Sonho de Deus é Maior", sobreveio aquele primeiro chamado e minha mente e entendimento não conseguiram parar de meditar: "Por que não? Por maiores que sejam meus sonhos... O Sonho de Deus deve ser maior para mim mesmo, vou me entregar a Ele e o mais Ele fará". A partir desse momento, comecei a estudar muito a Bíblia, as profecias e diversos livros espirituais. Na Palavra de Deus, descobri a verdadeira essência e integridade do ser humano, o amor na criação do homem, compreendi que somos templos do Espírito Santo e isso muda tudo em relação ao entendimento de saúde e como devemos cuidar do nosso corpo de forma holística, assim, mais um pilar, o espiritual estava nascendo, se integrando e completando os outros.

Sempre sonhei em ajudar as pessoas, mas ainda faltava criar uma metodologia, um processo pedagógico para auxiliar aos alunos e demais interessados. Assim, idealizei o "Sementes Tecnológicas", onde "Sementes" é a Missão de semear a saúde integrada. Por que semear? Porque essa integridade Mente, Corpo, Espírito é um assunto complexo e abrange muitas culturas, assim o semear tem uma leve relação de "somente propor/disseminar". E "Tecnológicas" é a visão, de tecno + logia (o estudo da técnica), sempre melhorando a didática e inserindo recursos tecnológicas para melhor compreensão da saúde integrada.

Com essa missão a realizar, mudei-me para Maringá/PR em 2011, trabalhando com palestras, consultorias e, em um renomado programa de TV, estruturamos o Sementes da Vida (Racional, Emocional, Físico, Nutricional e Espiritual), onde 12 pessoas treinaram durante 10 semanas, compreendendo esses pilares e obtendo ótimos resultados. Um dos casos de *coaching* mais importantes foi do aluno F (nome não divulgado), que conheci em um projeto missionário realizado no interior do Paraná. Convidei-o para ser participante do projeto e, como ele morava em outra cidade, para morar em casa durante essas 10 semanas. Ele tinha 121kg e, no final, chegou a 101, nossa meta máxima eram "dois dígitos" ou 99kg, chegamos próximos e, com isso, 20kg eliminados. Outro caso é do F2, que era magro e queria aumentar a massa magra e peso e, após 10 semanas, aumentou quase 5kg, com a definição muscular melhorada consideravelmente.

Vale muito ressaltar que essa metodologia não visa somente o emagrecimento, estética e *fitness*, muito pelo contrário, a busca incessante pelo ser perfeito corrompeu o plano original de nosso corpo. Buscamos ressaltar o conceito *wellness*, o bem-estar, a saúde integrada e holística, em paz e harmonia mental, física e espiritual e, em consequência disso, obter um corpo mais agradável e, sem pressão e preocupação, obter uma vida plena e agradável

Atualmente, nos empenhamos em realizar esse sonho e missão, ajudar você e a maior quantidade de alunos, familiares, amigos e pessoas nesse entendimento da saúde integrada, como também obter sabedoria para o realizar na prática.

Por meio de estratégias digitais e pessoais, pretendemos disseminar esses conceitos e transformar a sua vida, ainda estamos nas primeiras sementes, muito campo já foi arado e gradeado, a plantação está sendo realizada, a luz, água e adubo estão disponíveis e aguardamos a chuva para uma colheita especial.

Coaching & saúde integrada

Coaching é, antes de tudo, uma metodologia de apoio ao autodesenvolvimento, que esclarece para o cliente cinco pontos fundamentais: quem ele é, o que está fazendo, por que o está fazendo, aonde ele quer chegar e como chegar lá. (TELLEZ, 2010)

Segundo a International Coach Federation, *coaching* é ser parceiro dos clientes em um processo criativo e um provocador de pensamentos que os inspira a maximizar seu potencial pessoal e profissional. Outra definição é da Association for Coaching, que o descreve como sendo um processo sistemático colaborativo, focado na solução, orientado para resultados, no qual o *coach* facilita o aumento do desempenho de trabalho, da experiência de vida, do aprendizado autodirecionado e do crescimento pessoal do cliente. (BURTON, 2012)

Dentro dos mais variados métodos de *coaching*, os que mais se relacionam com o tema desse estudo, a saúde integrada são o *coaching* de vida (*life coaching*), *coaching* de emagrecimento, *coaching* integral, *coaching* sistêmico, *self coaching*, *coaching* esportivo, *coaching* holístico, entre outros. (PINHEIRO et. al, 2012)

Mindset é uma palavra da língua inglesa que significa "Mentalidade" ou "Atitude Mental", ou ainda, "Modelos Mentais". As pessoas constroem seus próprios modelos mentais (*mindset*) com base em todo seu histórico de vida, cultura, ambiente, linguagem, comportamentos e atitudes que formam as suas crenças e agem segundo elas. (XERFAN, 2015)

No livro *Enciclopédia da medicina natural*, os doutores Murray e Pizzorno afirmam que a saúde depende de três fatores: (1) regime alimentar saudável; (2) prática de exercícios físicos; (3) atitude mental positiva. Esses cientistas acrescentam que saúde ou doença, em geral, é de responsabilidade individual, o que significa escolher uma alternativa saudável em vez de outra menos saudável.

Tratar com mentes humanas é a mais bela obra da qual já se ocuparam os homens. É o dever de toda pessoa, por amor a si mesma e por amor à humanidade, instruir-se quanto às leis da vida, e a elas prestar conscienciosa obediência. Todos precisam familiarizar-se com esse organismo, o mais maravilhoso de todos, que é o corpo humano. (WHITE, 2014)

Segundo Dr. Lee (1997), saúde não é ausência de distúrbios no organismo, mas o resultado de viver em harmonia com as leis do nosso ser. Mente e corpo estão íntima e inseparavelmente ligados. O que afeta a mente atinge o corpo e o contrário também é verdadeiro. O corpo influi sobre a mente. Como você reage quando alguém pisa no seu pé? Mantém a mesma atitude de tranquilidade como se nada tivesse acontecido?

Em relação à saúde integrada, quando se trata de mobilizar a energia, é importante nunca perder a dimensão da globalidade: os planos físico, emocional, intelectual, social e espiritual atuam de forma contínua e, para que se integrem, a energia deve estar em perfeito equilíbrio, pois, só assim, transitará por todos os canais do ser humano. GUISELINI (2001).

Para COBRA JR. (2016), o corpo deve ser tratado com uma outra ordem: um corpo sagrado, natural, equilibrado e profundo. Intimamente ligado à mente, às emoções e ao espírito, e que se transforma no principal agente de liberdade e sabedoria. O corpo é a forma mais simples e genial de se acalmar a mente.

Cada pessoa é um todo, de corpo, mente e espírito. Para ter qualidade de vida, não devemos barganhar um fator pelo outro, temos que querer todos integrados num conjunto harmônico. Tirando um, os outros caem. Por isso, são como pilares que sustentam o edifício de uma vida plena, saudável e feliz. (MOREIRA e GOURSAND, 2006)

Existem abundantes dados sobre o impacto da religião na vida das pessoas. Atualmente, há centenas de artigos científicos mostrando a associação entre religião e saúde que é estatisticamente válida. (PERETTI, 2011)

Porém, a maioria dos trabalhos tradicionais trata o corpo de forma fragmentada. O padrão estético contemporâneo de um corpo forte, musculoso e belas formas tem levado a uma visão unilateral do corpo. (GUISELINI, 2001).

Entretanto, falta reconhecer que colocar o desejo de ser saudável em prática é extremamente difícil. Temos vidas complexas, mais estressantes do que ousamos admitir, e dispomos de menos tempo do que precisamos para fazer tudo o que é importante para nós. Vivemos em ambientes que nos desestimulam a praticar atividades, recompensam o tempo que passamos em frente à televisão e nos tentam com refeições baratas e nada saudáveis. (BRADBURY; KARNEY, 2014)

Então, na integração do *coaching* e saúde podemos utilizar essa metodologia dentro de um processo multidisciplinar, focado em desenvolver novos comportamentos, eliminar crenças limitantes, atitudes sabotadoras e, com isso, melhorar a qualidade de vida do cliente. Mescla técnicas e ferramentas e um plano de atividades físicas, objetivando fazer a reprogramação mental e corporal do *coachee*. (MARQUES, 2013)

> **"Amado, desejo que te vá bem em todas as coisas, e que tenhas saúde, assim como bem vai a tua alma."**
>
> **3 João 1:2**

Conclusão

Infelizmente, a conscientização sobre os sistemas do corpo humano, como origem do pensamento, inteligência emocional, realização de atividade física regular, alimentação adequada e prática espiritual estão muito abaixo do que podemos desenvolver. Quando existe a pretensão para cuidar da saúde, isso é feito de modo parcial, por exemplo, há uma ênfase maior nos pilares físico ou nutricional procurados de forma individualizada.

Referências

ALMEIDA, Ferreira de. *Bíblia sagrada.* – 3 João 1:2.

BRADBURY, Thomas; KARNEY, Benjamin. *Casais inteligentes emagrecem juntos.* Rio de Janeiro: BestSeller, 2014.

BURTON, Kate. *Coaching para PNL para leigos.* Rio de Janeiro: Editora Alta Books, 2012.

GUISELINI, Mauro. *Integração do corpo: mobilização e equilíbrio da energia pelo exercício.* Editora Manole. 1.ed. 2001.

LEE, Sang. *Saúde: novo estilo de vida.* Casa Publicadora Brasileira, 1997.

MARQUES, José Roberto. *O poder do coaching: ferramentas, foco e resultados.* Goiânia: Editora IBC., 2013.

MOREIRA, Ramon L.; GOURSAND, Marcos. *Os sete pilares da qualidade de vida.* Editora Leitura. 2. ed. pp. 15 e 18. 2006.

MURRAY, Michel; PIZZORNO, J. *Enciclopédia da medicina natural.* São Paulo: Andrei Editora – 1994 – p 88.

PINHEIRO, Beatriz; PASQUAL, João Luiz; BROGE, Vivian. *Coaching e formação de liderança/coach.* Arvoredo, 2012.

PERRETTI, Milton J. *Religião faz bem à saúde.* Editora Genitrix., 2011. p.11.

TELLEZ, Glória. *Coaching na prática. Ajudando você a chegar lá rapidamente, seja "lá" onde for!,* 2010.

XERFAN, Maura. *Você sabe o que significa mindset e o que ele influencia na sua carreira?,* 2015. Disponível em: <https://www.unicarioca.edu.br/acontece/vida-e-carreira/voce-sabe-o-que-significa-mindset-e-como-ele-influencia-na-sua-carreira>. Acesso: 8 de ago. de 2018.

WHITE, Ellen G. *Mente, caráter e personalidade I.* Casa Publicadora Brasileira, 2014.

35

Programado para vencer

Somente quando passamos a agir e nos comportar como vencedores é que passamos a desfrutar dos resultados dos vencedores. Segundo estudos da psicologia social, somos diretamente influenciados pelo meio em que vivemos, ou seja, família, escola, amigos, cultura social e outros que, de alguma maneira, condicionam nosso modo de viver. Comprometer-se consigo não é fácil, exige entrega, esforço e tomar para si o que é seu. Aceitar as situações, avaliar as condições e, com base nisso, assumir o que será feito (ou também o que não será feito) não dá margem para desculpas. Você sabia que, felizmente, temos o poder de mudar nosso comportamento? Nós não nascemos com uma mentalidade para o fracasso, nós aprendemos ao longo da vida a sermos assim. A diferença do vitorioso é que ele foca na resolução do problema e não apenas no problema, enfrentando os desafios apresentados

Marcelo Simonato

Marcelo Simonato

Graduado em Administração de Empresas pela Universidade Paulista, pós-graduado em Finanças Empresariais pela Fundação Getulio Vargas (FGV) e MBA em Gestão Empresarial pela Lassale University na Philadelphia - EUA. Possui mais de 20 anos de experiência profissional, atuando em grandes empresas nacionais e multinacionais em cargos de liderança. Ao longo de sua carreira, já realizou diversos treinamentos nas áreas de liderança e comportamento humano. É escritor, palestrante e mentor de carreiras. Atua com treinamentos e palestras em todo território nacional. É idealizador e presidente do grupo Palestrantes do Brasil (www.palestrantesdobrasil.com). Tem como propósito levar conhecimento e informação de qualidade, com base em sua experiência profissional e acadêmica, deixando, assim, uma marca de motivação e transformação por onde passa.

Contatos
www.marcelosimonato.com
contato@marcelosimonato.com
Facebook: marcelosimonatopalestrante
Instagram: marcelosimonatopalestrante
YouTube: marcelosimonatopalestrante
(11) 98581-4144

Sabemos que o conceito de sucesso é muito dinâmico e que essa visão pode variar muito de uma pessoa para outra. No entanto, há um ponto comum! Somente quando nosso comportamento muda é que podemos obter resultados diferentes. Então, muita atenção...

Somente quando passamos a agir e nos comportar como vencedores é que passamos a desfrutar dos resultados como tal.

Segundo estudos da psicologia social, somos diretamente influenciados pelo meio em que vivemos, ou seja, família, escola, amigos, cultura social e outros que, de alguma maneira, condicionam nosso modo de viver.

Pessoas programadas para o fracasso têm as seguintes características:

Encontram desculpas para tudo

Sempre que encontram justificativas para não realizar algo, quando postergam o início de um projeto, quando dizem que a crise está atrapalhando ou o chefe que não está de bom humor, ou qualquer outra situação que as desanime. Quando adiam uma decisão importante, quando se colocam de lado e usam sempre alguma situação, pessoa ou problema que justifique uma atitude limitadora.

Toda vez que existe uma desculpa para o que não aconteceu ou deveria ter acontecido, sem dúvida, criamos condições propícias para não sermos bem-sucedidos.

Buscam os culpados

Além das desculpas, você sempre busca culpados para fundamentar seus fracassos? Todas as vezes em que procuramos culpados por aquilo que não saiu conforme imaginávamos acontecer, estamos vivendo para o fracasso.

Um dos passatempos humanos mais destrutivos é o de brincar com o jogo da culpa. O jogo da culpa consiste em culpar outra pessoa por um evento ou estado de coisas que se pensa ser indesejável, e persistir nele ao invés de proativamente fazer mudanças que melhorem a situação.

Todas as vezes que você se apoia em culpar alguém, sem dúvida nenhuma, está vivendo uma vida abaixo do seu potencial. O mais incoerente é que, muitas vezes, nos sentimos aliviados quando encontramos a quem culpar. Isso nos ajuda a viver na zona de conforto.

Quando culpamos nossos pais, professores, chefes, filhos, cônjuges ou qualquer outra pessoa que julgamos ter nos atrapalhado em algum momento de nossas vidas, estamos boicotando o nosso sucesso.

Viver em negação

Imagine uma pessoa subindo em uma balança e, ao ver que está acima do peso, exclama:

— Meus ossos estão pesados!

Negar a realidade é fazer de conta que não sabe ou que não admite os fatos.

Ao invés de assumirmos a responsabilidade por aquilo, criamos inúmeras explicações e teorias. Não olhamos de frente para a situação e encaramos o quanto somos ou fomos responsáveis por algo, mas buscamos uma forma de justificar ou negar o nosso envolvimento.

A negação pode ser um tipo de defesa do nosso ego e servir como um "amortecedor" psicológico. Significa, também, não olhar para as coisas como elas realmente são, e aceitar isso como parte da vida. Quem vive em negação cria ilusões e passa a não ver a realidade como ela é ou está. Ou seja, mente para si e para os outros, finge não ser tão sério e, assim, além de não resolver os problemas, deixa de evoluir.

Em alguns casos, chegam até a falar a verdade e admitir que algo está errado, mas logo retornam ao estado de negação, dizendo que não possuem poder para agir sobre sua vida. E, assim, vão se escondendo atrás de justificativas, entrando em um ciclo vicioso, garantindo que nada aconteça. Quando não acreditamos em nós, culpamos o outro ou negamos a realidade, tiramos de nós o poder de transformar o nosso mundo. Deixamos de realizar os projetos que desejamos e deixamos de lado o nosso precioso poder pessoal.

Comprometer-se consigo não é fácil, exige entrega, esforço e tomar para si o que é seu. Aceitar as situações, avaliar as condições e, com base nisso, assumir o que será feito (ou também o que não será feito) não dá margem para desculpas. As desculpas e justificativas surgem quando queremos negar a realidade, fantasiando-a para que não fique tão pesada para nós. Amadurecer é justamente aceitar os limites e comprometer-se com seus comportamentos e consequências.

Não dar valor as suas competências

Provavelmente, você já ouviu a história do vendedor de sandálias. Uma indústria de calçados, que desenvolveu um projeto de exportação de sapatos para um determinado país, mandou dois de seus vendedores a pontos diferentes para fazer as primeiras observações do potencial daquele futuro mercado. Depois de alguns dias de pesquisa, um dos vendedores enviou a seguinte mensagem para a direção da empresa: chefe, cancele a produção, pois aqui ninguém usa sandálias.

Sem saber dessa mensagem, o segundo vendedor mandou à direção da empresa a seguinte observação: chefe, triplique a produção, pois aqui ninguém usa sandálias.

Moral da história: a diferença do vitorioso é que ele foca na resolução do problema e não apenas no problema. Ele enfrenta os desafios apresentados.

Comportar-se como um termômetro

Você sabe o que um termômetro faz? Indica a temperatura externa, certo? No entanto, o que acontece no interior deste termômetro? Ele se altera conforme a temperatura do ambiente a sua volta, certo?

Assim acontece também com quem vive de acordo com o ambiente. Se o ambiente for positivo, ele estará bem. Mas, se o ambiente não for positivo, ele se autossabota, comportando-se conforme o ambiente externo.

Mudando o cenário

Você sabia que, felizmente, temos o poder de mudar o nosso comportamento? Nós não nascemos com uma mentalidade para o fracasso, nós aprendemos ao longo da vida a sermos assim. Mas, se conseguimos aprender a viver dessa forma, então também podemos desaprender, para reaprender a termos a mentalidade para o sucesso.

Veja abaixo algumas características de quem vive para o sucesso:

Tem responsabilidade

Independentemente do que tenha acontecido, seja de bom ou mau, tudo é fruto das escolhas que fazemos. Se o resultado for bom ou excelente, então não é preciso se sentir culpado pelos resultados. Mas, e se não for tão bom? Temos que entender que, na próxima vez, será necessário semear de outra forma, porque se continuarmos a fazer as mesmas coisas, vamos continuar obtendo os mesmos resultados.

Caso as coisas não saiam como você planejou, identifique as falhas e não demore em consertá-las. Não desperdice tempo com lamentos ou tentando encontrar supostos culpados. Somente aja e assuma a sua responsabilidade. Não se justifique.

Não confunda culpa com responsabilidade, afinal, nem sempre você é culpado. No entanto, você sempre será responsável. Pensar assim pode ser difícil, mas, em compensação, vai lhe dar a chancela para ser o único responsável por virar o jogo. Ou seja, quando você transfere sua responsabilidade, junto com ela transfere seu protagonismo e assume o papel de vítima. Cair nessa armadilha do "vitimismo" também significa terceirizar a sua dignidade, a capacidade de reagir e de tomar decisão.

A vida é 10% daquilo que nos acontece e 90% daquilo que fazemos sobre isso.

O restante é o seu comportamento diante dessas coisas. Esse é exatamente o desafio da vida. Usar tudo o que está a nossa disposição, transformar tudo isso em valor.

O fator mais determinante, na forma como resulta e funciona a nossa vida, é como encaramos nossas responsabilidades. O verdadeiro teste de maturidade é exatamente assumir a responsabilidade com aquilo que a vida nos traz. É assumindo nossa responsabilidade que podemos transformar a informação e as ideias que estão a nossa disposição em valor. É isso que nos torna diferentes dos animais, pois estes só podem contar com os seus instintos.

Ao compreendermos a causa e efeito, compreendemos também a quantidade de escolhas e alternativas que temos em cada momento no tempo. E quando nos tornamos responsáveis, aceitamos a responsabilidade de mudar essas condições, caso não estejamos inteiramente satisfeitos com elas.

Ser responsável é não delegar sua vida a alguém. Jamais delegue sua carreira a seu patrão, jamais delegue seu futuro a ninguém. Somente você é responsável pelas coisas boas ou ruins que acontecem em sua vida.

Apropriar-se da sua vida

Viver plenamente é identificar que, sendo ela boa ou não, essa é a nossa vida e somos nós que a fizemos assim. Assumir a direção da sua vida permite lançar um olhar sobre o futuro.

Quando vivemos na culpa, vivemos olhando para o passado. A propriedade nos proporciona um poder de mudar o futuro. Não importa o passado, não importa de onde viemos, nem mesmo o que passamos lá atrás, pois somente as decisões que tomarmos hoje podem influenciar o nosso futuro positivamente.

Por isso, comece agora mesmo a tratar sobre o que tem que fazer ou mudar para influenciar o seu futuro positivamente. A sua vida é somente sua. Viver em propriedade é aceitar a sua vida e não desejar ter a vida dos outros. É escrever a sua própria história e não tentar escrever a vida e história de ninguém.

Prestar contas

Você deve escutar com frequência comentários do gênero: "eu não devo satisfações a ninguém", "não dependo de ninguém", "não preciso de ninguém".

Mas isso não é verdade, você e nem ninguém vive sozinho no mundo. Só vivemos em prosperidade quando assumimos nossos erros, ouvimos, ajudamos os outros e prestamos contas pelas nossas atitudes. Prestar contas é assumir responsabilidades.

Ser como um termostato

Já entendemos que viver uma vida de fracasso faz de nós um termômetro (reagimos ao que acontece ao nosso redor, a temperatura). A diferença entre um termostato e um termômetro é que o primeiro regula a temperatura, comandando o ambiente para manter determinado grau de sensação térmica.

Já o termômetro apenas reage ao ambiente, fazendo subir e descer o mercúrio, dependendo da temperatura do ambiente. Quem é termostato muda o ambiente a sua volta. Não se contamina com o ambiente externo e não depende de alguém que precise motivá-lo. Pelo contrário, ele regula o ambiente ao seu redor.

Essas são as regras para que você esteja programado para o sucesso.

Referências

GOLEMAN, Daniel. *Inteligência emocional.* 1.ed. Editora: Objetiva, 1995.

COOPER, Robert. *Inteligência emocional na empresa.* 1.ed. Editora: Campus, 1998.

OLIVEIRA, DE, Milton. *Energia emocional.* 1.ed.Editora: Makron, 2000.

SEGAL, JEANNE. *Aumentando sua inteligência.* 1.ed. Editora: Rocco, 1998.

STEINER, Claude. *Educação emocional.* 1.ed. Editora: Objetiva, 1998.

PASSARELLI, Brasilina. 1.ed. *Teoria das múltiplas inteligências,* 2007.

36

Pensamentos positivos geram atitudes milionárias

A riqueza existe dentro e fora de você, mas só vai se manifestar em sua vida quando acreditar que tem direito a ela, criando pensamentos prósperos, saudáveis e harmoniosos com a natureza. Riquezas são conquistas alcançáveis quando você possui mentalidade próspera. Só é próspero quem tem mentalidade próspera. Na verdade, não precisamos nos esforçar e lutar para conquistarmos uma vida digna e próspera. Só precisamos pensar certo

Marcilene Gomes

Marcilene Gomes

Conferencista de sucesso e palestrante motivacional de alta *performance* e produtividade. Empresária no segmento do agronegócio. Presidente da ACNT, Associação dos Criadores de Nelore do Tocantins nos anos de (2011/2016). *Master Coach* com formação internacional no Instituto Brasileiro de *Coaching* - IBC (2016). Health Coaching International Institute, especialista em emagrecimento consciente e desenvolvimento humano – HCII (2017). Formação em *Moving up 2.2 Alta performance* pelo Instituto High Stakes Academy (2017).

Contatos
www.coachmarcilenegomes.com.br
contato@coachmarcilenegomes.com.br
Redes sociais: Coach Marcilene Gomes
(11) 96349-4077 (WhatsApp)

"A estrada do sucesso exige paciência, disciplina, exige que se mantenha firme na certeza do resultado que se espera, ainda que ele demore mais do que o planejado. A estrada do sucesso exige organização, planejamento e autocontrole." J. Edington

Podemos definir uma pessoa rica como aquela que tem muitas posses materiais e vive bem; a pobre vive uma experiência oposta. Mas, existe algo além dessa definição: o pobre é pobre porque pensa pobre. É pobre na generosidade, no amor, no afeto, na confiança, na força e na Fé. Pobre é, também, pobre de espírito, pois se nega como parte do poder universal e não enxerga como oportunidades as situações que a vida lhe apresenta.

Ser pobre é não enxergar o próprio valor, não usar o próprio potencial e não aproveitar as oportunidades na vida para desenvolver os talentos pessoais. A riqueza existe dentro e fora de você, mas só vai se manifestar em sua vida quando você acreditar que tem direito a ela, criando pensamentos prósperos, saudáveis e harmoniosos com a natureza. Riquezas são conquistas alcançáveis quando você possui mentalidade próspera. Só é próspero quem tem mentalidade próspera.

Na verdade, não precisamos nos esforçar e lutar para conquistarmos uma vida digna e próspera. Só precisamos pensar certo.

Será que você investe em pensamentos benéficos e nutritivos?

Será que você acredita em pensamentos que lhe tragam vantagens interiores e exteriores? Será que está com a mente intoxicada de pensamentos negativos que contaminam e comprometem seu desfrute de vida?

Somos como um ímã que atrai para nossas vidas pessoas e situações que se harmonizam com nossos traços marcantes. A natureza desse ímã é constituída por nossos pensamentos. Preste atenção: o que você está atraindo?

Seus pensamentos e sentimentos estão direcionados à crença de que sua vida está dando certo?

Ou você acredita mais nas dificuldades e fracassos? Se quiser, você pode pensar diferentemente do que sempre pensou e acreditou.

Uma pessoa que não se considera vítima sente-se parte integrante da natureza. Jamais põe limites e acredita sempre no melhor.

Por que há pessoas que trabalham muito e não chegam ao sucesso?

Por que há pessoas que têm tantos problemas?

Por que há pessoas que, aparentemente, não merecem o sucesso que possuem?

A resposta é simples: não há vítimas nem injustiçados, mas, sim, o que cada um faz com o poder de escolha.

Você tem o hábito de guardar roupas, sapatos, móveis, utensílios domésticos e coisas que não usa há um bom tempo?

E dentro de você, tem o hábito de guardar mágoas, ressentimentos, raivas e medos? Não faça isso. É preciso criar espaço para que coisas novas cheguem em sua vida. É preciso eliminar o que é inútil em você e na sua vida para que a prosperidade venha. É a força desse vazio que absorverá e atrairá tudo o que você almeja.

Quando se guarda, considera-se possibilidade da falta, da carência. Com essa postura, está enviando duas mensagens para a vida: não confia no amanhã e acredita que o novo e o melhor não são para você, já que se contenta em guardar coisas velhas e inúteis.

Existe uma crença de que pessoas que perdoam uma ofensa estão fazendo papel de bobas. Parece que o certo é "pagar na mesma moeda". Por isso, muitos escolhem acumular um monte de lixo interior e deixar de lado o perdão.

É melhor investir na faxina interior antes que o lixo acumulado comece a transbordar em forma de doença física ou emocional. Destrua a ilusão de que os outros, a vida, o mundo, enfim, tudo deveria ser do jeito que você queria que fosse. Essa ilusão é a causadora de suas mágoas, raivas e ressentimentos. Pense nisso.

Quando dou algo pelo prazer de dar, sem pensar se amanhã terei compensação, as coisas voltam para mim multiplicadas. O nosso corpo físico não é simplesmente um aglomerado de células. Ele reflete nossos pensamentos. Por esse motivo, somos responsáveis pelas doenças que contraímos, pois as criamos com o nosso modo de pensar. O grande segredo do sucesso no amor e nos relacionamentos é: darmos a nós mesmos aquilo que queremos que os outros deem.

Amor não é troca, não é mercadoria, não é cobrança. O outro não lhe deve nada só porque você o ama. O amor é seu, o sentimento é seu e não do outro. Amar é dar e não usar.

Quando espera que o outro supra suas carências, você não está amando verdadeiramente: você está usando o outro. Não fique preso ao passado, às ideias fatalistas e às crenças que emperram o seu progresso. Respeite sua individualidade e mantenha a consciência de que o poder foi, e sempre será seu. A vida lhe trata como você se trata; os outros também lhe tratam como você se trata.

O que faz uma pessoa de uma cidade pequena se tornar um milionário?

Eu, desde a infância, tenho como uma de minhas características mais fortes ser otimista. Isso sempre me levou a ter pensamentos grandes, porém eu vim de uma família simples, em que meus pais trabalhavam cuidando da fazenda, gados do meu avô e outras fazendas. Uma família grande com sete irmãos, sendo cinco mulheres e dois homens. Aos meus nove anos de idade, comecei a trabalhar como babá com o intuito único de ter uma boa escola para aprender. Tudo o que era ligado à aprendizagem, eu corria atrás. Cheguei a sair da minha cidade para outra com apenas dez anos, sem mesmo saber o endereço. Fui apenas com o nome de uma mulher que me ofereceu um trabalho em troca uma boa educação. Eu a procurei com o nome e sobrenome de seu esposo e sua profissão. Assim, fui levada até eles, que tomaram um susto ao me ver, mas a motivação era maior. Meu objetivo era estudar; aprender tudo o que pudesse me acrescentar com conhecimento.

Dos dez anos aos 17 anos, passei por várias casas como babá e doméstica. Tinha a mesma intenção de estudar e me formar, já que meus pais não possuíam condições de custear meus estudos. Aos 13, conheci meu ex-esposo e, aos 17, nos casamos e logo fiquei grávida de minha única filha.

De lá para cá, passamos por muitas dificuldades e situações que não desejo a ninguém, mas nunca deixei de ter os pensamentos positivos que nos geraram uma vida milionária. Quem diria que uma criança aos seus nove anos sairia para trabalhar longe de casa, da família, e dos amigos, de tudo ao seu redor, se entregando a um propósito único de vencer na vida. Que chegaria à presidência como uma pessoa milionária, hoje eu lhes falo com a propriedade de uma mulher vencedora, cheguei a presidir uma associação de criadores de Nelore estadual, onde eu me reunia com empresários agropecuaristas de todo o país e realizava eventos como leilões, convenções e reuniões. Eu fui a única mulher na minha gestão a ter dois mandatos sequentes representando a raça Nelore e os pecuaristas de várias partes do Brasil.

Hoje, como empresária, *coach* de alta *performance,* de emagrecimento e escritora, posso dizer a vocês que pensamentos positivos geram atitudes milionárias.

Os 7 princípios de um *mindset* de sucesso

Estes são os 7 princípios – crenças ou convicções – comuns em todas as pessoas bem-sucedidas. Os princípios, quando aplicados consistentemente em sua forma de pensar e agir, podem produzir um novo nível de resultados, independentemente do seu campo de atuação.

1. Tudo acontece por uma razão e um fim

Não importa o quão negativa é uma experiência, pessoas bem-sucedidas sempre focalizam o que de positivo podem tirar dessa experiência. Pensam sempre em termos de possibilidades.

Se você não teve o resultado que gostaria, leve como uma experiência de aprendizado e se pergunte: o que de positivo eu posso tirar dessa experiência?

"Cada adversidade, fracasso, obstáculo carrega consigo a semente de um benefício equivalente ou maior."

2. Não existem fracassos, somente resultados

As pessoas com atitude mental positiva não são blindadas de falhas, elas também falham, a diferença está em como elas lidam com as falhas.

Elas não enxergam os seus resultados como fracassos, mas, sim, como experiências de aprendizado. Elas sempre veem seus resultados como oportunidades para fazer diferente da próxima vez e gerar novos resultados.

Quando você não alcançar o resultado desejado, pergunte-se: o que eu posso aprender dessa experiência? O que eu posso fazer de diferente da próxima vez?

Você não fracassa quando erra, mas fracassa quando desiste.

3. O que quer que aconteça, assuma a responsabilidade

Grandes líderes e pessoas bem-sucedidas acreditam que elas criam o seu próprio mundo. Elas afirmam para si mesmas: "Eu sou o responsável, eu resolverei isso".

Se você não acredita que a responsabilidade dos seus sucessos e fracassos é sua, você é refém das circunstâncias. As coisas acontecem com você e não há nada que possa fazer.

Quando você assume a responsabilidade, você detém o poder de mudar o seu resultado.

> "Assuma o controle da própria vida e algo terrível acontece: você não tem mais a quem culpar." Erica Jong

4. Não é necessário entender tudo para ser capaz de usar tudo

Pessoas com o *mindset* de sucesso acreditam que não é necessário ter o conhecimento de tudo para conquistar o que almejam. Elas sabem usar o essencial, sem precisar se aprofundar em detalhes muito específicos. Elas usam o que têm.

Existe um conceito conhecido como "armadilha do conhecimento". O que é a armadilha do conhecimento? Por mais conhecimento que você tenha, acredita que não está preparado ainda e, com isso, sempre busca por novos cursos, especializações para se preparar mais antes de agir.

Não há problema em sempre buscar novos aprendizados (aliás, eu recomendo fortemente que você busque sempre aprender!), o problema está em não agir, não colocar em prática os conhecimentos adquiridos.

Se você ler a biografia de grandes líderes como Steve Jobs ou Bill Gates, verá que eles não tinham o conhecimento de tudo, inclusive existem centenas de engenheiros de computação que sabem de circuitos de computadores e programação mais do que eles, mas eles eram os mais eficientes em usar aquilo que tinham.

> "Comece de onde você está. Use o que você tiver. Faça o que você puder."
> Arthur Ashe

5. As pessoas são os nossos maiores recursos

Não há grandes resultados sem relacionamento entre as pessoas. Por mais talento que você tenha, sozinho não vai muito longe. Grandes resultados nascem da união de pessoas que colaboram entre si por um objetivo comum.

O técnico da seleção brasileira de vôlei Bernardinho costuma dizer que um talento sozinho pode ganhar uma partida, mas somente o trabalho em equipe ganha campeonatos.

Pessoas bem-sucedidas têm a mentalidade voltada à integração. Pensam sempre em termos de equipe. "Como podemos conseguir resultados melhores juntos?"

"Se você quer ir rápido, vá sozinho.
Se você quiser ir longe vá acompanhado. " (Provérbio africano)

6. Trabalho é fonte de realização

Não tem como ser bem-sucedido odiando o que se faz. Pessoas com *mindset* de sucesso enxergam o trabalho como fonte de realização e crescimento, e não somente como uma fonte de renda. Por outro lado, pessoas que enxergam o trabalho como algo maçante e tedioso, que significa apenas uma fonte de pagamento, é muito provável que ele não será nada além disso.

Existe um conceito no campo da Psicologia Positiva, desenvolvido pelo psicólogo Mihaly Csikszentmihalyi, conhecido como "estado de *flow*".

Flow é um termo do inglês, que significa fluir. O estado de *flow* é um estado mental em que a mente e o corpo se encontram em perfeita harmonia. Esse estado é alcançado quando há o equilíbrio entre os níveis de desafio, suas competências e motivações.

Em *flow,* você alcança um estado de alta *performance* e concentração, aumentando o nível dos seus resultados e realizações. Esse estado somente é alcançado quando você gosta do que faz, utilizando suas competências com maestria.

"Seu trabalho vai preencher uma parte grande da sua vida, e a única
maneira de ficar realmente satisfeito é fazer o que você acredita
ser um ótimo trabalho. E a única maneira de fazer um excelente
trabalho é amar o que você faz." Steve Jobs

7. Não há sucesso sem comprometimento

Não existem grandes realizações sem comprometimento. Em qualquer campo, as pessoas que se destacam não são as mais talentosas e brilhantes, mas as que estão dispostas a dar 100% para alcançar os seus objetivos.

O fator comprometimento é o que separa as pessoas que atingem seus objetivos das que desistem pelo caminho. Henry Ford dizia que há mais pessoas que desistem do que pessoas que fracassam.

O sucesso acontece para aqueles que se comprometem em fazer o que for necessário para conquistar o que desejam. E, nesse aspecto, não há meio termo, ou você está comprometido ou não está.

"No que diz respeito ao desempenho, ao compromisso,
ao esforço, à dedicação, não existe meio termo.
Ou você faz uma coisa bem-feita ou não faz." Ayrton Senna

Recapitulando as 7 crenças de uma atitude mental de sucesso

1. Tudo acontece por uma razão e um fim.
2. Não existem fracassos, somente resultados.
3. O que quer que aconteça, assuma a responsabilidade.

4. Não é necessário entender tudo para ser capaz de usar tudo.

5. As pessoas são os nossos maiores recursos.

6. Trabalho é fonte de realização.

7. Não há sucesso sem comprometimento.

Conclusão

Existe um ditado que diz "O sucesso deixa pistas". Se alguém atingiu algo que você quer é porque faz algo diferente do que você faz, pensa de forma diferente e, com isso, age diferente.

Os 7 princípios de uma atitude mental de sucesso são princípios compartilhados por pessoas que alcançaram um grande nível de realização em suas vidas, e também podem gerar grandes resultados para você, uma vez que se comprometer com estes princípios.

> Desejos
>
> Para você, desejo o sonho realizado. O amor esperado. A esperança renovada. Para você, desejo todas as cores desta vida. Todas as alegrias que puder sorrir. Todas as músicas que puder emocionar. Desejo que os amigos sejam mais cúmplices, que sua família esteja mais unida, que sua vida seja mais bem vivida. Gostaria de lhe desejar tantas coisas, mas nada seria suficiente... Então, desejo apenas que você tenha muitos desejos. Desejos grandes e que eles possam te mover a cada minuto, ao rumo da sua felicidade.
>
> Carlos Drummond de Andrade

Dedico e agradeço este livro a Deus, a quem devo minha existência por estar no centro de minha vida a todo tempo. Aos meus pais: mãe Alzirene e pai Valdemiro Gomes e, também, a minha filha única Eliza Melo, por ser a razão de eu ser quem sou, pois ser mãe me impulsiona a querer me aprimorar sempre.

37

Sorte, competência ou destino: onde está o segredo do sucesso para você?

Você realmente sabe o que é o sucesso para si? Está disposto a pagar o preço para alcançá-lo? Muitos limitam suas chances apenas por não entenderem o que fará toda a diferença no caminho para a sua conquista. Você é um deles?

Marina Rachid

Marina Rachid

Empresária há sete anos, apaixonada por esportes e natureza. Graduada em Comunicação Social; com especialização em Comunicação Empresarial, *Marketing* e Publicidade e Propaganda. É Gestora de ações de mudanças comportamentais e organizacionais em pequenas e médias empresas. *Coach* com formação pela Sociedade Brasileira de Coaching, especializada em *Life Coaching*, *Executive Coaching*, *Business Coaching* e Líder *Coaching*. Pós-graduanda em Medicina Comportamental, palestrante e produtora de conteúdo digital. Fundadora e sócia da empresa Manacá *Coaching* & Desenvolvimento Humano, que trabalha com palestras, treinamentos e processos de *Coaching* individuais e para empresas com foco em desenvolvimento de competências e evolução pessoal por meio do autoconhecimento e inteligência emocional.

Contatos
www.marinarachid.com.br
marina@marinarachid.com.br
Facebook: /MarinaRachidOficial
Instagram: @marinarachid.insta

Coaching: mude seu *mindset* para o sucesso

O dia começa às 7h20min, quando abro os olhos depois de uma noite tranquila, checo a temperatura que indica que o dia será bonito. Após o banho, preparo meu café e vou repassando mentalmente as minhas prioridades do dia. Ao escovar os dentes, finalizo meus preparativos olhando pro espelho e mirando meu reflexo me pergunto, sendo minha própria *coach*: "O que você pode fazer para que hoje seja ainda melhor do que foi ontem?". E, por alguns instantes, me detenho nessa reflexão.

Entre as importantes tarefas que tenho, decidi focar no que me parecia mais adequado naquele instante: escrever meu capítulo para este livro.

E a questão proposta para o tema: *Coaching*, mude seu *mindset* para o sucesso, estava muito clara para mim. As ideias fluíam e os exemplos brotavam em minha cabeça, como aquelas músicas chicletes que ouvimos pela manhã e sem perceber continuamos cantando o dia inteiro.

No caminho para o escritório, fui registrando tudo em áudios no meu celular e me saltavam à mente grandes empreendedoras e empreendedores que criaram, copiaram, modelaram, caíram, levantaram, caíram novamente e se reergueram até alcançarem o sucesso. Nomes como Luiza Helena Trajano, Sônia Hess, Steve Jobs, Bill Gates, Mark Zuckerberg, Jorge Paulo Lemann, enchiam-me de reflexões e novas ideias.

Revezava-me entre grandes mulheres que se destacaram em seu tempo por desafios ou ações inesperadas: Chiquinha Gonzaga, Maria da Penha, Zilda Arns... Ou atletas que após derrotas, contusões, muita dedicação, treino e talento deram a volta por cima: Niki Lauda, André Agassi, Diego Hipólito, Michael Phelps, Federer, Poliana Okimoto...

Seria possível passar o dia dando exemplos de talentos, vitórias, derrotas e superações e, de tanto ler e estudar esses exemplos, parecia que eu sabia a forma e a fórmula definitiva para tornar as pessoas satisfeitas e felizes com suas vidas.

Quando, então, às 10h40min após duas sessões de *coaching*, já era hora de chamar meu *Uber* para ir à consulta com minha fisioterapeuta, devido a um problema no joelho esquerdo que insiste em me incomodar.

Em apenas quatro minutos já estava dentro de um carro com o Marcelo, um simpático motorista que procurou me deixar bem à vontade, me oferecendo água e balinha. Isso me animou a conversar com ele retribuindo sua atenção.

Mal sabia eu o quanto essa conversa me traria grandes retornos em cima da história de um jovem de 35 anos que perdeu seu emprego, alugou um carro e estava fazendo bico se associando a um aplicativo de locomoção urbana.

"Um jovem com disposição para trabalhar 16 horas por dia e juntar o máximo que der para tocar sua vida e investir em novas oportunidades", pensei eu.

Então perguntei, como é mania de quase todo *coach*:

— E aí Marcelo, vai até tarde hoje?

— Acho que não, hoje o dia está bom, só faltam R$ 8,60 para eu bater minha meta da manhã.

"Como?"

Minha mente formatada para um conceito padrão de busca de sucesso se espantou!

Continuei, sem demonstrar que ele tinha me surpreendido:

— Desculpe, não entendi direito, você disse que faltam R$ 8,60 para sua meta da manhã? Sem querer ser invasiva, você pode me dizer qual sua meta para a parte da manhã?

— R$ 100,00 dona Marina (ele sabia meu nome, pois fica registrado no APP quando você solicita o serviço).

— Então, você está me dizendo que o seu trabalho pela manhã pode terminar antes das 11h00?

— Isso mesmo - me respondeu com um sorriso no rosto.

— E o que você fará se terminar agora?

— Vou pra casa, fazer umas coisinhas e relaxar para pegar na parte da tarde.

Continuei um tanto quanto impressionada:

— E à tarde, começa a que horas pra você? E aí você vai noite adentro, né?

— Começa às 15h, não vou noite adentro não, quando eu fizer os R$ 100,00 da tarde eu paro e só pego amanhã às 7h de novo.

"O quê?! Ah Marcelo, não faz isso comigo", pensei.

Como alguém, que passou quase toda a manhã refletindo sobre *mindset* de sucesso, consegue deixar uma conversa dessa acontecer sem ao menos se questionar?

E, em uma última tentativa de resgatar o equilíbrio dos meus conceitos sobre o tema, perguntei:

— E para você está bom assim? Você não pensa em ter mais sucesso, mais prosperidade?

"Vai Marcelo, você só tem 35 anos" – meus pensamentos torciam dentro de mim.

— Não penso não, ganho o suficiente já. Até mesmo porque já progredi bastante em relação ao que eu e minha família tínhamos de onde viemos. E, fala a verdade, que chance eu tenho pra lutar contra essa máquina maluca de ganhar dinheiro? Eu não sou tão inteligente assim, ninguém nos dá a menor chance e, nessa crise, corremos o risco de perdermos tudo o que já conquistamos. Vamos tocando assim mesmo que Deus vai cuidando!

E, então, ele estacionou em frente ao consultório da Meire, em uma rua tranquila de um bairro de classe média aqui de São Paulo.

— Obrigada pela conversa Marcelo, que você tenha um ótimo dia e atinja sempre seus R$ 200,00, com rapidez e segurança.

— Obrigado, bom dia para a senhora também.

E completou:

— Ah, Dona Marina, lembre-se de me avaliar, isso me ajuda, obrigado. Tchau!

Juro que queria ter dado dez estrelas para ele, por tudo que me fez refletir sobre *mindset* em pouco tempo, mas, infelizmente, o aplicativo só me permite dar cinco.

Entrei na fisioterapia ainda com meu pensamento no Marcelo e sua mentalidade fixa. Que direitos eu teria, como *coach*, de tentar mudar esse conceito, não é mesmo?

Apenas um minuto depois de me despedir do Marcelo, estava sentada na sala de espera, incomodada e desrespeitando um dos princípios fundamentais do bom *coach* que é não julgar, quando a Meire, minha fisioterapeuta, me fez acordar desse devaneio com sua exalação de adrenalina.

Dando-me uma bronca por eu ter exagerado no impacto durante a atividade física, imediatamente começou a me dar orientações sobre as novas especializações que havia feito nesses últimos meses.

E sem parar de falar enquanto me conduzia para a sala, Meire começou a me agraciar contando sobre os treinamentos e congressos de que iria participar até o final do ano, animada com o quanto isso iria contribuir para seus planos de abrir um novo consultório, o qual estava chamando de "um complexo terapêutico, sabe?", onde ela irá ter fisioterapeutas, esteticistas, especialistas em relaxamento e *coaches* para auxiliar na consecução de metas dos seus clientes.

Disse que tem um pouco de medo de investir neste momento, ainda mais em um país instável como o nosso, mas prefere arriscar a ficar parada esperando as coisas melhorarem; afinal, parada dificilmente irá evoluir, então se quiser alguma coisa melhor do que já tem, ela precisará enfrentar o medo de investir, se especializar e ir atrás.

Ela me contava essas coisas com um entusiasmo tão grande e tão feliz que pouco se importava de ter que trabalhar 12 horas por dia, para conquistar cada vez mais e ainda manter o que conquistou.

E então, foi aí que minha ficha caiu de vez, eu que já estava com quase todo o texto pronto para este livro, com base em exemplos de nomes de grandes empreendedores, atletas, entre outros famosos, que erraram várias vezes, e por terem persistido, se desafiado e acertado são idolatrados e se tornaram referências recorrentes em livros, palestras e treinamentos, estava, em menos de uma hora depois, com dois exemplos diagonalmente opostos de pessoas comuns, como o Marcelo e a Meire, cada um envolto aos seus 35 – 40 anos, com possíveis passados muito similares, mas com visão e perspectiva de futuro completamente diferentes.

Com certeza, você vai encontrar neste livro, e mesmo fora, as definições sobre *mindset* fixo e de crescimento, tomará ciência de grandes nomes sobre o assunto, como a psicóloga Carol Dweck, por isso não vou me ater a isso neste momento. Quero apenas que entenda que claramente temos em Marcelo e Meire dois exemplos da vida real, que se enquadram perfeitamente dentro desses conceitos. Mais do que isso, quero que você registre aí que, muito provavelmente, é a forma como você pensa que aumentará ou diminuirá suas chances de chegar ao sucesso, independentemente do que for "sucesso" para você.

Não importa se sucesso, para você, é uma conta recheada, muitos imóveis e investimentos financeiros ou se é uma casa simples no campo com família, um cachorro e muita tranquilidade. Você conquistar ou não isso vai depender muito mais do quanto está conformado em acreditar que o sucesso pertence a alguns predestinados, ou pertence a quem corre atrás, obviamente dentro de alguns métodos mais eficientes para isso.

Sem sombra de dúvidas, obter esse sucesso passa sempre por duas fases: a primeira é justamente saber o que é sucesso para você. Ter isso claro e bem definido em sua mente para então poder ir buscá-lo. Se você não sabe nem aonde quer chegar, é quase impossível começar a trilhar esse caminho.

A segunda é entender que alcançar isso que você define por sucesso tem bastante a ver com a forma como você encara a vida. E isso acontece por meio de uma configuração mental complexa recheada de valores e crenças adquiridas ao longo da nossa vida que, quando exigida ou estimulada a tomar uma decisão, tem uma atitude mental de pensamentos e sentimentos que nos levam a ações que, ou nos puxam para trás e nos deixam estagnados, ou nos impulsionam para frente. Essa formatação é o seu *mindset* (configuração da mente). Essa configuração já está aí dentro da sua mente e já está o levando, diariamente, a tomar decisões que o aproximam ou o afastam do seu conceito de sucesso.

Imagine-se comprando um celular de última geração, ele virá com algumas instalações de fábrica e você poderá instalar nele os demais aplicativos que escolher. Você, diariamente, pode optar por instalar aplicativos que deixem o aparelho mais potente, funcional e ágil ou então outros, que o deixem mais carregado e o atrapalhem e impeçam de funcionar dentro do melhor que ele pode ser.

De forma muito simplista, é mais ou menos isso que acontece na sua mente, é desse jeito que você e os ambientes, com os quais interage desde a infância, vêm "configurando" sua mente. E são justamente essas configurações que ditam suas decisões - das mais simples às mais importantes, aquelas que mudam seu destino.

Então reflita, será que sua formatação mental o ajuda a caminhar para obter sucesso? Seus pensamentos automáticos, sentimentos, emoções, decisões e ações impulsionam você a querer sempre evoluir? Se, por algum acaso, essa atual formatação da sua mente não o está favorecendo e vem causando frustração, conformismo e sofrimento, nada mais lógico do que começar a modificá-la, certo?

E, sim, posso garantir que é totalmente possível modificar o modelo de padrão mental que você já tem aí dentro.

Nenhum *mindset* é errado, não existe certo ou errado. Há apenas a análise a ser feita em relação a seu *mindset* estar ou não o levando para um caminho de sucesso, dentro do que você entende ser sucesso. Uma pessoa que pensa como você tem maiores ou menores chances de chegar onde deseja?

Lembre-se do que Henry Ford disse um dia: "Se você pensa que pode ou se pensa que não pode de qualquer forma você estará certo".

A essa dualidade de formatação mental, Carol Dweck nos premia com uma conclusão simples e interessante, a de que existem dois tipos de *mindset* importantes presentes em todos nós, em maior ou menor intensidade dependendo de contingências: *mindset* fixo e *mindset* de crescimento, veja em qual deles você acredita que sua mentalidade vem operando ao longo dos últimos anos. É a partir dessa identificação que você poderá entender seu modelo mental e racionalmente decidir modificar o que precisa ser modificado, para que você alcance seus principais objetivos.

Encerrarei voltando aos nossos personagens iniciais, Meire e Marcelo. Está claro para mim e deve ter ficado para você também que, em uma hora, mantive diálogo com uma pessoa com *mindset* fixo e, em outra, com *mindset* de crescimento. Então, concluo destacando três pontos importantes para resumir minha experiência com esses dois personagens fundamentais, e que correspondem a grande parte de nós e das pessoas que conhecemos:

1. Apenas um sabe claramente aonde quer chegar (sucesso).

2. Somente um entende que é de sua responsabilidade construir o caminho ao próprio sucesso, ao invés de esperar que condições externas ou terceiros façam isso por ele.

3. Apenas um está se preparando para trilhar esse caminho, mesmo sabendo que será difícil, sem cogitar desistir no meio.

É claro que, se aprofundarmos nossa conversa com a Meire, perceberemos que ela também tem muitos medos, que sabe que nem tudo sairá como planejado e que precisará se manter em desenvolvimento constante. A Meire também veio de uma família pobre, como o Marcelo, no entanto, seu *mindset* - sua formatação mental - é de crescimento, e por isso ela entendeu que não é esperar acontecer alguma coisa ou esperar não ter medos que a faz corajosa e mais próxima do sucesso, é simplesmente fazer o que precisa ser feito para se chegar onde deseja.

Então, me responda com sinceridade: onde você deseja chegar? O seu *mindset* atual irá levá-lo para esse lugar? Se não, qual será o primeiro passo a ser dado para que a situação comece a mudar?

Lembre-se sempre: os resultados são completamente diferentes entre a mentalidade do "vou fazer para ver se vai dar certo" e do "vou fazer até dar certo"!

38

Como ter uma mente poderosa e ser uma pessoa de sucesso!

Neste capítulo, abordaremos a importância de vivermos o presente de uma forma verdadeira e com sentido, assumindo os nossos papéis e evitando a procrastinação. Além de desenvolver habilidades que vençam os nossos medos, libertem as amarras, as crenças que nos limitam, e alcancem uma estrutura mental poderosa, que nos proporcionarão uma vida feliz e plena

Mário Silva

Mário Silva

Graduado em Ciências Contábeis pela Universidade Estadual de Londrina (UEL). MBA em Gestão Financeira, Controladoria e Auditoria pela Fundação Getulio Vargas (FGV). *Master, professional, self & Coaching* Ericksoniano pelo Instituto Brasileiro de Coaching (IBC), reconhecido pelas maiores instituições internacionais de coaching. *Practitioner* em PNL – Programação Neurolinguística – pela Sociedade Brasileira de PNL. Treinador comportamental pelo Instituto de Formação de Treinadores (IFT). Facilitador para transformar a vida das pessoas em suas conquistas pessoais e profissionais, despertar o verdadeiro poder que existe em seu interior, e que fazem parte da sua essência, maximizando o tempo e potencializando capacidades, habilidades e competências com ferramentas e técnicas de *Coaching*. Ouso fazer a diferença e ir além sempre, para alcançar a merecida alta *performance*.

Contatos
www.mariosilva.com.br
(43) 99191-3353

Identificando o *mindset* atual e o que fazer para remodelá-lo

O *coaching* se constitui numa metodologia inovadora de desenvolvimento humano, que propulsiona e estrutura um novo *mindset*. Por meio dele, as pessoas podem alcançar suas realizações pessoais e profissionais, balizadas por elementos como foco, planejamento estratégico e ações, com resultados altamente eficientes, coesos e duradouros.

Desde que nascemos, iniciamos um processo de formação da nossa personalidade, passando por todas as fases de crescimento e desenvolvimento da nossa vida. Recebemos influências e informações vindas de nossa família, do meio em que vivemos e ao qual fomos expostos.

Somos movidos pelo que nós acreditamos serem as nossas crenças! Nem sempre elas são positivas. Muitas vezes, nos limitam e nos impedem de avançarmos no caminho que está com o sinal "verde", nos dando a possibilidade de irmos ao encontro de nossos propósitos de vida, sonhos e metas, nos tornando uma pessoa absolutamente inerte e sem ação.

O que fazer? Como mudar esse modelo mental? Como transpor essa barreira a fim de alcançarmos o próximo nível em nossa vida?

Mais do que nunca devemos recorrer a um conjunto de técnicas e ferramentas para alavancar a nossa vida, que são amplamente difundidas e utilizadas nos processos de *coaching*. Com isso, seremos retirados do lamaçal em que nos encontramos.

Vamos lá! Primeiramente, vale frisar que vivemos em sociedade. Nos relacionamos afetivamente, profissionalmente e em momentos de lazer, enfim, somos pessoas que necessitamos, invariavelmente, estar em contato constante com outras, num frequente vai e vem de troca de energia.

O *coach* com técnicas e ferramentas poderosas, estabelecendo uma conexão com um *rapport* poderoso, faz com que o *coachee* enxergue sua vida sob um novo prisma, por meio de *insights*. Isso faz com que ele se redescubra e se empodere, caminhando em direção aos seus propósitos de vida com ações congruentes e eficazes.

Conquistar os nossos objetivos pode não ser tão simples assim, como, na verdade, não é!!! Temos que dar atenção total a elementos que irão ditar o nosso destino, mostrar quem realmente somos, gerando "autoridade" e reconduzindo-nos às nossas próprias vidas.

Ressignificar o nosso passado é muito mais do que entender e aprender a lidar com as nossas crenças. Devemos dar a elas uma nova forma de serem vistas, olhando-as com um "novo sentido" e não resetá-las de nossa mente, mas vê-las com uma "nova roupagem",

Mário Silva **287**

a fim de que nos libertemos dessas amarras, e que possamos, assim, escrever a nossa própria história. A resiliência faz com que tenhamos plena consciência de que os momentos de turbulência pelos quais passamos, em que somos colocados em verdadeiras provas de fogo, são passageiros e não duram para sempre.

Em contrapartida, devemos mostrar força, capacidade de reação e superação diante das adversidades, elevando o nosso autoconhecimento, autocontrole e autoestima. Trabalhar esses pontos de melhoria fará com que saiamos da nossa "querida" zona de conforto.

Lidando com a nossa dualidade: luz e sombra

Todos nós somos seres duais, somos luz e sombra. Ao nascermos, temos a pureza e a inocência em nossa essência, ou seja, somos pura luz. À medida em que crescemos e adquirimos as percepções, ensinamentos e informações do mundo que nos cerca, começam a ser instaladas em nosso inconsciente as nossas crenças, constituindo-se no nosso primeiro *mindset*.

Passamos a conviver e a lidar com as nossas sombras, representadas por nossas fragilidades, medos e inseguranças. Para encontrarmos a luz em nossas vidas, deveremos procurá-la justamente em nossas sombras, nos acertos em nossos erros, na congruência na incongruência e na aprendizagem no fracasso, pois "no veneno está o antídoto". (Milton Erickson).

Quando atingimos um objetivo que tanto queremos, devemos parar por ele? Será mesmo??? A partir dele não vislumbraremos nada mais em nossa vida? Devemos dar por encerrada a busca por novos desafios e novas conquistas? Será que, realmente, a nossa missão foi cumprida e não nos resta mais nada a fazer? Se sim, a reposta é: você está morto! Para que atinjamos o topo, é necessário que desçamos. Buscar a nossa luz, em nossa própria sombra, significa caminhar o caminho sempre. Ninguém deve ficar acomodado após a conquista de uma meta, pois somos seres em evolução contínua, num incessante processo de conhecimento e de aprendizagem.

A mudança começa agora!

Trabalhando a nossa resiliência, ressignificando o nosso passado, estabelecendo uma maior conexão conosco por meio do autoconhecimento, autoconfiança e autocontrole, e elevando a nossa autoestima, acredito que o próximo passo a ser dado seria a mudança de nossos hábitos.

Adquirir novos hábitos positivos e expurgar os antigos é imprescindível para alcançar mudanças significativas em um modelo de vida. Buscamos uma energia mais harmoniosa e equilibrada, fazendo a vida valer a pena de ser vivida, e não sobrevivendo a ela.

Certa vez, li uma frase num livro que chamou muito a minha atenção e fez muito sentido, apesar de curta e simples: "Todos morrem, mas nem todos vivem." (Autor desconhecido).

As mudanças de hábitos ocorrerão com ações específicas, focadas na formação de um novo *mindset,* trazendo um novo sentido para a nossa vida.

Então, agora, vamos partir com tudo e desfrutar das maravilhas da vida, da felicidade plena, com os propósitos devidamente delineados e acoplados a nossa missão de vida, sem ter que olhar para trás e dizer: será que estamos realmente prontos para viver tudo que sempre sonhamos e lutamos tanto?

Aprendendo a entender as nossas emoções e evoluir nosso comportamento

Ao falarmos de evolução e desenvolvimento de pessoas, devemos trazer à tona as quatro necessidades básicas do ser humano, que são:

1. Ser ouvido na essência;
2. Ser reconhecido, valorizado e amado;
3. Ter o direito de errar;
4. Ter o direito de pertencimento aos sistemas (família, amigos, religião etc.).

Para que haja uma comunicação mais assertiva e de confiança, as pessoas têm a necessidade de ser compreendidas em sua essência, por meio do *rapport* e empatia, evitando conflitos desgastantes e desnecessários.

Devemos aprender a lidar com as nossas emoções, que ditam verdadeiramente o que somos, que são: a alegria, a tristeza, a raiva e o medo.

Devemos, literalmente, "treinar" a nossa mente para suportar as adversidades, a fim de propormos novos caminhos, novas ideias, novos pensamentos, para alavancar o que há de melhor em nós. Precisamos filtrar e canalizar as nossas emoções que impactam diretamente em nossos sentimentos, determinando o que faremos ou não em nossa vida. Simples assim!

A raiva pode ter um viés positivo quando trabalhada em nossa mente. Pode se transformar numa grande aliada para alcançarmos nossas metas, pois ela funciona como um propulsor de ações, se controlada adequadamente.

Ela pode nos dar gana para realizarmos coisas que tanto queremos e que, por vezes, simplesmente travamos. Isso pode ocorrer quando somos desafiados ou quando nos desafiamos.

Mas, o maior vilão de nossas emoções, sem dúvida alguma, é o medo, que faz com que não acreditemos em nós mesmos. O medo de fracassar, o medo do desconhecido, o medo de sermos criticados e, por incrível que pareça, o medo de que as coisas deem certo na nossa vida!

Uma forte crença negativa e limitante que acomete muitas pessoas está ligada ao fato de estarmos fadados a que as coisas que acontecem na vida da gente estão muito mais propensas a dar errado, do que dar certo! O medo de falar em público, por exemplo, que nos faz acreditar que, de alguma forma, estamos sendo "julgados" o tempo todo, sem sequer saber o porquê de estarmos submetidos a isso. São crenças que nos impedem de avançar.

Esses medos que nos congelam advêm da nossa própria mente e nos fazem sofrer. Para detonarmos essas travas mentais, devemos elevar a nossa resiliência, autoconhecimento, autocontrole, autoconfiança, banir a procrastinação e fazer prevalecer a nossa coragem.

Os medos reais é que fazem sentido! Nos depararmos com um tigre à nossa frente ou sermos vítimas de um assalto são medos iminentes. Representam uma ameaça a nossa integridade física e psicológica.

Tanto o *coaching*, quanto o treinamento comportamental constituem ferramentas poderosas para utilizarmos de maneira "cirúrgica" em todos os pontos de melhorias. Elas fazem com que se despertem todas as potencialidades, capacidades, habilidades e competências.

Importante salientar que, para transformar a vida das pessoas, você tem que estar transformado! Todo *coach* ou treinador comportamental têm que verdadeiramente viver e sentir todas as emoções, pois quem não as sente, não se enquadra nesse perfil e, dificilmente, logrará êxito em transformar a vida das pessoas.

Superando os nossos medos e sabendo lidar com as nossas emoções, marcharemos a passos firmes ao encontro de nossos propósitos e da nossa felicidade.

A importância de fazermos uma melhor gestão do nosso tempo

Como sabemos, o tempo passa e não para! O tempo é algo extremamente valioso em nossa vida, pois tudo o que fazemos ou deixamos de fazer é em razão dele! Devemos sempre maximizar a utilização do nosso precioso tempo, dispendendo nossa energia naquilo que realmente faça sentido e valha a pena, nos proporcionando um bem-estar pessoal e profissional que nos satisfaça plenamente, evitando ao máximo a sua ociosidade.

Se perdermos o emprego, poderemos conseguir outro. Se perdermos um grande evento ao qual amaríamos ter ido, outros eventos virão. Se perdermos dinheiro numa aplicação de risco, poderemos nos recuperar logo adiante. Agora, se perdermos o tempo, infelizmente não há nada que possa ser feito.

Com um *mindset* poderoso você fará as melhores escolhas para o seu trabalho e para a sua vida

Devemos sempre ter em mente que a vida é feita de escolhas. Busquemos sempre ser produtivos em algo que realmente acreditamos e nos dê prazer em viver!

Despejemos todo o nosso potencial numa carreira coesa e altamente motivadora, elevando-nos a um próximo nível, evitando a procrastinação dos nossos sonhos e libertando o nosso "eu" verdadeiro, alcançando os nossos propósitos profissionais e nos tornando plenos!

Suas atitudes irão determinar no "Jogo da Vida" se você é um derrotado ou um vencedor! Se estiver munido de uma mente focada, dando sempre o "seu melhor", sem economizar esforços, só restará um resultado: você é um vencedor!

Todo esse dinamismo de ações potencializará ainda mais a sua liderança, estratégias, planejamentos, motivação, resiliência e o seu foco.

Estabelecendo um *mindset* vencedor!

Como já foi dito anteriormente, nossa vida é feita de escolhas. Podemos simplesmente ficar observando de camarote a vida passar numa postura passiva e covarde, ou podemos arregaçar as mangas, tomando atitudes condizentes com os propósitos que estão vinculados à nossa missão de vida. Assim, será possível assumir as rédeas da nossa vida e fazer com que a mesma tenha um real sentido para ser vivida.

290   Coaching mude seu mindset para o sucesso

Um *mindset* poderoso e vencedor é fruto de ações focadas e acompanhadas de uma boa dose de resiliência, autoconhecimento, autocontrole, autoconfiança, elevada autoestima e, principalmente, pela adoção de hábitos positivos em nossas vidas.

A superação de medos, inseguranças e negativismo faz com que construamos uma mente extremamente poderosa e insuperável. Jamais podemos adotar uma postura de "coitadismo", achando que tudo o que acontece de errado na nossa vida é culpa dos outros. Se a cada fracasso ou erro que cometemos em nossa vida soubermos filtrá-los como aprendizado, nos tornaremos incrivelmente fortes e poderosos.

Ao assumir a nossa vida por completo, buscando ser congruentes na incongruência, com atitudes firmes e condizentes, estaremos resgatando a nossa identidade, despertando o verdadeiro gigante que habita em cada um de nós e mostrando ao mundo a nossa melhor versão.

O sucesso premia as pessoas que ousam fazer diferente em suas vidas. Para isso, devemos dar o primeiro passo, nos permitindo, agindo e vivenciando as transformações dos nossos sonhos em realizações, vendo surgir nesse horizonte o sucesso que tanto nos aguarda. Vivamos sempre em busca da plenitude e da felicidade.

Gostaria de encerrar com uma frase altamente profunda e reflexiva, com uma nuance de leveza e altamente fortalecedora, de um dos maiores psiquiatras e psicoterapeutas que o mundo já conheceu:

> "Conheça todas as teorias, domine todas as técnicas, mas ao tocar uma alma humana, seja apenas outra alma humana. " Carl G. Jung

39

Reprogramação para a felicidade

Muitas vezes, não somos capazes de enxergar a verdade que está bem à nossa frente. Mas, que verdade é essa e por que não a enxergamos? Para enxergar o presente momento, com tudo o que traz de maravilhoso, precisamos deixar o passado no seu devido tempo e procurar pela verdade dentro de nós, onde estão as respostas, a direção e a cura

Mônica Moraes Vialle

Mônica Moraes Vialle

Sócia e diretora da MOOM Consultoria e Coaching, empresa binacional (Brasil e Portugal). *Master Coach*, Consultora e Palestrante, obteve formação nas importantes instituições: Ohio University, Florida Christian University nos EUA e no Brasil, IBC – Instituto Brasileiro de Coaching, SBC – Sociedade Brasileira de Coaching e Instituto Holos. Conquistou os mais importantes títulos nacionais e internacionais: *Master Coach*, *Positive Psychology Coaching*, *Coaching & Leadership*, *Business Coach*, *Executive Coach*, *Professional Coach*, *Leader Coach*, *Career Coach*, *Coach* de Equipes e Grupo, Palestrante *Coach*, Mentoria, *Coach* Ericksoniano. Mestre em Arquitetura, Graduada em Arquitetura e Urbanismo, cursou MBA em Gestão de Negócios de Incorporação e Construção Imobiliária, Especialização em *Real Estate* e Técnico em Edificações. Seu histórico profissional passa por mais de 18 anos em posições de liderança em empresas importantes do Brasil.

Contatos
www.moomconsultoria.com
coaching@moomconsultoria.com
Facebook: moomconsultoria
Instagram: moomconsultoria

Minha *coachee* tinha problemas no trabalho. Procurava fazer tudo sozinha e não compartilhava seu conhecimento com ninguém, com medo de ser substituída. A cada funcionário novo que chegava na empresa, ela se sentia ameaçada.

Nos relacionamentos, não agia diferente. Tentava controlar o namorado todo o tempo, vivia enciumada.

Ela sabia muito bem que estava errada, que devia confiar em si mesma, no seu próprio valor e que era exatamente esse padrão de comportamento nocivo que fazia com que ela não conseguisse ficar muito tempo em uma mesma empresa, ou em um mesmo relacionamento.

Ela queria ser diferente, mas se sentia como se fosse um trem em movimento preso a um trilho e que não poderia mudar nunca de direção.

Todos os outros caminhos estavam ali. Não havia trilho algum. Mas, ela não enxergava nada além do trilho.

Um palmo além do nariz

Às vezes não conseguimos enxergar a verdade que está bem a nossa frente, todos já ouvimos esta frase. Mas, que verdade é essa e o que podemos fazer para enxergá-la?

Vivemos remoendo dores, tristezas, mágoas que passamos, repetindo padrões e utilizando sempre o tempo verbal do passado em nossas frases e pensamentos.

Para enxergar o que o presente momento pode nos trazer de maravilhoso, como as soluções para nossas vidas, precisamos nos libertar do vício que temos de olhar para trás de forma vitimizadora e indagadora, remoendo o passado como se ele nos devesse algo. Não, ele não nos deve, somos nós que devemos a nós mesmos. Precisamos deixar o passado no seu devido tempo e aprender com ele.

Todos os momentos que passamos têm uma única finalidade: promover nosso crescimento e aprendizado. "Quem não aprende no amor, aprende na dor" é uma frase que faz muito sentido quando pensamos em todos os tropeços que fazem parte da cartilha da vida que nos ensina o rumo da evolução.

O que é *mindset*?

Cada um de nós possui um modo de agir que foi construído ao longo de nossa existência. Cada situação, exemplo, experiência, forma um modelo mental que explica nossas ações e reações, isso é o *mindset*.

Construindo o *mindset*

A boa notícia é que o *mindset* está sempre em construção. Então, não é porque chegamos até aqui com este formato, que teremos que permanecer assim para sempre. Sim, é possível reprogramar nosso cérebro para que consigamos enxergar tudo de forma diferente.

Mais que isso: é possível enxergar as infinitas possibilidades que estavam ali, invisíveis, bem na frente do nosso nariz e utilizar nosso livre arbítrio para fazer as escolhas certas e mais convenientes para nossa vida e para nossa felicidade.

Por onde começar?

A verdade e as respostas para nossas infinitas perguntas geralmente estão em um único lugar, lugar este que também contém a solução para todos os nossos males: dentro de nós. Sim, dentro de nós estão as respostas, a direção e a cura.

Para nos protegermos, ao longo de nossas vidas criamos máscaras, camadas, mecanismos de defesa que nos distanciam da verdadeira essência de nós mesmos. Tentamos ser pessoas diferentes para agradar outras pessoas, agimos de maneira rude para nos defender, tornamo-nos egoístas por medo de perder coisas e pessoas que nem sabemos ao certo se são benéficas para nós.

Então, a jornada da mudança de *mindset* começa no autoconhecimento.

Inimigos da mudança de *mindset*
1 - Pessoas tóxicas

Sabe aquela pessoa que só faz críticas destrutivas, que tem o poder de tirar seu brilho e sua alegria? Pois está na hora de se livrar dela.

Gosto de usar frases populares porque elas contêm muita sabedoria: "Antes só do que mal acompanhado!". O medo da solidão não deve ser motivo para ficarmos presos a pessoas que nos jogam para baixo o tempo todo. Uma boa maneira de impulsionar sua mudança de *mindset* é "limpar seus relacionamentos".

Mesmo que você não possa se afastar fisicamente da pessoa em questão, você pode se afastar emocionalmente, ou seja, criar mecanismos para que essa pessoa não consiga atingi-lo.

Nesse caso, vale não dar muita atenção, sorrir com expressão de desentendido, não entrar na sintonia do outro.

2 - Apego ao passado

Nossa vida é feita de escolhas. Escolher um caminho implica em abrir mão de outros. Se eu tomei uma decisão consciente em uma determinada direção, não faz sentido ficar remoendo o passado e vivendo nele. É necessário olhar adiante e seguir em frente com coragem.

3 - Papel de vítima

Posicionar-se como uma vítima injustiçada é eficiente para atrair atenção. Por meio desse artifício, conseguimos nos colocar no centro perante os outros, despertando piedade. Quando estamos nos sentindo machucados, este pode ser um curativo de alívio rápido, pois encontraremos consolo.

Porém, quem se vale disso com frequência torna-se um incômodo para os outros e para si mesmo, pois acaba por acreditar-se incapaz. A pessoa com padrão de vítima procura, inconscientemente, por situações que a prejudiquem para usá-las como ferramenta para atrair atenção.

Para mudar o *mindset* é necessário rasgar o papel de vítima e acreditar em si mesmo, no próprio potencial de ser feliz e de construir seu destino.

4 - Rancor

Cultivar rancor e mágoas é como tomar veneno e esperar que o outro morra. A raiva só faz mal para a pessoa que a está sentindo. É necessário perdoar quem nos ofende, não pelo bem do ofensor, mas pelo nosso.

5 - Medo

Um fato que atormentava a minha *coachee* era o medo de perder o namorado. Medo de ser traída ou abandonada. Isso fazia do relacionamento dela um inferno.

Para mudar seu *mindset*, ela poderia confiar no seu namorado e, caso fosse traída ou abandonada, fazer disso uma escada para aprender a se amar, se dar valor, melhorar sua autoestima e, quem, sabe, encontrar um relacionamento mais saudável.

6 – Procrastinação

Parece que não, mas, adiar sempre algo que sabemos que teremos que fazer rouba muito da nossa energia. Notamos uma voz interior dizendo: "Puxa, você ainda não fez isso, deixa de ser preguiçoso!". Esse autojulgamento produz uma sentença de incapacidade na nossa mente que dificulta muito a reprogramação para o sucesso.

7 - Zona de conforto

Aqui jaz o maior inimigo da mudança. Digo "jaz" porque este é o momento de acabar com ela. A mudança de *mindset* exige que você saia da sua zona de conforto, pense diferente, se arrisque, percorra novos caminhos.

Aliados da mudança de *mindset*

1 - Agir em vez de reagir

No processo de mudança de *mindset* é necessário que comecemos a nos responsabilizar pelas nossas próprias escolhas. Devemos nos antecipar às situações e não reagir a elas.

Por exemplo, se eu sei que costumo reagir com agressividade diante de qualquer desavença no trânsito, eu preciso reprogramar meu cérebro – mudar meu *mindset* – para que tenha mais calma, analise cada fato com serenidade e que aja de forma conveniente para mim. Extravasar raiva não é produtivo para ninguém, não é uma atitude inteligente.

2 - Liderar a si mesmo

Além de se programar para agir em vez de reagir, a mudança de *mindset* permite aplicar planejamento e gestão estratégica nas nossas próprias vidas. Há quem prefira ser como uma folhinha ao vento e esperar pela sorte de chegar a um lugar realizador, o que dificilmente acontece.

Mas, você pode descobrir onde quer chegar, utilizar e desenvolver ferramentas e recursos para chegar lá de forma objetiva.

3 – Gratidão

Cada tropeço e dificuldade que passamos foi uma lição para que tenhamos chegado ao dia de hoje exatamente da forma como somos. Hoje é o dia ideal para a mudança, até porque não é possível realizar nada no ontem nem no amanhã.

Então, sejamos gratos a tudo que nos aconteceu, a todas as pessoas que passaram por nossas vidas, pois elas nos ajudaram a formar o tesouro que somos nós.

4 - Parábola dos Três Crivos

A parábola dos três crivos nos ensina a filtrar as informações que nos chegam dizendo que se algo não é bom, nem útil, nem verdadeiro, não merece a nossa atenção. Essa é uma excelente estratégia para nos mantermos longe de fofocas e intrigas que tentam nos desviar do *mindset* positivo.

5 - Resiliência

Não existe jornada sem obstáculos, sem tombos ou dificuldades. A resiliência consiste em aceitarmos isso com serenidade, sem desistir ou mudar de caminho. Quem sempre conquista seus objetivos não são as pessoas mais fortes e sim as mais resilientes.

6 - Mindfulness

Mindfulness é uma técnica de meditação que se baseia na atenção plena. Ela permite que vivamos o presente aproveitando cada segundo das nossas atividades em prol da nossa plenitude e da conquista de nossos objetivos. Essa prática é uma poderosa aliada, pois permite que nos mantenhamos sintonizados na frequência positiva para a mudança de *mindset*.

7 - Criatividade

Costumamos ser criativos para muita coisa na vida, inclusive para especular sobre atitudes alheias. Porém, quando o sujeito somos nós, escolhemos a uma única interpretação dos fatos, geralmente a primeira que vem à nossa mente.

A minha *coachee*, ao receber uma nova funcionária no seu departamento, poderia ter pensado: "Que bom, alguém para me ajudar, poderemos formar dupla dinâmica e implantar projetos incríveis!"

Ao invés disso, ela pensou: "Nossa, e agora? E se ela for melhor do que eu, eu posso perder meu emprego, preciso evitar que ela pegue projetos importantes."

Um fato novo pode desencadear dezenas, centenas de fatos em cadeia. O indivíduo que tem o modelo pessimista no seu *mindset* se agarra a pior das opções ao tentar antever o futuro. E, o que é pior: quando projetamos uma situação na nossa mente, a probabilidade de acontecer aumenta.

Técnica para mudar o *mindset*

Uma técnica eficiente para reprogramar seu *mindset* a seu favor consiste em, assim que sua mente reagir negativamente a um fato, parar e fazer um rápido *brainstorming* visualizando outras consequências possíveis para aquela mesma situação. E, então, escolher conscientemente para acreditar a que for melhor para você. Parece e é simples.

No caso da minha *coachee*, mesmo que fosse substituída pela nova colega de trabalho, sendo otimista pouparia sofrimento antecipado. E, ao ser demitida, faria um *brainstorming* vislumbrando situações melhores as quais a demissão poderia levá-la.

"Há males que vêm para bem". A demissão poderia abrir uma brecha para que ela encontrasse colocação melhor em outra empresa ou para que começasse a empreender.

As asas que todos temos

Todos somos seres divinos feitos de luz, prontos para transformar nossas habilidades e capacidades em asas fortes para nos levarem onde queremos chegar.

O autoconhecimento e a mudança de *mindset* são a chave para abandonarmos velhas crenças limitantes e nos colocarmos definitivamente a favor e a serviço de nós mesmos, dos nossos projetos e da nossa felicidade.

40

Por uma conexão mental de sucesso

Neste capítulo, você encontrará estratégias para desenvolvimento de um plano de conexão mental capazes de conduzi-lo ao sucesso! A tomada de atitudes resultará em mudanças no seu *mindset*, que proporcionarão melhorias no seu comportamento e no fortalecimento de práticas e hábitos positivos. Como já dizia Henry Ford: "Se você acha que pode, ou acha que não pode, em ambos os casos você está certo". Isso porque temos a fantástica capacidade de realizar tudo aquilo que realmente queremos, acreditamos e podemos fazer

Onofre Biceglia Filho

Onofre Biceglia Filho

Master humanistic coach. Analista comportamental e palestrante, com MBA em finanças e gestão de pessoas pela FGV. Especialização em liderança corporativa e gestão de pessoas em tempos turbulentos pela Ohio University. Formação em *coaching* pela FEBRACIS. Tetra *coach* pela Behavioral Coaching, em Curitiba. *Coach* pela SLAC, conteúdos pelo IBC, *coach* pela Escola de Negócios em São Paulo, especialização e formação de m*aster coach humanistic* pela More Institute, em Frankfurt, na Alemanha. Administrador de empresas com 40 anos de experiência em consultoria de empresas, nas áreas administrativas com ênfase em gestão de pessoas.

Contatos
www.ibecsp.com.br
ibecsp@outlook.com
Facebook: Onofre Biceglia Filho

Agir, eis a inteligência verdadeira. Serei o que quiser. Mas, tenho que querer o que for. O êxito está em ter êxito, e não em ter condições de êxito. Condições de palácio têm qualquer terra larga, mas onde estará o palácio se não o fizerem ali?

Com toda formação e experiência em gestão de pessoas, sessões individuais e corporativas de *coaching*, com aplicação de técnicas avançadas e poderosas ferramentas, podemos observar e afirmar que tudo está centrado na tomada de atitude.

Somos movidos a objetivos e metas, entretanto, para atingi-los, passaremos pela tomada de atitude. Como seres humanos, temos a infinita capacidade de adaptação e transformação.

Há um ditado popular que nos ensina e nos exorta: "Não espere acontecer, faça acontecer". Por experiência pessoal, nas sessões individuais, muitas vezes, notamos uma motivação e um entusiasmo inicial perdidos pela falta de atitude. Portanto, atitude é o que conta, para tudo em nossas vidas. Sem ela, não há mudanças em seu *mindset* que o conduzirão ao sucesso.

Após importantes descobertas em minha formação de *humanistic coach*, a respeito do gênero humano, percebi a necessidade de identificar o que há por trás de cada objetivo delineado.

Atrás dessa meta e objetivo há um ser humano com diversas histórias, crenças limitantes, passados e expectativas futuras. Nem sempre o objetivo estabelecido é aquele almejado. Muitas vezes, é pano de fundo para um encontro pessoal, em busca da plenitude em todas as áreas da vida. Essa é a questão central.

Recorro, mais uma vez, ao ditado popular que nos ensina que: "somos ótimos conquistadores, mas péssimos amantes".

Ao refletirmos esse ditado, observamos que, em todo final de ano, pulamos sete ondas da praia, prometemos a nós tantas coisas, visualizamos tantos objetivos que se perdem ao longo dos dias e anos seguintes, simplesmente por falta de atitude.

Urge a necessidade de sermos amantes dos nossos objetivos e metas e, assim, sermos considerados ótimos amantes de nós mesmos. Quem tem um porquê enfrenta qualquer coisa.

Acreditar é essencial, mas ter atitude faz toda a diferença!

A maior descoberta do século é que o ser humano pode alterar a sua vida e o seu destino, mudando sua atitude mental.

Mahatma Gandhi nos alerta sobre atitudes quando ensina: "Seja a mudança que quer ver no mundo". Nunca é tarde demais para recomeços. Pior que não mudar é não tentar.

Onofre Biceglia Filho **303**

É impossível progredir sem mudanças. Aqueles que não mudam suas mentes, não podem mudar nada. Quando me refiro a tomadas de atitudes, há um sentido amplo, não é somente a respeito de estabelecimentos de metas e objetivos em direção ao sucesso, por meio da mudança do *mindset* e, sim, da mudança de comportamento e de vida.

Os ventos nunca soprarão a favor de quem não sabe onde quer chegar. A quem não sabe para onde ir, qualquer lugar serve. Nunca espere acontecer para fazer. Faça acontecer.

Algumas pessoas acham que foco significa dizer sim para a coisa em que você irá se focar. Mas, não é nada disso. É dizer não às centenas de outras boas ideias que existem. Você precisa selecionar cuidadosamente. (Steve Jobs).

Não basta apenas ter atitude. Tão importante quanto a atitude é o foco. A ausência do foco traz indecisões e todo aquele que é indeciso em começar, é lento a agir.

Portanto, foco é manter a concentração permanente em nossos objetivos, centrar todas as forças para atingir o alvo estabelecido.

É importante ressaltar que o conceito de foco não pode ser definido em estar concentrado apenas por um momento, mas, sim, o tempo todo. Foco é continuidade! Consiste em ter um objetivo e trabalhar com disciplina e continuidade, para atingir a meta estabelecida, desviando-se das distrações do cotidiano.

Ter ou não é fator decisivo para o sucesso ou fracasso em nossas vidas. Por isso, tanto se fala sobre manter o foco nos dias de hoje, em que estamos expostos constantemente às distrações que ofuscam o nosso foco.

Quando perdemos o foco, nossos objetivos e sonhos ficam em segundo plano. Colocamos em risco tudo aquilo que conquistamos, além de perder o entusiasmo, que necessita de um esforço e energia adicional para ser recuperado.

> "O sucesso nasce do querer, da determinação e persistência em se chegar a um objetivo.
> Mesmo não atingindo o alvo, quem busca e vence obstáculos, no mínimo, fará coisas admiráveis..."
> José de Alencar

Neste capítulo, cujo tema é uma busca de conexão mental de sucesso, surgem algumas questões tais como: o que é sucesso? Qual sucesso que busco, caso mude meu comportamento? Assim que atingir meu objetivo, terei sucesso?

O que é sucesso para uns, não é necessariamente para outros. O trabalho do *coach* está centrado em levar o *coachee* do estado atual ao estado desejado, ou seja, é a busca de estabelecimento de metas e objetivos claros, definidos, alcançáveis e com data para sua realização.

Mas, após atingir suas metas, o *coachee* estará plenamente realizado?

Sucesso para uns será atingir o máximo na carreira, *status* social e realização financeira. Para outros, está relacionado ao bem-estar pessoal e interpessoal, que está centrado mais em "ser" do que "ter".

> "Sucesso é quando você se sente bem consigo mesmo, com suas decisões. (...)
> Não significa apenas alcançar metas, mas sentir prazer nisso." Henry David Thoreau

Ambos são extremamente válidos, então, o sucesso é individual. Portanto, cabe ao *coach* extrair do *coachee* o que realmente representa sucesso, exatamente para que tenha mudanças no *mindset* em busca disso. Para obtermos uma perfeita conexão mental em direção ao sucesso, é necessária a mudança de hábito, a tomada de atitude e o foco.

Nós temos um grande propósito na vida – uma missão, uma vocação, um chamado. Nós estamos aqui para crescer, amar, evoluir, desenvolver todo o nosso potencial e contribuir para melhorar nossas vidas, as de quem amamos e o mundo em que vivemos.

Nossa contribuição neste capítulo consiste em dicas de atitude e foco para alcançar plenitude em busca da realização das metas e objetivos. A realização será daqueles que acreditam na beleza dos seus sonhos.

Como humanos, somos eternos aprendizes. Encerro com um texto muito sábio sobre o tema:

> Depois de um tempo você aprende a diferença, a sutil diferença entre dar a mão e acorrentar uma alma. E você aprende que amar não significa apoiar-se, que companhia nem sempre significa segurança, e começa a aprender que beijos não são contratos, e que presentes não são promessas. Começa aceitar suas derrotas com a cabeça erguida e olhos adiante, com a graça de um adulto e não com a tristeza de uma criança; aprende a construir todas as suas estradas no hoje, porque o terreno do amanhã é incerto demais para os planos, e o futuro tem o costume de cair em meio ao vão. Depois de um tempo você aprende que o sol queima se ficar exposto por muito tempo, e aprende que não importa o quanto você se importe, algumas pessoas simplesmente não se importam.... Aceita que não importa quão boa seja uma pessoa, ela vai feri-lo de vez em quando e você precisa perdoá-la por isso. Aprende que as pessoas que mais te amam, são justamente aquelas pessoas que recebem o seu desprezo. E descobre que existem pessoas tão fúteis, que são capazes de trocar uma vida inteira de amor e carinho, por um curto período de prazeres e farras. Aprende como a vida é engraçada e como sonhos são tão facilmente destruídos. E, em algum momento pensamos no amor....e isso se torna engraçado....é engraçado... ás vezes a gente sente, fica pensando que está sendo amada, e está amando, e pensa que encontrou tudo aquilo que a vida podia oferecer, e em cima disso a gente constrói nossos sonhos, nossos castelos, e cria um mundo de ilusão onde tudo é belo.... até que a pessoa que a gente ama vacila, e põe tudo a perder, e põe tudo a perder....... Aprendemos que falar pode aliviar dores emocionais, e descobre que se leva anos para construir confiança, e apenas segundos para destruí-la, e que você poderá fazer coisas em um instante, das quais se arrependerá pelo resto da vida. Aprende que verdadeiras amizades continuam a crescer mesmo a longas distâncias, e o que importa não é o que você tem na vida, mas quem você tem na vida, e que bons amigos são a família que Deus nos permitiu escolher. Aprende que não temos que mudar de amigos se compreender-

mos que eles mudam, percebe que você e seus amigos podem fazer qualquer coisa, ou nada, e terem bons momentos juntos. Descobre que as pessoas com quem você mais se importa na vida são tomadas de você muito depressa, por isso sempre devemos deixar as pessoas que amamos com palavras amorosas, pode ser a última vez que a vejamos. Aprende que as circunstâncias e os ambientes têm influência sobre nós, mas nós somos responsáveis por nós mesmos. Começa a aprender que não se deve comparar-se com os outros, mas com o melhor que pode ser. Descobre que se leva muito tempo para se tornar a pessoa que quer ser, e que o tempo é curto. Aprende que ou você controla seus atos ou eles te controlarão, e que ser flexível não significa ser fraco ou não ter personalidade, pois não importa quão delicada e frágil seja uma situação, sempre existem dois lados. Aprende que heróis são pessoas que fizeram o que era necessário fazer, enfrentando as consequências. Aprende que a paciência requer muita prática. Descobre que algumas vezes a pessoa que você espera o chute quando você cai é uma das poucas que o ajudam a levantar-se. Aprende que maturidade tem mais a ver com os tipos de experiências que se teve e o que você aprendeu com elas, do que com quantos aniversários você celebrou. Aprende que há mais de seus pais em você do que você suponha. Aprende que nunca se deve dizer a uma criança que sonhos são bobagens, poucas coisas são tão humilhantes... e seria uma tragédia se ela acreditasse nisso. Aprende que quando se está com raiva, se tem o direito de estar com raiva, mas isso não te dá o direito de ser cruel. Descobre que só porque alguém não te ama do jeito que você quer que ame, não significa que esse alguém não te ame com tudo o que pode, pois existem pessoas que nos amam, mas simplesmente não sabem como demonstrar. Aprende que nem sempre é suficiente ser perdoado por alguém, algumas vezes você tem que perdoar a você mesmo. Aprende que com a mesma severidade com que você julga, você será em algum momento condenado. Aprende que não importa em quantos pedaços seu coração foi partido, o mundo não para para que você o conserte. Aprende que o tempo não volta para trás, portanto plante seu jardim e decore sua alma ao invés de esperar que alguém lhe traga flores, e você aprende que realmente pode suportar; que a vida tem valor e que você tem valor diante da vida! (William Shakespeare)

Referências

COLEMAN, Daniel. *Foco: a atenção e seu papel fundamental para o sucesso*. 2014.

MARK, Allen. *O livro da realização – o maior segredo de todos*. 2009.

VIEIRA, Paulo. *O poder da ação. Editora* Gente, 2015.

41

Por um plano de carreira de sucesso

Neste capítulo, você encontrará estratégias que o ajudarão a desenvolver um plano de carreia e encontrar o seu propósito durante essa jornada. Praticar o autoconhecimento significa obter os recursos internos necessários para atingir seus objetivos, aproveitar a jornada e encontrar o seu sucesso profissional

Paul André Viana Bahamondes

Paul André Viana Bahamondes

Engenheiro graduado pela Universidade do Grande ABC, com pós-graduação em pedagogia empresarial, educação corporativa (Centro Universitário Internacional) e administração de produção (Centro Universitário da FEI). Certificado pela Sociedade Latino Americana de Coaching (SLAC), o maior centro de excelência em *coaching* da américa latina. Membro da International Association of Coaching (IAC), licenciado pela Professional Coaching Alliance (PCA), Association of Coaching (AC) e European Mentoring and Coaching Council (EMCC). Especialista em inteligência emocional e liderança *coach*. Idealizador do Método "alavanque sua carreira". Seu diferencial é ser apaixonado pelo desenvolvimento humano e liderança humanizada.

Contatos
www.paulbahamondes.com.br
www.alavanquesuacarreira.com.br
coach@paulbahamondes.com.br
Instagram: paulbahamondescoach / alavanquesuacarreira
Facebook: Paul Bahamondes *Coach* / Alavanque sua carreira
(11) 99341-8761

"Se você quer ser bem-sucedido, precisa ter dedicação total,
buscar seu último limite e dar o melhor de si mesmo."
(Ayrton Senna)

Carreira é uma palavra que se origina do latim medieval *carraria*, que significa "estrada". E seu principal objetivo é nos levar de um ponto de partida até um destino. No início da nossa jornada profissional, temos uma grande escolha a fazer: escolher a profissão que iremos exercer durante boa parte da nossa vida. Uma vez a escolha feita, são anos de estudo, dedicação e a esperança de que quando o curso termine, encontremos o tão sonhado emprego na área. Ao iniciar nossa busca no mercado, nos deparamos com as mais diversas oportunidades, algumas dentro do escopo que brilha os olhos, outras nem tanto. E é neste instante que devemos definir nosso destino e ter claramente o que é sucesso na carreira.

É por isso que falaremos, neste capítulo, sobre plano de carreira. Ele é capaz de proporcionar mais clareza na tomada de decisão, uma vez que durante sua elaboração, será necessário identificar os pontos de melhoria e traçar um plano de ação para cada ponto identificado.

Plano de carreira é como fazer uma viagem

Quando planejamos uma viagem, a primeira coisa que temos que fazer é escolher para onde vamos. A escolha, normalmente, é feita por características do local que nos trazem satisfação e, que sem sabe, estamos alinhando com nossos valores. A partir da escolha, iniciamos nosso planejamento de datas, itinerário, previsão do tempo, locomoção, restaurantes, o que colocar na mala e demais recursos para que seja a melhor viagem. Estabelecer o plano de carreira é sempre um desafio, pois envolve analisar diversos cenários, para tomar decisões que podem impactar sua satisfação pessoal e o sucesso. Uma pesquisa feita para o Guia Você S/A – As melhores empresas para você trabalhar – aponta que os funcionários estão menos satisfeitos a cada ano, embora as companhias tenham melhorado suas práticas de recursos humanos.

O resultado mostra que, cada vez mais, profissionais não estão dando a devida atenção ao planejamento de carreira. Neste momento, pergunte-se: onde você se encontra na vida e na carreira? Você se sente inseguro em relação ao rumo que está tomando? Quanto mais sincero e detalhado você for ao responder às perguntas, mais fácil será para você elaborar seu plano. A seguir, abordaremos os passos para que você obtenha sucesso nesta análise, e inicie a elaboração do seu plano de sucesso.

1. Defina sua estratégia

O primeiro passo, antes de definir sua estratégia, é autoconhecimento. Como diz o livro *A arte da guerra*, de Sun Tzu, "conheces a teu inimigo e conhece-te a ti mesmo; se tiveres cem combates a travar, cem vezes serás vitorioso". Este valioso ensinamento mostra a importância do autoconhecimento para obter sucesso na carreira. Existem diversas ferramentas que auxiliam no processo de elaboração da estratégia como, por exemplo: análise S.W.O.T, sigla em inglês para fortalezas, fraquezas, oportunidades e ameaças. Além de ser muito utilizada por empresas, que é a análise P.E.S.T.E.L, sigla em inglês para política, ambiente, social, tecnológica, econômica e legal, que são áreas que podem afetar seu desenvolvimento e analisar os riscos envolvidos. Ajuda na definição de ações para garantir o sucesso do seu plano. É altamente recomendado que você procure um *coach* qualificado, que irá auxiliá-lo no processo de análise e irá garantir que avaliou todos os pontos cegos existentes.

2. Estabeleça sua marca pessoal

Em uma recente pesquisa realizada com diversos profissionais das mais diferentes áreas, foi identificado que a grande maioria não se vê como uma marca e não inclui este fator na sua estratégia. As marcas são a promessa de algo que esteja associado a elas, por exemplo: qualidade, serviço, experiência, credibilidade e compromisso. Perceba que tudo o que está associado à marca, também está associado ao seu profissional e é visto pelas empresas e gestores. Portanto, estabelecer sua marca pessoal é dar foco às características que sobressaem e as pessoas ao seu redor irão perceber.

Um dos maiores nomes do *coaching* mundial, Dr. Marshall Goldsmith, especialista em liderança e *coach* executivo dos principais líderes do mundo, mostra, de uma forma simples, como estabelecer sua marca pessoal e alinhar com a sua estratégia de carreira:

1. Olhe para dentro de si mesmo: novamente temos o autoconhecimento como um fator de extrema importância. Somente analisando profundamente seus pontos fortes, você poderá tomar ações para que elas sejam reconhecidas no dia a dia. Neste momento, pergunte-se: quais são os meus talentos? Como posso me desenvolver? Qual será minha estratégia para o desenvolvimento pessoal?

2. Olhar para o mercado de forma ampla: essa visão extensa é que permite definir estratégias mais assertivas ao abordar o mercado. Portanto, é de extrema importância se perguntar: o que o mercado está oferecendo? Em que áreas posso agregar valor? Para quais empresas minhas habilidades poderão contribuir?

3. Encontre oportunidades em empresas alinhadas com seus valores. Avalie o mercado de forma ampla e busque nas empresas informações sobre os valores. Essa informação é necessária para que possa fazer um alinhamento e identificar onde você pode agregar e contribuir para o seu crescimento e da empresa.

3. Desenvolva suas competências

Em uma pesquisa recente que realizei com diversos profissionais, 66,7% conhecem exatamente as competências necessárias para alavancar sua carreira. Porém, 55,6% sabem exatamente como desenvolvê-las.

Existem dois tipos de competências: as técnicas e as comportamentais. Ambas são fundamentais para o exercício da sua função, porém, as técnicas estão focadas nas habilidades relativas à sua profissão. Já as comportamentais são as responsáveis pelos resultados que a empresa espera dos colaboradores.

Portanto, as competências comportamentais são a bússola necessária para dar norte à sua carreira. Por meio delas, você é avaliado e seu resultado pode afetar diretamente sua motivação e engajamento.

Quantas vezes você já ouviu falar de profissionais com extrema capacidade técnica que foram desligados da empresa, por não apresentarem atitudes necessárias esperadas? O Fórum Econômico Mundial publicou em seu relatório as dez competências exigidas para os profissionais em 2020. Confira, abaixo, quais são elas:

1. Solução de problemas complexos;
2. Pensamento crítico;
3. Criatividade;
4. Gestão de pessoas;
5. Relacionamento interpessoal;
6. Inteligência emocional;
7. Julgamento e tomada de decisão;
8. Orientação de serviço;
9. Negociação;
10. Flexibilidade cognitiva.

Conhecer as competências é uma parte importante do processo, mas seu desenvolvimento é o que trará resultados à carreira. Portanto, busque avaliar as características de cada competência e coloque em prática o mais breve possível. Peça *feedback* para acompanhar e corrigir detalhes se necessário.

4. Plano de desenvolvimento individual

O plano de desenvolvimento individual é um documento elaborado muito utilizado pelas empresas para registro das etapas necessárias, para que o profissional possa alcançar outros patamares dentro da organização.

Tenho visto diversos profissionais que, ao iniciarem suas carreiras, buscam empresas que tenham planos de carreira para seus colaboradores. Este é um grande equívoco que as pessoas cometem, pois você é o único responsável pela elaboração do seu plano de carreira e alinhamento, ao escolher seu primeiro emprego. No momento em que a oportunidade aparecer, você deve avaliar se ela está alinhada ao seu plano, e quais conhecimentos e experiências agregarão ao seu currículo no futuro.

Abaixo, segue um modelo simples, porém poderoso, para que você possa iniciar o processo de elaboração do seu plano:

Áreas de desenvolvimento (ex. conhecimento, experiência, capacidade)	Explicação	
Medidas de desenvolvimento (experiência obtida na função)	Responsável	Data
Medidas de desenvolvimento (experiência com pessoas)	Responsável	Data
Medidas de desenvolvimento (ensino formal)	Responsável	Data

Este plano segue o modelo de aprendizagem 70-20-10, apresentado pelos professores Morgan McCall, Robert Eichinger e Michael Lombardo, como resultado de pesquisas conduzidas pelo Centre for Creative Leadership, sediado na Carolina do Norte (EUA).

Foi provado nos respectivos estudos que, atualmente, a aprendizagem formal precisa estar de acordo com outras estratégias, se quisermos uma transformação significativa.

Os estudos mostraram que 70% do aprendizado vêm dos desafios profissionais que uma pessoa cumpre em sua rotina de trabalho, e das difíceis missões que possibilitam o desenvolvimento, via experimentação, repetição e acúmulo de experiência.

Os 20% dizem respeito ao aprendizado que se constrói interagindo com outras pessoas – a tudo o que você aprende ao observar como um colega executa determinada tarefa ou quando se reúne com um parceiro para preparar um seminário que será apresentado a outros colegas.

Já os 10% restantes são relacionados à educação formal, incluem os treinamentos em sala, congressos, certificações técnicas, leitura de livros, sessões de *coaching*, pós-graduação e palestras – tudo o que recebe por uma determinada estruturação em ambiente controlado.

5. Encontre um coach para apoiá-lo

Em algum momento da vida você já deve ter ouvido aquela afirmação de que "o bater de asas de uma borboleta no Novo México pode desencadear um furacão na China". Essa é uma das bases da Teoria do caos, que afeta a sua vida e é exatamente o que um *coach* irá fazer durante o seu processo de desenvolvimento. O criador da teoria foi o matemático americano Edward Lorenz que, em 1963, a apresentou para a Academia de Ciência de Nova Iorque. Ela dizia o seguinte: "uma borboleta, ao bater suas asas, coloca moléculas de ar em movimento, que movem outras moléculas e, por sua vez, movem outras moléculas eventualmente capazes de provar um furacão do outro lado do planeta".

A teoria chocou a comunidade científica, que trinta anos depois viu a possibilidade de a Teoria do caos, também conhecida como Efeito Borboleta, ser levada a sério. Isso se deve pelo simples motivo de que toda decisão que tomamos ao longo de nossas vidas desencadeia reações em decorrência da decisão tomada.

Esta teoria é um dos efeitos do processo de *coaching*. O profissional irá utilizar uma estrutura de diálogo com base em perguntas poderosas, capazes de desencadear pensamentos reflexivos, focados na solução.

As perguntas feitas no momento certo são como o bater das asas da borboleta. Colocam pensamentos em movimento que, posteriormente, se transformam em ações que, somadas, se tornam um furacão aproximando a pessoa da meta.

O furacão é formado em cada sessão que irá movimentar pensamentos que juntos, ao final, se transformam em ações, fazendo com que você possa desenvolver seu plano, avaliando todos os impactos e o deixando mais perto do sucesso. Além disso, o processo visa encorajar e apoiá-lo, sempre com o foco em avaliar as situações por diversos ângulos, buscando novas alternativas para a solução dos problemas.

Daí se dá a importância em ter um profissional qualificado, acompanhando e dando suporte durante o processo de elaboração do plano. No final, você terá um documento detalhado, flexível e com ações consistentes. É importante salientar que, de tempos em tempos, é extremamente importante fazer uma revisão para alinhar com a sua situação atual.

Abaixo seguem outros pontos que você deve considerar no seu plano:
- Descobrir quem você é em relação ao seu propósito de vida;
- Identificar sua marca pessoal;
- *Marketing* pessoal é parte do seu trabalho;
- Não seja competitivo demais com seus concorrentes;
- Descobrir sua missão pessoal;
- Para inovar é necessário levar seu desempenho para um próximo nível;
- Gerencie sua carreira o tempo todo.

Seguindo todos estes pontos, você terá material suficiente para elaborar sua estratégia e, com certeza, obter sucesso na sua carreira. Desejo a você uma excelente jornada, com muita felicidade e propósito!

Referências
GAGLIARDI, Gary. *A arte da guerra: a arte da administração e negócios.* 1 ed. Editora: M. Books, 2008.
GOLDSMITH, Marshall. *Coaching: o exercício da liderança.* 3. ed. Editora: Elsevier, 2013.
DAVID, Susan. *Agilidade emocional: abra sua mente, aceite as mudanças e prospere no trabalho e na vida.* 1 ed. Editora Cultrix, 2018.

42

Como acalmar a mente, ativar a memória e a atenção do seu super cérebro

O que você resiste, persiste! Reflita sobre isso!

Renata Aline

Renata Aline

Publicitária de formação e MBA em gestão de *marketing* e comunicação integrada pela ECA-USP. Atuou mais de dez anos em multinacionais e no mercado varejista, nos setores de *marketing* estratégico e gestão de categorias. Possui vasta experiência em comportamento do consumidor. Há mais de cinco anos iniciou a sua jornada pelo caminho do autoconhecimento e, desde então, se aprofundou em estudos de caráter energéticos e comportamentais, que integram a mente, o corpo e o equilíbrio, por meio da sabedoria milenar oriental da *yoga* e da meditação. Aliando esses conhecimentos a outros como acupuntura, *feng shui*, radiestesia, constelação, poder mental, *mindfulness*, *coaching* quântico e sistêmico. Treinadora mental e instrutora de *yoga* e meditação, Renata Aline ministra cursos, *workshop* e palestras sobre os temas: o salto mental - como desbloquear o poder do seu super cérebro, como construir o seu mapa de ideal de valor e *mindfulness* e liderança. Ensina que devemos observar a natureza da nossa mente no momento presente, sem se opor a ela, desenvolvendo uma relação de amizade mente-corpo. Em suas palestras, propõe um mergulho desafiante para dentro de nós mesmos, oferecendo aos participantes a busca de um sentido maior, o nosso ideal de valor.

Contatos
www.institutoautoconsciencia.com.br
(11) 97427-1422

> "Respire como se a sua vida dependesse disso."
> Rudra Shivananda

Você já parou para pensar que se a sua vida dependesse de se lembrar que precisa respirar para estar vivo, você poderia não estar agora? A máquina humana é fantástica e é perfeita por si só! Deslumbrante a obra de arte que somos, não apenas o humano, mas tudo o que existe entre o céu e a terra. Há uma condição básica, o oxigênio, o hidrogênio, o nitrogênio e o carbono, elementos fundamentais que criam a vida de todos os seres animados e inanimados do Universo.

Descobrir que eu, você, nós já temos todas as condições perfeitas para a nossa plena realização – a vida e a abundância - é acolhedor! E o mais intrigante e fascinante é compreender que temos a melhor ferramenta que nos possibilita controlar a nossa mente e a natureza dos nossos sentimentos. Essa ferramenta é a respiração. E, partindo desse princípio, eu lhe pergunto: como você faz uso da sua respiração? Um dos fatores predominantes que determinam o seu nível de alegria ou estresse, neste instante, é a forma como você respira.

Verifique o seu estado atual por meio da sua respiração

Conte quantas vezes você respira em 60 segundos, e você descobrirá a sua taxa média respiratória neste momento. Considere uma respiração completa como um ciclo - inspirar e expirar. Ao contar as respirações, você provavelmente começará a respirar de forma diferente, simplesmente porque estará prestando atenção. Portanto, não será tão fiel em relação ao seu ritmo respiratório antes de iniciar a contagem, mas isso lhe dará uma noção (se for possível, peça para alguém contar para você).

Saiba que uma pessoa que faz práticas regulares de treino mental e de controle da respiração, quando em repouso, registra uma frequência respiratória entre seis a dez vezes por minuto, ou uma média de oito vezes p.m. Isso simboliza que a sua mente e seu corpo estão em harmonia.

Porém, se considerarmos que a média das pessoas não pratica o treino mental e não fortifica o controle da sua própria respiração, observaremos que, mesmo quando elas estiverem sentadas em silêncio lendo um livro, apresentarão uma taxa respiratória acima de 13 chegando até 22 vezes por minuto, em alguns casos até mais. A frequência respiratória normal para adultos é de 12 respirações por minuto em repouso.

Se estamos parados, sentados em uma cadeira e detectamos que respiramos cerca de 20 vezes por minuto, nesse momento, enviamos uma mensagem ao nosso corpo que estamos prontos para ação, agitados e, muito provavelmente, ansiosos. Em outras palavras, estaríamos respirando como se estivéssemos correndo no parque!

Em seu livro *Verademing*, o psiquiatra holandês Bram Bakker, aborda o assunto em questão e afirma, com base em estudos, como uma respiração irregular leva a problemas de saúde. Respiração irregular é respirar rápido demais ou mais profundo do que o necessário. Segundo Bakker, "quando um ciclista profissional descansa, ele respira apenas seis vezes por minuto e tem uma frequência cardíaca de menos de 40 batimentos por minuto. As pessoas que estão cansadas respiram rápido demais o dia todo e, em sua maioria, têm uma frequência cardíaca em repouso de 70 batimentos por minuto ou mais".

Portanto, uma rápida taxa respiratória em repouso é sintoma de pessoa cansada e agitada ao extremo e que, muito provavelmente, está sob o efeito de estresse. E como há ausência de harmonia e coerência entre o corpo e a mente, certamente apresentará dificuldades de atenção e concentração.

A respiração consciente e o domínio das atividades mentais

O fluxo respiratório é constituído pela inspiração do oxigênio e a expiração do dióxido de carbono. O oxigênio é importante para liberar energia dos nutrientes, enquanto o dióxido de carbono é importante para manter os vasos sanguíneos abertos. O dióxido de carbono permite que os vasos sanguíneos permaneçam abertos, para que o oxigênio possa chegar a todo o corpo.

A respiração consciente é a prática de concentração no próprio ato de inspirar e expirar, promovendo uma expansão nas células, no cérebro e no corpo. O maior benefício é desenvolver cada vez mais o domínio de resposta parassimpática, o que proporciona a si mesmo o relaxamento instantâneo. Isso leva à dissimilação aeróbica na célula. Respirando mais profundamente e conscientemente, podemos, portanto, gerar mais energia na célula.

Agora que aprendemos um pouco sobre a respiração, vamos iniciar o exercício "Domínio do fluxo respiratório e das atividades mentais". Para esse exercício, vamos utilizar o dedo polegar para tocar o nariz. A ponta dos dedos indicadores e médios devem tocar a palma da mão. Os dedos anelares e mindinhos se unem, porém, apenas o anelar tocará a narina. Com o toque sutil do seu polegar (com a mão esquerda), feche a narina esquerda e inspire profundamente com a narina direita. Agora, retire o dedo polegar da narina esquerda e toque sutilmente a narina direita com o dedo anelar e mindinho e expire profundo. Repita por oito vezes esse processo e, se possível, cronometre e veja em quanto tempo realiza esse exercício. Em um próximo passo, veja quantas respirações são necessárias para se completar um ciclo de 60 segundos. Uma forma mais avançada dessa prática é você realizar a respiração alternada pela narina, sem fechá-la fisicamente.

318 Coaching mude seu mindset para o sucesso

O maior benefício desse método mental de domínio do fluxo respiratório nasal é a concentração total que a prática exige. Toda a consciência está concentrada no fluxo de ar que penetra no lado específico do nariz.

Ative a memória e a atenção do seu super cérebro

Pesquisas revelam que, hoje, estamos expostos a tantos estímulos externos em um único dia, quanto alguém que viveu na idade média e foi exposto durante toda a vida. Para se ter uma ideia, fazemos uma média de 2.800 escolhas por dia. Por esse motivo, é importante introduzir na sua vida uma rotina matinal que ajude a manter a sua saúde mental. Por isso, reserve a sua capacidade cognitiva, direcionada às tarefas que realmente você precisará de atenção plena para a tomada de decisões mais conscientes. A inteligência cognitiva é o mecanismo que utilizamos para compreensão, que nos possibilita acesso à clareza mental, dos sentidos e das percepções e, principalmente, é limitada.

A principal atividade para ativar o cérebro logo pela manhã é uma não-ação (antagônico, não é?), que é não conferir as mensagens e nem verificar o seu celular em hipótese alguma ao acordar. Para todos os casos, deixe o seu celular longe de você ao se deitar. O ato de checar mensagens a todo momento, inclusive logo pela manhã, é um hábito que você criou na sua vida e que lhe proporciona a sensação de gratificação instantânea ou recompensa. Isso significa que esse hábito promove em seu cérebro uma produção exacerbada de dopamina, o mesmo neurotransmissor que produzimos quando consumimos álcool e substâncias estimulantes que proporcionam a sensação de prazer. A dopamina tem importante função ao comportamento e à cognição, sensação de motivação e recompensa. Além disso, à atenção e ao aprendizado.

Esse hábito de estar constantemente alerta ao sutil alarde do seu celular, prejudica profundamente a sua capacidade de planejar o seu dia e de se manter mais atento, com boa disposição mental e física durante o seu dia. Portanto, lembre-se de que ao abrir os olhos pela manhã, a sua reserva de cognição estará cheia e, dependendo da sua rotina e dos seus hábitos, você pode chegar às 15h da tarde com o estoque vazio!

Sendo assim, devemos sustentar, todos os dias, hábitos que desafiem o nosso cérebro e fortifiquem a nossa memória e concentração, como, por exemplo: criar o hábito de ter um caderno de anotações ao lado da cama para anotar os sonhos da noite anterior, arrumar a cama como a primeira tarefa de organização e disciplina do dia, escovar os dentes pela manhã com a mão não dominante para ativar o poder cerebral e se hidratar com água fresca. Apenas depois de completar toda a sua rotina, que você deve verificar as mensagens no celular (desafiador, não é mesmo?).

Gostaria de enfatizar que só podemos controlar dois períodos do nosso dia, um é ao acordar e, o outro, ao deitar. Faça esses dois momentos serem muito especiais e crie hábitos para ativar a saúde do seu super cérebro!

Foco, equilíbrio e ação

Assim como o TAO (Lao-Tze – China 604 a.C) nos ensina que existe uma ordem natural, uma força matriz por trás de tudo, e que o movimento cíclico é o que dá origem à vida, compreendemos que a atividade mental, e tudo que está sob nossa influência ou não, é cíclica e evolutiva. E, para que a força se instale, é necessário possuir "o alicerce" que estabeleça a ordem e a justiça interior. Um exemplo claro é o da roda gigante, a sua natureza é girar; ora estamos acima, ora estamos abaixo, porém, o centro da roda gigante está sempre firme. Por meio da força centrípeta, ele sustenta toda a estrutura da roda gigante. O centro é o alicerce alimentado nas mesmas proporções pelo foco, equilíbrio e ação.

Uma mente e um cérebro destreinado passarão mais tempo com sentimentos arruinados com temores, ruídos provocando mágoas, rancor e tristeza profunda e, o pior, a pessoa acreditará em tudo o que pensar, porque aprendeu que os seus pensamentos são secretos e deve confiar neles. Desse modo, se considerarmos que na teoria da Roda Gigante não existe "o alicerce" para essa mente fraca e obsoleta, isso significa que o centro não é ativado, ele apenas está ali para segurar a estrutura, mas é muito fraco, tão fraco que a roda fica 80% do seu tempo na posição de baixo, a dos temores, sem força para erguer a estrutura para o alto. Se você se identificou com essa situação, saiba que a sua mente o domina, assim como a sua vida e você não passa de servo dos desejos mais primitivos do seu cérebro.

Veja bem, quando compreendemos que devemos fortificar esse eixo da roda gigante, quando entendemos a força centrípeta no mundo e a atribuímos à nossa vida, tudo começa a fazer mais sentido. E um sentido bem mais positivo, com leveza e sutileza.

Você topa se divertir e comprovar a teoria do *The spin and fingers* (O giro e os dedos)? Para isso, gire com os braços abertos (igual ao que as crianças adoram fazer) e se concentre no movimento giratório. Dê dez giros e, então, ao parar de girar, imediatamente una os dedos das mãos em forma de prece e posicione suas mãos a um palmo de distância entre as suas sobrancelhas. Concentre toda a sua atenção nesse momento, e se lembre de respirar conscientemente, observando atentamente os seus dedos (em especial o polegar e o indicador). Perceba a sensação e comprove por si só, quando temos um eixo fortificado, nada abala a nossa estrutura, afinal, você nem sentiu tontura, não é mesmo?

Treino mental diário

O treino mental é uma ação que você instala na sua mente, no seu cérebro, no seu corpo, nas suas células, na sua vida, e você deve fortalecê-lo todos os dias, assim como o ato de escovar os dentes e de tomar banho. O que você ganha com isso? Se você pode aprender como usar a sua mente, então tudo é possível!

Os três fundamentos-chave que devem acompanhar você todos os dias da sua vida são: respiração consciente (discutidos nos tópicos anteriores), a meditação e o extermínio dos PINS.

• **Meditação:** é o meio que nos leva ao nosso mais elevado bem maior, por que, quando meditamos, começamos a organizar o cérebro de maneira consciente, desenvolvemos mais a nossa capacidade intuitiva e, com ela, ganhamos de presente uma mente criativa e expansiva! Passamos a enxergar com novos olhos tudo que está ao nosso redor, conseguimos detectar oportunidades em coisas simples, que antes passariam despercebidas, porque ativamos um modo de viver, o da atenção plena, da mente consciente, que compreende que tudo mais que nos cerca é uma forma de movimentação constante.

• **Extermínio dos PIN´s:** pensamentos instantâneos negativos. A sua mente está sempre escutando as suas histórias, os seus pensamentos, os PIN's. Imagine que o seu cérebro é o *hardware* e o seu *mindset* é o *software*, você pode programar a sua mente para rodar qualquer tipo de programa. As suas histórias mentais são os programas que a sua mente costuma assimilar e aceitar como verdadeiros. Isso é muito similar ao SMS cerebral quando, de repente, sem perceber, chega um PIN na sua mente, aquele pensamento que drena a sua energia e o deixa sem ação. O que você resiste, persiste! Reflita sobre isso!

E, para exterminar os PIN's, precisamos acrescentar um "ainda" no final de cada pensamento como: "eu não consegui terminar ainda". E, para cada PIN que você receber na sua mente hoje, crie um hábito mental de transformá-lo em uma frase positiva! Mude o seu *mindset* treinando a sua mente obstinadamente todos os dias.

Lembre-se: não procure a perfeição, procure o progresso!

Rise Up!

Gratidão!

Referências

BUTEYKO, KP. *Method of voluntary elimination of deep breathing.* 2nd ed. 1991, Titul, Odessa, p.148-165.

CASTRO, M. *Control of breathing in physiology,* Berne RM, Levy MN (eds), 4-th edition, Mosby, St. Louis, 1998.

GANONG, WF. *Review of medical physiology,* 15-th ed. 1995, Prentice Hall Int., London.

GUYTON, AC. *Physiology of the human body,* 6-th ed., 1984, Suanders College Publ., Philadelphia.

CG, Douglas, JS, Haldane. *The regulation of normal breathing,* Journal of Physiology ,1909; 38: p. 420–440.

WIM, H,KOEN DE J. *The Way of Iceman,* 2016, p. 42.

43

Reprogramação neurocomportamental: a mudança começa em seu cérebro!

Neste capítulo, pensaremos sobre a mudança de comportamento sob uma ótica que integra neurociência, psicologia econômica e teoria integral; e salienta o papel do cérebro como representante biológico das nossas crenças e visão de mundo. Além disso, nos conta que, para fazermos diferente, precisamos estar alinhados com nossa intencionalidade, nem sempre explícita

Renata Taveiros de Saboia

Renata Taveiros de Saboia

Economista pela FEA-USP, especializada em economia comportamental pela Yale University. Orientadora financeira pela Escola Clínica Fabiano Calil. *Coach* Integral pelo Integral Coaching Canadá e professora de neuroeconomia nos cursos de pós-graduação da FIA e FGV. Palestrante em temas ligados à economia comportamental, neuroeconomia e educação financeira. Pós-graduanda em neurociência aplicada à sustentabilidade de pessoas e organizações, na Faculdade de Medicina da Santa Casa. Colaboradora do *blog* Economia Comportamental. Oferece programas de *mentoring* individual e familiar e *workshops in company*, usando a metodologia própria "Reprogramação Neuroeconômica", que se utiliza dos conhecimentos da neurociência, psicologia e economia comportamental, para promover mudança de comportamento econômico. Atua na área de desenvolvimento humano há mais de dez anos, saneando os problemas vigentes e antecipando conflitos futuros.

Contatos
www.reprogramaçãoneuroeco.com.br
renata@reprogramaçãoneuroeco.com.br
Facebook: Renata Taveiros de Saboia
(11) 99982-5678

> "No fundo de qualquer capricho há a secreta vontade de aprender algo sério." (José Ortega Y Gasset)

Vivemos um momento no qual desenhar processos de forma criativa é a solução para os desafios que enfrentamos. Existe uma compreensão de que não podemos extrair tudo até a última gota, dos recursos necessários para continuarmos a existir.

Aprender a gerenciá-los de uma forma inovadora e eficiente se faz urgente. Isso implica em mudanças de hábito e comportamento. Mas, como fazer isso?

Várias são as sugestões, que vão desde a psicologia, até a meditação, passando por uma gama enorme de possibilidades. A visão que abordarei neste capítulo é aquela que integra o conhecimento oferecido pela neurociência.

De um modo geral, e mais especificamente na minha área de estudo, a economia, o conceito do homem que toma decisões racionais, vem dando lugar a uma imagem bem mais real: a de um ser humano que tem dificuldade para tomar as melhores decisões sempre e é influenciado por padrões aprendidos e pelas emoções.

A identificação de que existem outros fatores importantes a se considerar no entendimento do comportamento humano não é nova, mas a inclusão do cérebro em funcionamento, sim.

Então, é preciso reprogramar, criar uma nova rede neural que ajude os indivíduos a mudarem seus comportamentos. Isso fará com que eles façam escolhas assertivas mais frequentemente e tornem esses novos procedimentos rapidamente acessíveis.

Como isso funciona? Ao criar novos circuitos alternativos para a solução de desafios, oferecemos uma ampliação do repertório de escolhas de respostas para os mesmos dilemas e, ao invés de reagirmos automaticamente ao mundo, vamos nos tornando mais capazes de responder, com mais habilidade e, portanto, maior responsabilidade.

Ao aumentarmos o grau de complexidade da análise, precisamos considerar e incluir as perspectivas emocionais e subjetivas, bem como as objetivas e cognitivas. Além de claro, aquilo que é consciente e o que é não consciente.

A visão cartesiana explica uma parte: existem mentes que pensam sobre o mundo e sobre os objetos existentes nele. É o aspecto subjetivo, acontece no interior do sujeito que observa. O mundo e seus objetos são o aspecto objetivo.

A atividade mental não ocupa lugar no espaço e é consciente, explícita, podemos descrevê-la. Já o aspecto objetivo, ou mundo material, tem extensão, ocupa lugar no espaço e é inconsciente - não tem consciência de si mesmo.

Alguns podem argumentar com base na física quântica. Por exemplo, tudo tem consciência, mas não uma consciência experimentada pela mente humana.

Há, no entanto, o caso daqueles pensamentos subjetivos não conscientes, ou seja, aos quais o sujeito não tem acesso direto, não é capaz de explicar. Esses pensamentos são os implícitos.

Ao introduzirmos o conceito "consciência", trazemos à mesa a ideia advinda da fenomenologia, de intencionalidade. Intencionalidade faz referência a um rumo, uma direção a um objeto. É uma característica do núcleo central de nossas vidas mentais e possui um objeto intencional.

Existem, também, atributos humanos mentais, parecidos com os do núcleo central, que não são intencionais, ou seja, não têm uma direção objetiva. Um exemplo disso seria a descrição do processo digestivo que não fizesse referência a uma refeição em particular e, sim, ao processo digestivo comum a todos os seres humanos, qualquer processo digestivo.

Poderíamos, dessa forma, categorizar o aspecto mental e seu núcleo central em quatro quadrantes:

Uma atuação eficiente para a mudança de comportamento precisaria, necessariamente, se dar em todas essas dimensões correlacionadas.

A dimensão de atuação mais trabalhosa, no entanto, é a inferior direita, onde a intencionalidade não é explícita, mas orientará o comportamento.

Essa dimensão está intimamente ligada aos circuitos cerebrais que se formaram ao longo da vida e que se tornaram preferenciais, ou seja, são acionados automaticamente quando uma decisão precisa ser tomada. A decisão seguirá na direção da intencionalidade implícita.

Então, mudança de comportamento ganha um novo significado: criar novas conexões entre as diferentes áreas cerebrais e torná-las circuitos preferenciais, de forma que não demandem esforço para serem utilizados.

É claro que não se trata de substituir um comportamento automático por outro, mas de oferecer novas opções de fácil acesso.

Como fazer isso? Oferecendo a oportunidade de vivenciar novas formas de interação com o mundo, criando nova musculatura, utilizando a nossa capacidade cerebral de processamento criativo e experimentando!

Referências

MATTHEWS, Eric. *Mente: conceitos-chave em filosofia.* Editora Artmed, pg. 50 a 64., 2007.

M. COSENZA, Ramon, B. GUERRA, Leonor. *Neurociência e educação: como o cérebro aprende.* Editora: Artmed, 2011.

GAZZANIGA, Michael, IVRY, Richard, MANGUN, George. *Cognitive neuroscience.* Editora W.W. Norton & Company, Inc, 2014.

M. BRAUNSTEIN, Laura, J. GROSS, James, N. OCHSNER, Kevin. *Explicit and implicit emotion regulation: a multi-level framework and social cognitive and affective neuroscience.* 1545-1557, 2017.

44

Crise da felicidade

Como líderes de negócios encorajam equipes a ir além das possibilidades, com um nível de motivação insuperável?

No extremo oposto, vemos pessoas que parecem viver de pensamentos negativos. Dessa maneira, enfrentam os desafios da jornada de vida em um estado permanente de crise da felicidade.

Qual se assemelha mais com o seu padrão de atitude? Se estes opostos fossem uma possibilidade de escolha, qual seria sua opção?

Renato Alahmar

Renato Alahmar

Sócio-fundador da LIBER Coaching e Consultoria. *Coach* profissional credenciado pela ERICKSON College Internacional, e membro da International Coach Federation. Graduado em psicologia e pós-graduado em psicologia industrial e psicoterapia clínica pela PUC de Campinas. Concluiu cursos de pós-graduação e aperfeiçoamento em liderança, *mentoring*, *lean six sigma*, *marketing*, administração de vendas e planejamento estratégico. Certificado pela One World Academy nas especializações de *Being Limitless, The Beautiful State* e Comunicação Ericksoniana pela Iluminatta. Atuou 36 anos na 3M do Brasil em funções de liderança de equipes. Recebeu méritos internacionais por idealizar e implementar projetos de inovação em negócios e desenvolvimento de equipes. Liderou processo de aquisição de empresa e participou do *Management Operational Committee* por 17 anos. Sua última posição em 2015 foi de vice-presidente de mercados e presidente de *compliance business*. Membro do conselho e diretoria da Hope Unlimited for Children, desde 2002.

Contatos
www.libercoaching.com.br
ralahmar@libercoaching.com.br
(19) 99602-5063

Os caminhos para encarar os desafios da vida se apresentam de formas distintas. Cada pessoa vive sua jornada de uma maneira. Para uns, parece que a saída das dificuldades segue necessariamente pelas curvas sinuosas do sofrimento manifestado em formas de insegurança, medo, estresse, culpa, vergonha, dor, decepção, sensação de desamparo, ansiedade ou depressão.

Enfrentam suas jornadas sempre com uma sensação de que a dúvida do impossível precisa estar presente. Outras, parecem responder aos desafios e dificuldades sempre com uma dose de alegria, em um estado permanente de paz e inspiração. Parecem viver em um estado de tranquilidade transbordante, como se o cérebro fosse naturalmente capaz de produzir apenas sensações de alegria e otimismo.

De uma forma mais técnica, poderíamos compreender a devoção do cérebro, para sempre conviver com doses elevadas de neurotransmissores do bem-estar, como a dopamina, a endorfina e a serotonina.

Mas, o ponto aqui não é seguir pelos caminhos complexos dos padrões cerebrais e, sim, pelo entendimento de uma forma extraordinariamente simples, onde observamos aqueles com intensa propensão em dar sempre as boas vindas às dificuldades, convivendo naturalmente com os obstáculos da vida.

Por que algumas pessoas parecem saber viver, enquanto outras definham na crise? Qual o sentido de uma vida em sofrimento?

Comportamentos justificam essa forma de obsessão pelo sofrimento, essa sensação de ter um "carrasco interno" comandando nossas emoções. Experimente apresentar uma situação nova e a reação será invariavelmente a mesma, de impossibilidade ou dificuldade. Como se fosse um estado de humor em permanente situação de esperar pelo pior.

O psiquiatra, japonês e budista zen, Shoma Morita, criou uma forma de terapia com base no propósito vital, que mostrou ser muito eficaz. Nesse processo terapêutico, a compreensão é que os sentimentos mudarão por meio das ações. Esta terapia procura criar novas emoções com base na ação. Segundo Morita: "emoções aprendem-se por meio da experiência e da repetição".

A terapia de Morita ensina-nos a aceitar com naturalidade as ansiedades, desejos, preocupações e até o medo. "Aceitá-los e deixá-los partir", explica Morita.

Uma fábula exemplifica esta questão de "deixar partir" os sentimentos negativos: "se amarrarmos um burro a um poste, ele continuará a caminhar para tentar fugir, mas começará a andar em círculo até ficar imobilizado junto ao poste. O mesmo acontece com as pessoas quando têm pensamentos recorrentes negativos, e tentam bloqueá-los com outros pensamentos". O excesso de mentalização negativa leva à impossibilidade. Conhecemos aquela frase: "cuidado com o que você pensa, porque pode acontecer!".

E, então, como destravar essa armadilha do negativo?

Vamos seguir um pouco mais nessa reflexão para perceber novas possibilidades.

Princípios fundamentais da terapia de Morita:

1. Aceite os seus sentimentos: quando tentamos "gladiar", eles se tornam mais fortes. Um mestre zen dizia: "se tentarmos afastar uma onda com outra onda de forma contínua, criaremos um mar infinito de ondas". Não somos nós que criamos os nossos sentimentos, eles é que vêm ter conosco e devemos aceitá-los. O segredo, então, está em dar-lhes as boas-vindas. Morita afirmava que as emoções são como o tempo: não podemos prevê-las nem controlá-las, apenas observá-las.

2. Faça o que tem de fazer: focalize no presente e aceite suas experiências. Aprenda por meio dos seus atos. Obrigar-se a reagir sempre de maneira perfeita aos olhos dos outros proporciona desgaste incurável. Ações com base nas virtudes da prudência, humildade, respeito ao próximo e fé coerente, revelam a verdadeira sabedoria da vida.

3. Descubra o seu propósito vital: olhe dentro de você. Qual o seu objetivo? O que precisa fazer agora? Qual atitude tomar? Como dizia Morita: "se estás com raiva e queres lutar, pense sobre o assunto durante três dias antes de usares as mãos. Ao fim de três dias, a vontade intensa de lutar terá desaparecido de forma natural." E conclui: "é necessário aceitarmos que o mundo é um lugar imperfeito, tal como as pessoas que o habitam, mas cheio de possibilidades de crescimento e de realização".

Passamos por cima de coisas preciosas e não nos damos conta. Aquele que parece sempre "preocupado com as preocupações", sem nunca ter olhos para si mesmo, sem notar a contribuição dos outros, sem descobrir o valor da vida, valoriza apenas o que lhe convém.

Na visão de Meire Yamaguchi, estudiosa sobre a espiritualidade,

> a verdadeira felicidade é a harmonização dos seus pensamentos, suas emoções, valores morais e espirituais e seus atos. Importa menos o que ocorre fora, e mais como a pessoa busca integrar estes aspectos dentro de si. A receita não deve ser seguida suprimindo as suas emoções conflitantes, mas por meio da transmutação de todos os pensamentos e emoções negativas em compreensão e sabedoria. No fim, as emoções conflitantes são resultado do medo e do desconhecimento.

É assim que muitos enxergam a questão da alegria e felicidade. Focar a mente em um objetivo, visando alcançar um estado de paz, tanto mental quanto emocional.

A crise da felicidade poderia, então, ser determinada pela quantidade de "entulhos" que permitimos possuir na nossa mente.

E, então, deixar passar a vida em branco? Deixar tudo para depois?

Ou compreender que o mundo não vai ficar mais simples e consumir sua maior energia fazendo o que mais gosta?

Encare os desafios. Viva leve. Para que viver infeliz?

Saber fortalecer a autoestima e a qualidade de vida, se relacionar com pessoas queridas, cultivar um estado de amorosidade e gratidão, se reconciliar com o passado e deixar o futuro para lá. Que boa fórmula para ter uma vida mais leve!

No *best-seller O poder do agora*, Eckhart Tolle ressalta que "a mente adora transformar dificuldades em problemas, e se você não usa a mente, ela que vai usar você".

Que tal pensar que você pode estar no comando da sua jornada, não se deixar perder por pensamentos inúteis, mas, sim, reintegrar a posse da sua afetividade?

Assim, mais fortalecido, com um novo *mindset* para o sucesso, seus caminhos estarão mais livres para transformar seus desafios em conquistas.

Em que estado você quer viver? Esta resposta é a chave para o seu destino. Aprender a viver em um estado positivo é uma decisão importante na sua vida.

Muitas vezes reagimos rapidamente aos sinais físicos de uma dor de cabeça, indisposição estomacal ou dor no corpo. Percebemos os sintomas e "tacamos-lhe um remedinho". Que alternativa buscar diante de um desafio ou sonho a realizar?

Existe opção que colabora, que ajuda a encontrar a sua leveza, que contribui com o fortalecimento das suas competências, dons e grandezas. Estou me referindo ao processo de *coaching*.

Participar de *coaching* é se dar de presente ferramentas que estavam esquecidas, escondidas, e se "recriar" de forma mais rica, plena e consciente.

Trilhar por estes caminhos mais livres nos faz remeter imediatamente aos resultados, às experiências de quem participou de um processo de atendimentos de *coaching* realizado com um profissional certificado.

Durante um processo de *coaching*, é muito natural encontrar inspirações e fazer algo diferente na sua vida. Uma viagem interna de evolução, de transformação, que permite desenvolver relações consigo mesmo e com os outros. Abrir os olhos para as possibilidades que se descortinarão.

Nessa experiência, durante o processo de *coaching*, clientes com cargos executivos de liderança revelam interesses em olhar mais para si mesmo e redescobrir capacidades, motivadores, identificar pontos a melhorar e buscar novas alternativas para o sucesso da equipe e engrandecimento pessoal.

É interessante notar que, quando um objetivo passa a ser além de você mesmo, a essência da vida passa a ter um sentido ainda maior de plenitude.

Aperte o botão de alerta

Quando identificamos que a mente está buscando alternativas de sabotar aquilo que é positivo em sua vida, como que adiando desejos de fazer o que mais gostamos, então chega o momento de ligar o botão de alerta máximo.

"Nenhuma outra forma de vida no planeta conhece a negatividade, somente os seres humanos", escreve Eckhart Tolle.

Você já viu uma flor infeliz ou um carvalho estressado? Já cruzou com um golfinho deprimido, um sapo com problemas de autoestima, um gato que não consegue relaxar, ou um pássaro com ódio e ressentimento? Os únicos animais que eventualmente vivenciam alguma coisa semelhante à negatividade, ou mostram sinais de comportamento estranho, são os que vivem em contato íntimo com os seres humanos e, assim, se ligam à mente humana e à insanidade deles.

E. Tolle complementa: "observe as plantas e animais, aprenda com eles a aceitar aquilo que é se entregar ao agora. Deixe que eles lhe ensinem o que é ser, o que é integridade – estar em unidade, ser você mesmo, ser verdadeiro. Aprenda como viver e como morrer, e como não fazer do viver e do morrer um problema".

Até mesmo os patos ensinam importantes lições. Observá-los é uma forma de contemplação. Como flutuam em paz, de bem com eles mesmos, totalmente presentes no agora, dignos e perfeitos, tanto quanto uma criatura "sem mente" pode ser. Eventualmente, no entanto, dois patos vão se envolver em uma briga, algumas vezes sem nenhuma razão aparente ou porque um penetrou no espaço particular do outro. A briga geralmente dura só alguns segundos e, então, os patos se separam, nadam em direções opostas e batem suas asas com força, por algumas vezes. Então continuam a nadar em paz, como se a briga nunca tivesse acontecido. Ao bater as asas, soltam a energia acumulada, evitando, assim, que ela fique aprisionada no corpo, se transformando em negatividade. Isso é sabedoria natural. É mais fácil para eles, porque não tem uma "mente" para manter vivo o passado.

E. Tolle complementa ainda com a seguinte reflexão: "se me sinto deprimido com frequência, será que pode ser um sinal de que existe alguma coisa errada com a minha vida e isso pode me forçar a olhar para a minha situação e fazer mudanças?".

Deixar que isso tudo passe por meio de você, é uma forma de sabedoria. É se tornar invulnerável e trazer o poder para o seu controle.

No momento em que puder aceitar as suas limitações, você começa a encontrar uma certa paz. Qualquer coisa que aceitar completamente vai fazê-lo mais confortável. "Esse é o milagre da entrega", completa E. Tolle.

Alimentar o cérebro de estabilidade emocional, fazer o bem para si mesmo e para os outros e nunca desistir de aprender, são opções para tornar os desafios em uma jornada incrível e prazerosa.

"Não esperar pelo milagre, criar o meu grande destino, ir atrás dos meus sonhos com o pensamento que posso realizá-los", afirmou um cliente durante o processo de *coaching*. Ir atrás significa concluir ações com foco naquilo que efetivamente se busca. Evitar distrações que levam para estradas da procrastinação e das impossibilidades.

Clarice Lispector nos lembra: "só o morto que está morto não muda! Repito por pura alegria de viver: a salvação é pelo risco, sem o qual a vida não vale a pena!".

Faça bom uso da felicidade na sua vida.

Referências

ATKINSON, Marylin W., CHOIS, T. Rae. *A arte e a ciência do coaching*. Editora PerSe, 2011.

EAA. *Viva bem*. Editora Alto Astral, 2018.

HALEY, JAY. *Uncommon therapy: the psychiatric techniques of Milton H. Erickson, M.D.* W. W. Norton & Company, 1993.

KIMSEY-HOUSE, Henry et. al. *Co-active coaching*. Nicholas Brealey Publishing, 2011.

MIRALLES, Francesc, GARCÍA, Héctor. *Ikigai: viva bem até os cem*. Albatroz editora, 2016. pp. 62-66, 165.

TOLLE, Eckhart. *O poder do agora*. Sextante, 2002.

45

Mude o curso da mente

Esta leitura irá conter palavras que irão transformar os leitores em poucas páginas, incitar crenças novas e expansivas com citações que sirvam de inspiração. Ela se concentra em esclarecer o que envolve a mudança de *mindset*, passando por conceitos do que seria mentalidade de forma simples e sem descrições científicas ou acadêmicas demais, citando métodos e técnicas de *coaching* que podem auxiliar o leitor a perceber e mudar sua mentalidade

Roberto Kenji Y. Ojima

Roberto Kenji Y. Ojma

Planejador Financeiro Pessoal na LifeFP (*LifeCoach*). Formado em Engenharia Naval pela Escola Politécnica na Universidade de São Paulo (POLI-USP). Pós-graduação em Mestre em Divindades pelo Seminário Servo de Cristo. *Coach* ACC credenciado pela ICF com formação pela Coaching4TodaysLeaders (EUA). Consultor de carreira da Career Direct e PersonalityID.

Contatos
kenji.ojima@gmail.com
Instagram: kenji.planejador.life
(11) 99964-2747

As vias neurais se comportam como um rio. Tudo começa com uma fonte minúscula e vira um córrego pela constância de água. Se intensificar a quantidade de água, o pequeno córrego se torna cada vez mais um rio difícil de ser barrado. Assim são os pensamentos padronizados em cada pessoa, algum gatilho minúsculo incitado com frequência forma uma via comum que, por sua vez, caso seja intensificada se torna uma crença. Esta crença se torna uma verdade pessoal inquestionável.

Existem alguns fatores importantes nesta analogia: origem, frequência e intensidade. Já conviveu com pessoas que repetem "eu não consigo" para tudo na vida? É uma resposta padrão a qualquer desafio. Isso se tornou um pensamento frequente no presente quase impossível de mudar seu rumo para "eu posso, sou capaz". Imagine quantas vezes na vida essa ideia foi martelada a ponto de virar um rio. Com certeza, esse não é a única via viciada, devem haver várias delas e o conjunto todo é o *mindset*.

O seu *mindset* pode ter dois caminhos principais: sucesso ou fracasso; ou seja, a sua mente pode estar programada tanto para um quanto para outro. O resultado geral é a sua vida hoje. Entretanto, falta definir o que seria sucesso, discutido brevemente ao final do capítulo. Agora, você pode estar se perguntando se é possível reprogramar a mente. Sim, e a ferramenta para isso é o *coaching*, apresentado a seguir em conscientização do seu *mindset*, autoquestionamento e tomada de ação.

O *coaching* ajuda na consciência de avanço, percepção de crenças limitantes e descoberta de causas multifatoriais, que resultam no seu comportamento. Existe uma razão por trás de suas atitudes, se elas são ou não vencedoras.

Seu dinheiro será desperdiçado na compra deste livro, dependendo de como você o lê. Ou seja, depende do seu *mindset*, e não somente do conteúdo escrito. Claro, livro ruim não agrega em nada, mas mente fechada não absorve o suficiente de boas obras. Portanto, aproveite a diversidade de conteúdo deste livro todo e siga as dicas.

Tipos de *mindset*

Pensamos que a pessoa de sucesso alcançou tal prestígio por ter nascido em berço de ouro, cursado as melhores universidades e recebido habilidades distintas. Tudo isso são apenas vantagens, não é algo decisório para atingir o êxito.

Quem pensa dessa forma tem o *mindset* limitado (ML), caracterizado pela síndrome da vitimização, a qual sempre atribui sua falta de sucesso a terceiros e a fatores externos, sendo a programação comum com predominância de crença limitante - caminho do fracasso. Enquanto que o *mindset* de transformação (MT) age como protagonista de sua vida, arca com as consequências de suas decisões e se responsabiliza pelos acontecimentos. Seria uma crença vitoriosa - caminho do sucesso.

Carol S. Dweck chama de *mindset* fixo e *mindset* de crescimento no livro *Mindset: a nova psicologia do sucesso*. Aqui seria ML e MT, respectivamente.

As pessoas bem-sucedidas escrevem livros revelando a maneira de ver o mundo, como pensam e quais atitudes predominam no dia delas. Com certeza, isso as diferencia do resto, mas o mais interessante é que não são práticas impossíveis, nem segredos raros. Muito pelo contrário, são desprezados justamente por serem algo simples e factível por todos. Já reparou que a maioria delas acorda cedo, faz exercícios rotineiros, alimenta-se bem e sempre se conecta com pessoas? Todos conseguem fazer isso! Não parece uma fórmula mágica. A questão é se realizam isso com disciplina, dia após dia.

Dica 1: A questão é se realizam isso com disciplina, dia após dia.

Para isso acontecer diariamente, um conjunto de ideias e pensamentos compõe a mente do MT e permite ir sempre um passo além. Este conjunto é o oposto no ML.

A partir da descrição da tabela, examine quem é mais resolvido na vida: quem tenta encontrar o culpado pela desgraça, quem tenta achar uma solução?

Mindset de transformação	*Mindset* limitado
Você é responsável pelo seu destino	Circunstâncias determinam sua vida
Aprende e acolhe os erros	Reclama, fala desculpas
Admira, elogia	Inveja, difama
Proatividade, esforço e luta	Procrastinação, preguiça e fuga
Lê muitos livros	Passa horas vendo TV
Busca solução	Busca culpados
Superação e controle emocional	Desistência e descontrole emocional
Inteligência se desenvolve sempre	Inteligência é predefinida de fábrica
Disposto a mudanças	Aversão a mudanças
Cresce com desafios	Definha com dificuldades

Quem terá melhor *performance*: aquele que não sabe nada e busca aprender, ou aquele que sabe muita coisa e fica estagnado sem novos aprendizados? Intuitivamente, todos votam em ter MT, porém, vivem com ML na maior parte das circunstâncias.

Seja sincero na reflexão, qual *mindset* predomina em você? Este é o modo de responder a este mundo. Os seus argumentos tendem para um lado, conforme sua programação mental.

Somente um *mindset* vai expandir o seu mundo, saindo da zona de conforto. Deseja descobrir novas paisagens e desfrutar de coisas novas? O *mindset* é a lente para enxergar o universo. Neste assunto, você vê o que acredita e não acredita no que vê.

Por exemplo, diante de um fato pessoal negativo, o ML nega-o com desculpas esfarrapadas, enquanto o MT analisa a veracidade e assume uma melhoria. Nenhuma mentalidade se agrada do vexame, porém, você pode se aliviar rejeitando o fato com justificativas (ML), ou encarar como oportunidade para se desenvolver (MT). Este último estará mais desenvolvido nos próximos eventos.

Dica 2: Pare de culpar os outros, a única coisa que se repete no denominador comum em todos os eventos ruins é você!

Quando se depara com um evento negativo, muitas vezes é preciso humildade para se levantar. Consegue imaginar um bebê com ML, que desiste de andar para evitar mais tombos? Nunca iria aprender a andar com dois pés no futuro.

Nascemos sem ML, ela é implantada ao longo dos anos e se torna a mentalidade padrão (duvidar da capacidade, parar de sonhar, perda de criatividade). O adulto pode ser um "bebê" para algumas competências. Aprender novas línguas é um bom exemplo evolutivo de analfabeto a um comunicador poliglota.

Dica 3: Volte a ser criança nesse sentido, confie na sua capacidade, volte a sonhar, resgate a criatividade e liberte sua mente para novos e melhores caminhos.

Quando se incentiva a pensar que é capaz, normalmente questiona-se: como você sabe disso?

Faça a reflexão reversa: como veio a crer que seria a pior pessoa do mundo, a mais incapacitada e incompetente, se não existe nenhum fato que comprove isso? O ML se define pelos resultados pontuais, se fracassa uma ou poucas vezes, se denomina um fracassado ("vou fracassar sempre") e não persiste até a conquista. Ele mesmo é o seu pior inimigo e nunca chega a questionar sua premissa sobre fracasso.

Seria como crer que é "burro" pelo resto da vida, por ter repetido de ano na escola. São falsas premissas mascaradas de verdades imutáveis ao longo da sua narrativa, que matam qualquer esperança de desenvolvimento. É um rio neural formado.

Já o MT sabe que nem sempre terá vitórias, portanto, não vê o fracasso como algo que o define ("falhei desta vez"). O resultado não é uma régua de medir uma pessoa. A derrota só será garantida no momento da desistência. Não existe um sucesso garantido, mas o MT terá mais chances de atingir seu sucesso, comparado ao ML.

Por exemplo: como saber se o casamento será um sucesso, considerando o matrimônio como algo duradouro? Aquele que se mantém casado até o final é o vencedor. Então, só no final da vida saberá se foi um sucesso. O tempo será o juiz.

Estatisticamente, a maioria dos milionários é casada, possui dois filhos ou mais e escolhe seus amigos (você é a média dos cinco amigos mais próximos). A característica que as pessoas de sucesso têm em comum é uma linguagem programada por elas, para praticarem constantemente. O MT proporciona um desenvolvimento contínuo, todavia, o ML trava o avanço.

Dica 4: pense "ainda não sou_____", "ainda não conquistei_____", "ainda não terminei a minha jornada". O "ainda não" move o cérebro a chegar no ponto desejado.

Sucesso distinto

Enfim, uma breve reflexão sobre sucesso. Aqui, irei tratar de pessoas distintas, para mostrar que o acúmulo de recursos não é a finalidade do sucesso, dado que o conceito padrão é riqueza, fama e bem-estar.

O normal do ML é desistir diante das dificuldades, por isso, a resiliência e a perseverança são características admiradas do MT. Mahatma Gandhi é reconhecido mundialmente por sua serenidade e perseverança em promover a paz sem violência.

Ele sabia que "a alegria está na luta, na tentativa, no sofrimento envolvido e não na vitória propriamente dita". Não usava desculpas, porque "a força não provém da capacidade [...], mas de uma vontade indomável". A motivação é crucial para caminhar e cresce a cada dificuldade, visto que "o medo tem alguma utilidade, mas a covardia não". Assim, enfrente a vida com coragem. "Se queremos progredir, não devemos repetir a história, mas fazer uma história nova".

Ele é resiliente e inovador como um empreendedor hoje. Assim como a Madre Teresa de Calcutá influencia até hoje por sua bondade e convicção. Nem sempre estamos na alta, "por vezes, sentimos que aquilo que fazemos não é senão uma gota de água no mar. Mas, o mar seria menor se lhe faltasse uma gota". A sua gota parece irrisória, "[...] mas, sem ela, oceano será menor".

Geralmente, não se considera uma pessoa de sucesso por completo, por ela ter se entregado demais no trabalho e abandonado a família[1]. O equilíbrio nas diversas áreas da vida é importante, ponderado pela Roda da Vida no *coaching*.

1-Post de Stefano Galvão no LinkedIn: Casos de consultório 17. Rico demais, poderoso demais, apartamentos deslumbrantes e carros maravilhosos. Mulheres lindas. Ele tinha tudo. Mas, tinha depressão, alcoolismo, etc. Reclamava que sua saúde era fraca e piorou com o tempo. Com poucas perguntas, percebi que o número de doenças aumentou em consonância com a riqueza. Também vivia batendo com seus carros por beber demais como que tateando e esbarrando em pequenas alegrias. Tem nome isso? Tem, "arruinação pelo êxito". É um tipo de caráter descrito em 1916 por Freud. Refere-se ao caso de indivíduos que, quando alcançavam seus objetivos, produziam um quadro de sintomas incapacitantes que os impedia de usufruir suas próprias conquistas, como se "sabotassem" a si próprios. O desejo nos move. Somos movidos pelo desejo. Quando não há mais o que desejar, é a morte. A vida é uma montanha que não tem fim. Perde-se o motivo, perde-se o desejo. A vida deixa de ter sentido. Isso clareia muito porque os pobres são mais felizes do que os ricos. Esclarecido isso, ele gradativamente vendeu a coleção de carros, e eu fui mostrando novas coisas a desejar: um amor real, um filho, livros nunca lidos, uma orquestra sinfônica, olhar o pôr do sol e fazer voluntariado. A vida é apenas desejo. Sorte de quem não alcança todos.

Jesus afirmou: "de que serve ao homem conquistar o mundo inteiro se perder a alma?" Reclamar demais mostra uma verdade interior, porque "a boca fala do que está cheio o coração". É bom conhecer seu real desejo, pois "onde estiver o seu tesouro, estará o seu coração".

Os exemplos anteriores possuem uma linguagem ímpar de programação. Alguém os consideram fracassados? Basta ver a tabela do *mindset*. Morreram longe de ter rios de dinheiro; no entanto, algo sobre sucesso está atrelado a estes grandes personagens. Todos eles foram grandes líderes, com forte pilar de espiritualidade, algo escasso atualmente. Nem sempre a intensidade do rio definido pela sociedade é a sua definição de sucesso.

Dica 5: Reflita qual seria sua escolha entre ter 10 milhões na conta e família infeliz ou ter o suficiente para pagar as contas e ter a família feliz. Veja se o seu valor condiz com a realidade.

Temas ligados à meditação começaram a virar moda. Pratica-se mais *yoga* no lugar de academia ultimamente. Resumindo até aqui, uma vida de sucesso não significa uma vida totalmente livre de fracassos e sem perdas pontuais, nem ser multimilionário famoso.

Nem sempre sabemos o que realmente queremos, mas comece a mapear o que não se quer, para não buscar ilusões. Por meio da exploração da sua mente virá a autodescoberta. Também é importante a afirmação das pessoas próximas, por meio de Avaliação 360° ou outras ferramentas de autoavaliação.

Nova jornada

Prepare-se: para alguns é um soco no estômago o que vem a seguir. A transformação é para valer, senão a faísca não gera fogo. O momento em que estamos mais presentes na vida, é perante a morte. É um tanto irônico que o ponto final da existência na Terra sirva de gatilho para viver plenamente enquanto respiramos.

Muitos já viram ou vivenciaram o luto. Enfrentamos revelações duras de tudo que devíamos a eles (falecidos), tudo o que não fizemos por eles, tudo o que poderíamos ter extraído mais e aproveitado melhor enquanto nos eram oferecidos, mas não soubemos acolher. Se bateu arrependimento com a perda de alguém, provavelmente teve um relacionamento de ML com ela.

Dica 6: O seu *mindset* pode ser transformado nesses chacoalhões. Entretanto, mude antecipadamente a forma atual de viver para não ter um penoso arrependimento mais tarde.

O ideal era ter MT anos atrás. O segundo momento ideal é o agora. As perguntas poderosas do *coach* podem ser vazias e se não conectar com a essência da pessoa, e a morte é um cenário forte para desenhar um novo posicionamento.

Coloque-se no leito da sua morte e reflita: "o que as pessoas dirão de você?", "Qual legado estará deixando na Terra?" (não me refiro à herança como dinheiro e casas somente). Qual modo de vida a aplicar agora, para que seus entes queridos recitem a frase que o deixará mais feliz em toda a sua vida? A neurociência revela que o cérebro é elástico (neuroplasticidade) e continua a modificar sua estrutura, independentemente da idade.

Dica 7: Expanda seu intelecto, invista em si mesmo.

O *mindset* é tão poderoso que seu corpo reage conforme a sua crença. Um exemplo contado pela Dra. Alia Crum no TED (*Change your mindset, change the game*).

O foco do *coaching* é a pessoa, não o seu projeto, nem o produto final. O resultado não está nas coisas, mas em si próprio. Se o problema é maior do que você, cresça para ficar maior do que os problemas. Saiba que é possível mudar o *mindset*, porém, não será da noite para o dia. Nenhum bebê nasce saudável em um mês de gestação.

Precisamos alimentar as mudanças embrionárias com os nutrientes corretos (dose, frequência, horário, etc). Esforço é parte do jogo. Michael Jordan nem sempre foi o conhecido Jordan. Ele teve inúmeros fracassos e, contudo, se aperfeiçoou para chegar ao Jordan marcado na história do basquete.

Desafio: crie uma ação para incorporar um item da tabela MT no prazo de um mês.

PS: não se esqueça de comemorar cada progresso, celebre seu desenvolvimento com recompensas, e isso se tornará um hábito.

46

Sucesso, sorte e azar

Entenda o porquê de existirem dezenas de milhares de publicações sobre os caminhos do sucesso, sem que essas sejam trajetórias que todos conhecem e percorrem realmente. A "receita de bolo" de assumir determinados padrões de comportamento tem seu valor, mas, a verdadeira transformação se dá pela mudança da forma como enxergamos o mundo, a nós mesmos e o próprio sucesso

Rodrigo Motoike Aguiar

Rodrigo Motoike Aguiar

Life, *executive* e *business coach* com formação pela Sociedade Brasileira de Coaching (SBCoaching), instituto reconhecido pela International Coaching Council – ICC. É também cientista da computação, com MBA em gestão empresarial pela Fundação Getulio Vargas. Possui muitos anos de experiência em gestão empresarial e planejamento estratégico, em grandes empresas e consultorias. A junção destes dois polos permitiu que criasse a metodologia "Planejamento Estratégico Individual Integral", para ajudar pessoas, grupos e empresas a se colocarem em ação na busca da excelência almejada. Idealizador do programa "Engata a primeira", onde usa o *e-book* de sua autoria "Disciplina para atingir metas e realizar sonhos", como base de trabalho. Atua também como palestrante e facilitador de *workshops*.

Contatos
www.rodrigoaguiarcoach.com.br
Instagram: rodrigoaguiarcoach
Facebook: @RodrigoAguiarCoach
(11) 99582-5265

Na fronteira norte da China havia um fazendeiro que criava cavalos. Um dia, um de seus melhores cavalos fugiu. Seus vizinhos vieram até ele para o consolar, dizendo que aquilo era um grande azar. O fazendeiro respondeu:

— Pode ser sorte ou azar.

Alguns dias depois, o cavalo voltou e trouxe, com ele, cinco cavalos selvagens. Os vizinhos vieram novamente, dessa vez, para felicitá-lo, dizendo que isso era uma grande sorte. O fazendeiro respondeu:

— Pode ser sorte ou azar.

Nos dias seguintes, o filho do fazendeiro tentou domar um dos cavalos selvagens e caiu, quebrando uma perna. Os vizinhos vieram lamentar o ocorrido, aquilo era um grande azar. O fazendeiro respondeu:

— Pode ser sorte ou azar.

Pouco tempo depois, oficiais do exército apareceram recrutando soldados, mas não levaram o filho do fazendeiro, porque ele estava com a perna quebrada. Os vizinhos vieram ao fazendeiro falando sobre como aquilo era uma grande sorte. O fazendeiro respondeu:

— Pode ser sorte ou azar.

Com quem você se identifica nessa pequena história? Com o fazendeiro ou com seus vizinhos? Se for com o fazendeiro, acredito que você faça parte de uma pequena parcela da sociedade composta por pessoas que têm as rédeas de suas vidas em suas mãos.

Entretanto, se você for como a grande maioria das pessoas, é possível que seja como os vizinhos do fazendeiro e que deixe os acontecimentos ao seu redor ditarem o quanto sua vida pode ser plena ou não.

Escassez de dinheiro, falta de amigos, aparência pouco atraente, existência de dívidas, pais castradores, filhos problemáticos, dificuldades físicas, emprego chato, chefe que persegue, colegas que "puxam tapete", contas para pagar, problemas de saúde, crise mundial e conflitos sociais. Enfim, tudo comparece na lista que se usa para justificar o porquê de levar uma vida de "quase realização", "quase felicidade" e "quase plenitude".

A verdade é que nada, absolutamente nada do que acontece no universo, tem um significado intrínseco. O que isso quer dizer? Que nada do que acontece é bom ou mau, é sorte ou azar, é sofrimento ou felicidade. Os acontecimentos apenas acontecem. É no mundo mental que são atribuídos os significados, e estes só existem em nossa perspectiva.

Nossa forma de pensar é quase o tempo todo subjetiva, ou seja, os fatos são avaliados em relação ao nosso sistema de crenças. Mas, podemos também ser objetivos: imagine uma árvore frutífera no meio de uma mata virgem em um planeta distante. Se um fruto cai da árvore, se a árvore inteira cai ou se o planeta inteiro deixa de existir, isso é bom ou mau?

Quem molda a sua realidade?

Espero que você tenha conseguido chegar à conclusão de que não é nem uma coisa e nem outra. São apenas acontecimentos, sem nenhum significado em si. Este só passa a existir, se você avalia esses fatos com relação a você e seu sistema de crenças. Nesse ponto, você atribui o significado que quiser. Note também que o significado varia de pessoa para pessoa.

É claro que esses significados dependem de uma relação complexa de muitas coisas para serem criados, mas vou resumir em basicamente dois componentes:

1 – O conjunto de informações que faz parte da bagagem da mente de cada pessoa;

2 – O conjunto de significados anteriormente atribuídos aos itens do componente anterior.

O mais interessante é que essa estrutura de informações e significados atribuídos, funciona como um filtro da realidade que reforça o conteúdo do que está guardado na mente da pessoa.

Um exemplo que eu gosto de usar é o de quando se compra um carro novo. Parece que começamos a ver mais carros como aquele na rua, não é verdade?

Importante você entender que o significado que atribui a qualquer coisa tem efeitos não só na sua realidade subjetiva, como também na sua fisiologia, no mundo real. O efeito placebo não é exatamente isso? Adicionalmente, como explicar as curas que pessoas de variadas crenças obtêm apenas pela fé? A ciência não conseguiu ainda desvendar o mecanismo de ação, mas reconhece que são fenômenos reais.

Vale citar, também, algo do domínio da psicologia, chamado Efeito Rosenthal (ou pigmaleão). Robert Rosenthal (professor de Harvard) e Lenora Jacobson (diretora de uma escola), em 1968, estudaram o efeito das crenças dos professores a respeito da inteligência de seus alunos sobre as *performances* acadêmicas destes.

Para testar isso, eles disseram aos professores que os pesquisadores de Harvard criaram um novo teste de QI, aplicado no início do ano, que poderia identificar "potencial intelectual". Então disseram aos professores quais de seus alunos tinham sido identificados por esse teste e que era esperado que estes apresentassem ganhos substanciais em seu QI ao longo do ano letivo.

Ao fim do ano, os alunos fizeram um novo teste de QI e foi identificado que a profecia se realizara e que os alunos, identificados no começo do ano, estavam em posição de ganhos significativamente maiores de QI, em relação aos demais.

O detalhe é que eles fizeram um teste simples de QI no começo do ano e foram selecionados aleatoriamente. Ou seja, a crença dos professores realmente mudou sua forma de agir para com os alunos, fazendo com que eles tivessem um rendimento melhor.

Esse estudo já foi repetido mais de 300 vezes, de formas diferentes, sempre confirmando o mesmo resultado: a crença afeta a ação, que afeta a *performance*, que confirma a crença. E isso ocorre não só quando a crença é de alguém sobre o outro, mas, também, quando é sobre si mesmo (busque por Ameaça do Estereótipo e Efeito Golem).

Isso se aplica a tudo, não apenas ao mundo acadêmico!

Quantas vezes isso tem ocorrido todos os dias em famílias (pais e filhos), escolas (alunos e professores), empresas (chefes e colaboradores), grupos sociais (minorias e maiorias) ou povos (desenvolvidos e em desenvolvimento)?

Quanto dos resultados que as pessoas vêm obtendo em suas vidas, nas mais variadas áreas, foi direcionado por "profecias" completamente descabidas, por significados depreciativos e limitadores?

O sucesso em perspectiva

Agora quero que você entenda uma coisa importante: não estou dizendo aqui que apenas a mentalidade é que determina o sucesso. Ele depende também de fatores externos, como os que eu citei no começo do capítulo, aqueles que, muitas vezes, são usados como justificativas de uma vida de "quase".

Sim, esses fatores possuem influência, mas eles não são fatores determinantes, principalmente se a pessoa usa a mentalidade adequada para lutar contra as adversidades exteriores. Quando atribuímos um significado a esses fatores, que facilite o emprego de um esforço maior sobre uma situação desafiadora, as chances de sucesso aumentam significativamente.

Muita gente se emociona com histórias como a de Chris Gardner, representada no filme *À procura da felicidade*. A película conta uma história real de um americano que, de mendigo, se tornou um milionário. O fato é que a grande maioria, após enxugar os olhos úmidos ao fim do filme, volta para seu dia a dia de crenças de que algo assim depende de pura sorte!

A verdade é que Chris simplesmente escolheu ver nas adversidades um significado maior do que uma profecia de que ele não poderia ser melhor. Escolheu se desafiar a fazer o que ninguém mais fazia e não desistir. Os fatores externos poderiam ser diferentes e ele poderia não ter ficado milionário? Sim, certamente poderia, mas é aí que está um aspecto importante a ser entendido: não há dúvidas de que, ainda assim, ele seria uma pessoa de sucesso!

O sucesso de que estou falando aqui não necessariamente se refere a ser milionário, ter carros, imóveis, cargos, aeronaves ou o que for, e nem mesmo a fazer determinadas coisas. Isso pode ser sucesso para alguns, mas, seguramente, não é para todos.

Creio que este seja o ponto nevrálgico: assim como os acontecimentos possuem o significado que damos a eles, o sucesso também possui significados diferentes, para diferentes pessoas!

O nosso idioma ajuda a ter mais clareza sobre esse assunto. No dicionário, um dos primeiros significados de sucesso é "acontecimento", "fato", "resultado". Claro que também significa "bom resultado" e "êxito". Ou seja, uma mentalidade de sucesso não é apenas uma que leve você ao bom resultado, mas também aquela que ajude você a lidar com os acontecimentos, com os resultados todos.

É por isso que acredito que não há como construir uma mentalidade de sucesso, sem passar pela atribuição de significados aos acontecimentos e fatos da vida real. Além, é claro, de ajustar os esforços pessoais ao significado que a pessoa dá para aquilo que chama de sucesso.

Como coloquei até agora, muito dos resultados que alcançamos está ligado aos significados e crenças que escolhemos dar às situações e acontecimentos. O problema é que estamos sendo bombardeados o tempo todo, por mensagens que carregam significados que podem nos depreciar e limitar.

Há muitas mensagens que dizem que o padrão de beleza nos diz quem é ou não atraente. O saldo da conta bancária indica quem atingiu sucesso na vida. A quantidade de *likes* ou seguidores mostra quem são as pessoas mais interessantes. Quem fala mais acaba sendo ouvido. Quem sabe "vender melhor o peixe" é promovido.

Nosso cérebro evoluiu de modo a poupar energia na representação da realidade ao nosso redor, e é por isso que ele "gosta" de generalizações. Elas poupam energia de processamento, que sempre foi muito importante para a sobrevivência ao longo da evolução. A má notícia é que quando a pessoa se mede ou se avalia por meio de generalizações como as do parágrafo anterior, pode chegar a uma generalização tão cruel quanto mentirosa: ela não é adequada! Ela não merece ser feliz! Ela não tem como alcançar o sucesso!

É comum absorver esse padrão de autodepreciação e intoxicação da mente, o que acaba por determinar as ações que se empreende no dia a dia, seja para assumir uma postura de busca pelo sucesso, seja para assumir uma aparência de um modelo de sucesso fabricado por significados alienígenas, ou para realizar uma autoprofecia do fracasso.

Coaching para construir seu caminho de sucesso

Neste ponto é importante que você se lembre de um conceito básico deste capítulo: nada tem significado intrínseco! Você pode escolher os significados que vai atribuir aos acontecimentos, fatos e coisas ao seu redor.

Não se trata de abordagens *new age*, muitas delas desconectadas da realidade. Oras, se você passa os dias atribuindo significados que o limitam e enfraquecem, você pode fazer exatamente o oposto e atribuir significados que o motivem, que o fortaleçam e o impulsionem na direção de vencer os desafios que as circunstâncias impuseram.

É fácil? Normalmente não. Como eu disse, estamos inseridos em um sistema que privilegia a promoção de uns, em detrimento de outros, utilizando generalizações e isso faz com que seja desafiador sobrepujar o sistema.

Tenho certeza de que há pessoas que, ao lerem estas palavras, devem estar se sentindo bastante incomodadas, pois, embora a lógica da coisa pareça fazer sentido, não acreditam que seja possível para elas!

Enxergar-se de uma maneira que não seja limitante parece até um pecado ou palavrão. Sabe o que é isso? Mais uma vez é o seu cérebro atuando da forma como evoluiu para atuar, mantendo você na zona de conforto.

E, por que ele faz isso? Porque você já tem crenças e significados estabelecidos, e mudar essa estrutura consome energia e o cérebro quer poupar energia, lembra? É mais fácil reforçar os significados que já tem, então ele vai lutar contra e vai tentar convencê-lo de que isso não funciona para você. É comum que comece e abandone o desafio no meio do caminho.

Este é o motivo pelo qual muitas pessoas acham inspirador conhecer histórias como as de Chris Gardner, Thomas Edison, Martin Luther King, Nick Vujicic, Marie Curie, Frida Kahlo, Jacqueline Saburido, Madre Teresa, e outras centenas de personalidades notáveis que suplantaram os desafios ao seu redor. Mas, quando se trata de colocar as mãos na massa e realizar, acreditam que isso não se aplica a elas mesmas, que simplesmente não podem e não conseguem.

Acredito que é nesse ponto que o *coaching* pode fazer realmente a diferença e transformar a visão e a mente das pessoas, tornando possível aprender novas formas de construir significados que possam libertá-las e impulsioná-las na busca de uma vida realmente plena, de uma existência em que alcancem o sucesso, mas aquele sucesso que faça sentido no sistema de valores delas.

O *coach* é a pessoa que vai ajudar a não desistir no meio do caminho e a encontrar forças, ferramentas, conhecimento e motivação para que vá um pouco além a cada dia. Vai desafiar a zona de conforto que nossa mente tanto gosta, para que possa se transformar naquilo que vai estar em sintonia com o seu significado de sucesso.

Tenho me especializado em realizar essas transformações e não há nada mais recompensador. Não há sucesso maior para mim do que libertar uma mente da "gaiola" em que aprendeu que deveria ficar.

47

Coaching sistêmico familiar e empresarial

Não há necessidade de que o indivíduo potencialize seus problemas, é importantíssimo que aprendamos a entender a nós mesmos e o próximo. O *coaching* sistêmico é justamente isso, uma fusão dos ensinamentos da constelação da alma, de Bert Hellinger, com meus conhecimentos e aprendizados no *coaching*. Facilitando o entendimento dos sofrimentos, partindo do inconsciente para o consciente, transformando crenças limitantes em crenças facilitadoras

Salim Ivan Ary

Salim Ivan Ary

Coach Sistêmico Familiar e Empresarial. Formação em Administração e Marketing pela Estácio. Didática de Ensino Superior pelo Ateneu. Realiza eventos corporativos e consultoria empresarial. Cursos em: gestão de pessoas, oratória, empreendedorismo, formação de palestrantes e de líderes. Assim como, gerenciamento de conflitos pessoais, em grupo ou empresariais, relacionamentos interpessoais, PNL (Programação Neurolinguística) pelo Metaforum International – International NLP Trainers, Theta Healing Of Knowledge (THInK Institute) nos módulos básico, avançado e digging. Também cursou Apometria Quântica Internacional com Carina Greco e Constelação Familiar pelo Mundo Akar. Coaching Sistêmico Familiar, realiza terapia pessoal, em grupo ou empresarial. Estrategista da área de Marketing. Corretor de Imóveis pelo CETRED UFC.

Contatos
www.salimarycoaching.com.br
Facebook: Salim Ary
Instagram: @salimary
(85) 99901-8048 / (85) 99813-5443

O *coaching* sistêmico familiar e empresarial une as técnicas do *coaching*, em conjunto com a programação neurolinguística e os ensinamentos da constelação familiar, de autoria de Bert Hellinger. Trabalha, a princípio, a partir da descoberta do interno, identificando as crenças limitantes do indivíduo, podendo ser estas de caráter pessoal ou familiar.

Estas crenças são adquiridas ao decorrer da vida, se tornando limitantes quando são alimento para as sabotagens do ego, agindo em nível inconsciente, terminando por se manifestar na consciência de forma subjetiva, refletindo diretamente em suas ações, tendo como resultado a estagnação que será responsável pelas enfermidades da alma, dores e traumas.

Identificar esses problemas é um processo complexo e exige que o *coach* conduza vários exercícios, escolhidos pelo cliente ou *coachee*, até que este, conscientemente ou inconscientemente, esteja pronto para abordar seu problema, por mais que de forma subjetiva e indireta. Durante este processo de identificação, a postergação possivelmente será um dos problemas que o cliente enfrentará, como uma forma de manifestação, inconsciente de seu ego. A descoberta dessas limitações ocorre de forma intuitiva, os exercícios vão funcionar de forma a evidenciar para o *coach* suas crenças limitantes.

Uma vez que o terapeuta tome ciência do problema ele irá direcionar o exercício, por meio de sugestões, visando a chegada de um momento em que o cliente venha a tomar consciência do motivo de sua limitação.

O próximo passo é transformar a crença limitante em facilitadora, gosto de chamar esta parte de "pontes da felicidade", atribuo este nome porque o processo de cura vai se dar por meio dela. O processo exige uma complexa busca por descobrir e evidenciar os laços de amor e força que tenham ligação com sua limitação. O objetivo, neste ponto, é mudar o foco da consciência, fazer com que o cliente entenda as várias faces de seu problema, com ênfase nas positivas, uma vez que seu ego já faz com que ele foque nos pontos negativos. É importantíssimo que o *coachee* crie relações positivas quanto a seu problema.

Ao redor de uma crença limitante existem vários laços benéficos, ambientes acolhedores, *hobbies*, novos relacionamentos, por exemplo, que são fontes de felicidade. A limitação só existe porque o indivíduo está incapaz de enxergar estas fontes. Uso o termo "pontes" exatamente porque busco fazer com que sua consciência evite as armadilhas do ego. Ele é o maior inimigo do cliente neste momento, explicarei melhor sua relação com o problema posteriormente neste artigo.

Os três pilares

Como citei brevemente no início deste livro, minha técnica possui base em três pilares fundamentais, os quais busquei estudar e me aprofundar nos últimos anos, as técnicas do *coaching*, a Programação Neurolinguística, ou PNL, e a Constelação da Alma.

O *coach* é uma pessoa ou empresa que utiliza de diversas técnicas sistêmicas para contribuir com seu cliente, para que entenda seu propósito, defina seu objetivo e encontre o melhor método para alcançá-lo, buscando sempre o autoconhecimento e o desenvolvimento das técnicas necessárias para tanto.

A Programação Neurolinguística foi desenvolvida na década de 70 por Richard Bandler, estudante de psicologia e John Grinder, estudante de linguística, na Universidade de Santa Cruz, na Califórnia. A partir do estudo científico do comportamento de pessoas bem-sucedidas em vários ramos, chegaram à constatação de que existem padrões replicáveis que se repetem nesses indivíduos, entendendo que, por trás dos nossos comportamentos, existe um padrão de emoções e pensamentos que influenciam diretamente em nossas ações e, consequentemente, nos resultados, desenvolvendo o que pode ser chamado de "fórmula para o sucesso".

A Constelação Familiar da Alma surgiu a partir de observações em vários tipos de psicoterapias familiares e nos padrões de comportamento que costumavam se repetir ao longo das gerações de uma determinada família e, ao se deparar com um fenômeno que acontecia com o método desenvolvido por Virgínia Satir, chamado de "esculturas familiares", onde uma pessoa estranha, chamada para representar o membro de uma família, terminava por se sentir e se comportar exatamente como a pessoa representada e, às vezes, até mesmo apresentar os mesmos sintomas físicos, enquanto não tinha conhecimento nenhum sobre a pessoa que representava. A partir desses estudos, e aliado aos seus estudos como padre missionário à tribo dos Zulus, onde foi capaz de observar e aprender como grupos se comportam, Bert Helinger, o pai da Constelação Familiar, esclareceu o que ele chamou de "consciência de clã", e demonstrou a influência que esta consciência tem em nosso inconsciente e, consequentemente, em nossas ações.

Como uma síntese desses fundamentos, surge o *Coach* Sistêmico Familiar e Empresarial, uma união das ideias e técnicas destes pilares que terminam por se completar e complementar, criando um método terapêutico bastante eficaz em sanar problemas e trazer o sucesso pessoal, familiar e profissional.

Neste artigo, me aprofundarei somente nos ensinamentos de Bert Hellinger, uma vez que se trata do pilar que mais permeia minha metodologia e que tenho certeza de que meus companheiros de carreira presentes neste livro se aprofundaram ou aprofundarão com excelência nos outros dois tópicos.

Por que "sistêmico"?

O ser sistêmico é o ser que tem a disciplina do viver, por mais que, involuntariamente e, na maioria das vezes, contra sua vontade. O sistema abrange tudo, desde o ambiente familiar até mesmo o organismo humano, partindo do seu menor nível, a consciência, até o seu maior, a sociedade como um todo.

Portanto, em minha verdade, e com base nos ensinamentos de Hellinger, classifico tudo como relacionado a um sistema e à repetição de padrões que ocorre em seus diferentes níveis. Como um solucionador de problemas pessoais, esse conhecimento é importantíssimo, uma vez que identificar o sistema de origem destes é o primeiro passo para tratá-los. Por este motivo, denomino os problemas de uma pessoa como "crenças limitantes sistêmicas".

Como já citado em outro momento, identifico as "crenças limitantes" como "sistêmicas pessoais" ou "sistêmicas familiares". No entanto, outro entendimento é muito importante: todo problema no sistema pessoal de um indivíduo tem algum tipo de ligação com o sistema familiar no qual ele nasceu e cresceu.

As leis de Hellinger

De acordo com a Constelação Familiar da Alma, para tratar os males do cliente, o terapeuta deve enxergar além do indivíduo, deve buscar entender os laços e conexões que o rodeiam, o amor que une o grupo em que ele está inserido. Para Bert Hellinger existem três inconscientes, o pessoal, o individual e o familiar.

Para entender o funcionamento destes inconscientes, Bert formulou três leis que atuam ao mesmo tempo e explicam os relacionamentos humanos. E entendeu que o indivíduo em equilíbrio é aquele que não transgride essas leis. São elas: a Lei do Pertencimento, a Lei da Ordem e a Lei do Equilíbrio, também chamadas de Ordens do Amor.

A lei do pertencimento

Parafraseando Bert em seu livro *A cura,* explico: "Pertencer à nossa família é necessidade básica. Esse vínculo é o nosso desejo mais profundo. A necessidade de pertencer a ela vai além até mesmo da nossa necessidade de sobreviver. Isso significa que estamos dispostos a sacrificar e entregar nossa vida pela necessidade de pertencer a ela".

Esta lei explica que todo indivíduo tem o direito de pertencer a sua família, por mais condenável ou reprovável que seja. Isso não o isenta de punições, mas seu pertencimento ao sistema familiar é inalienável. Excluir um indivíduo do sistema familiar, por qualquer motivo, gera uma cadeia de efeitos colaterais neste sistema. A finalidade é que a lei do pertencimento seja cumprida. Este indivíduo será reinserido em seu sistema familiar inevitavelmente, no entanto, quanto mais resistência houver ao seu retorno, mais doloroso será o processo.

O comportamento que o fez ser excluído de seu sistema familiar voltará a se repetir em outras gerações da família, como uma consequência de sua exclusão. Esse sofrimento pode perdurar por gerações, até que alguém volte a incluir esse indivíduo no sistema. Como resultado, os membros que carregavam uma dor muito grande por se forçarem a excluir um indivíduo, e até mesmo o próprio indivíduo, são preenchidos por uma sensação de liberdade, que seria o primeiro passo para alcançar a felicidade.

A Lei da Ordem

Bert explica em seu livro *Ordens do amor*: "O ser é estruturado pelo tempo. O ser é definido pelo tempo e, por meio dele, recebe seu posicionamento. Quem entrou primeiro em um sistema tem procedência sobre quem entrou depois. Sempre que acontece um desenvolvimento trágico em uma família, uma pessoa violou a hierarquia do tempo".

Esta lei explica que devemos respeitar a hierarquia da família. Os mais velhos devem ser respeitados. Membros anciões, pais e mães e até mesmo ao irmão ou irmã mais velha cabe o seu devido respeito. Considero que o sistema familiar tem sua alma própria, e caso sua hierarquia seja desrespeitada, como consequência, todo o sistema familiar sofre afetivamente, financeiramente ou até mesmo em relação à saúde.

Temos como exemplos filhos que assumem o lugar dos pais na criação de seus irmãos, a separação de um casal e a chegada de um novo companheiro que tenta assumir a posição do antigo, dificuldade em aceitar os pais do cônjuge como são, ou até mesmo nossos pais. Todos estes são desrespeitos à Lei da Ordem bastante frequentes e é de conhecimento comum que suas consequências sempre terminam por desestabilizar todo o sistema familiar.

A Lei do Equilíbrio

De acordo com Bert em seu livro *A simetria oculta do amor*: "O que dá e o que recebe conhecem a paz se o dar e o receber forem equivalentes. Nós nos sentimos credores quando damos algo a alguém e devedores quando recebemos. O equilíbrio entre crédito e débito é fundamental nos relacionamentos"

As trocas em todos os relacionamentos devem ser equilibradas para evitar pressões e descontentamentos. Um parceiro que dá mais do que recebe se sente no direito de cobrar, e perceberá como ingratidão a não reciprocidade, e um parceiro que recebe mais do que pode dar se torna frustrado por não poder atender às expectativas do outro. Em respeito à Lei da Ordem, o único relacionamento em que as trocas não podem ser equilibradas é o de pais e filhos, uma vez que um filho jamais poderá retribuir a um pai o dom da vida que lhe foi concedido, neste caso, o equilíbrio está na aceitação por parte do filho de que jamais será capaz de dar aos seus pais tudo o que eles lhe deram.

Os sistemas e o propósito

Para entender o funcionamento de um sistema, precisamos entender a importância do propósito. Assim como cada órgão do organismo tem seu propósito, cada indivíduo dentro de um determinado sistema também o tem. Quando em ordem, os indivíduos de um determinado sistema, estarão exercendo seus devidos propósitos, assim como explicado pela Lei da Ordem.

Uma pessoa fora de seu propósito é o sintoma de uma desordem pessoal do ego. Por estar nesta situação, o indivíduo terminará por afetar todas as outras pessoas que fazem parte de seu sistema. Costumo dizer que ao tratar um paciente, também estou tratando todos que o rodeiam, por mais que indiretamente e em diferentes níveis.

O propósito também se aplica ao sistema pessoal, por mais que contenha apenas um indivíduo. Todos têm um propósito, tanto carnal, quanto espiritual, e temos o dever de segui-los. Não cumprir este dever é a fonte de muitos dos males da alma e do corpo, portanto, autoconhecimento é de suma importância. Em minhas seções com o cliente, identificar se os propósitos em seus sistemas estão bem definidos e sendo cumpridos é um dos passos para a cura dos problemas.

Por que "familiar e empresarial"?

Um líder de empresa que enfrenta problemas, em seu sistema pessoal ou familiar, termina por trazê-los para o sistema profissional. Considero que a empresa tem uma alma e se seu líder, a parte mais importante, está doente, a empresa também estará.

Essa ideia abrange o âmbito profissional como um todo, não somente o empresarial. Um corretor com crenças limitantes terminará por sabotar suas vendas, por exemplo. Por isso, chamo minha técnica de "Familiar e Empresarial". Um indivíduo em ordem com sua família e com seu lado pessoal estará, consequentemente, em ordem com o profissional.

Em alinhamento com a importância do propósito nos sistemas, em muitas das ocasiões identifico as desordens do líder como sendo desta natureza, às vezes no sistema pessoal, o propósito de vida, no familiar, o propósito como pai, marido e filho, no profissional, o propósito de sua empresa ou seu cargo, ou até mesmo em todos estes sistemas.

Minha consultoria parte deste conceito, ao me deparar com uma empresa em desordem, procuro entender as desordens de seu líder, e parto destas para buscar uma solução que irá abranger seu pessoal e trazer resultados ao profissional.

As armadilhas do ego

Finalmente abordarei o ego, sua compreensão é importantíssima para entender a ideia por trás de minha metodologia. Gosto de tratar o ego como uma entidade e, caso fora de controle, ele será o seu maior obsessor. O ego naturalmente tem a função de ser um catalizador da autoestima. O ego inflado é fruto de um indivíduo com sua autoestima abalada, que buscará equilibrá-la utilizando seu catalizador como combustível.

Por ser fruto do desequilíbrio, o ego inflado tem uma visão distorcida do que ele considera como "força". Uma frase que gosto muito de usar se encaixa perfeitamente nesta situação, "o forte é o fraco e o fraco é o forte". Na tentativa de sustentar sua autoestima, seu ego termina por utilizar do orgulho, da arrogância, da prepotência, da confiança excessiva e várias outras atitudes que ele enxerga como fortes, ironicamente, elas serão fonte de fraqueza para o indivíduo.

Entenda que não necessariamente o indivíduo deve ter estes aspectos de forma acentuada para ser prejudicado por eles, a verdade é que as pequenas ações, com pequenos toques destes aspectos, são o suficiente para prejudicá-lo, "o demônio mora nos detalhes".

Denomino o indivíduo nesta situação como "egóico". Um indivíduo egóico irá desregular todo o ambiente ao seu redor, e terminar por sabotar sua vida e de seus próximos, inconscientemente, para evitar com que os pilares de sua autoestima sejam abalados, por possíveis fracassos. A procrastinação é um dos principais exemplos disso, mas também podemos atribuir ao ego fracassos amorosos, profissionais, familiares, em suma, de todas as ordens.

No entanto, o ego não é um vilão por completo, um indivíduo com sua vida em equilíbrio terá o ego como um catalisador para sua autoestima, enquanto seu combustível será o amor, a fé, a gratidão, o respeito e a humildade, atitudes que são fontes da verdadeira força.

O perdão

Dos males do ego, o maior de todos é o trauma, dele surgem as "crenças limitantes". Um indivíduo egóico é incapaz de perdoar, deste aspecto do ego surge o trauma. Esse entendimento é importantíssimo para o próximo item, uma vez que será discutido o amor e o bem que ele fará em sua vida.

Afirmo isso por que o amor tem uma ligação bastante delicada com o perdão. Um indivíduo incapaz de perdoar nunca será completo no amor, uma vez que terá o ego como um agente que irá sabotar suas relações amorosas, das mais variadas maneiras, do mesmo jeito que ele faz como todos os outros aspectos de sua vida. Por este motivo, o trauma que atrapalha o amor eu chamo de "distorção amorosa".

Somente somos capazes de amar por inteiro quando estamos em equilíbrio com nosso ego.

A verdadeira força

A maior força que podemos ter é o amor, uma vez que dele deriva tudo o que nos dá sustentação para superar os problemas da vida.

O amor ágape é o amor que se conecta ao divino, é o amor incondicional ao próximo, em sua forma mais pura, ele se separa das atitudes e as releva, é superior a qualquer erro ou mágoa.

O amor fíleo, ou *phileo*, é o amor fraterno, ao próximo com quem você se relaciona. Apesar de fraterno, não se limita somente à família, ele abrange qualquer indivíduo com quem se tenha uma relação mútua e recíproca, como amigos próximos.

O amor eros é o amor acompanhado pela sexualidade, é o amor que vai ter como objetivo completar o indivíduo, ao se relacionar com pessoas que tenham imperfeições diferentes das suas. Em minha verdade, este amor só surge após a amizade, quando surge a confiança, e a paixão, quando surge a admiração. Dele vem o conflito, em um processo interminável de evolução bilateral, neste processo, aprender a acolher as imperfeições do parceiro é o maior nível de evolução, a partir desse processo surge a intimidade. O amor eros é sinônimo de desafio.

O indivíduo que está em dia com o amor, em todos os níveis, será um indivíduo equilibrado, ele será capaz de ter fé, gratidão, respeito e humildade, uma vez que estes são frutos do amor. Para ele, o sucesso pessoal, de qualquer caráter, vem naturalmente.

A fé nos dá a habilidade de enxergar adiante, de acreditar no que ainda não vimos, no oculto, no que não há percepção visual e, sim, nas nossas emoções e sentimentos, ela não necessariamente está atrelada ao divino, mas está ligada à esperança de que nossos problemas são passageiros, que nossa vida é maior do que todos os desafios e que seremos capazes de alcançar aquilo que almejamos, apesar dos pesares.

Como um espiritualista, enxergo a gratidão como uma conexão com o divino, costumo chamá-la de "o obrigado da alma", ela nos permite enxergar o lado positivo de nossos problemas, uma vez que somos gratos por tudo o que temos, por mais insignificantes que pareçam, e, assim, seremos capazes de identificar o lado positivo em qualquer situação, por mais desfavorável que ela seja.

Do respeito seremos capazes de alcançar a validação. Validação pessoal, por que seremos capazes de compreender nossos limites, e a validação ao próximo, uma vez que poderemos compreender as diferenças, e respeitar a ambos.

Da humildade parte a força para admitir que somos pequenos, que nossos anseios são ínfimos, e que estamos sob a égide de um plano maior, quer você acredite no divino, ou na causalidade, e que por mais que não o entendamos, devemos ter a certeza que este nos guia para a evolução e que, amanhã, em algum nível, seremos melhor do que hoje. Somente assim somos capazes de não nos deixar abalar por nossos fracassos.

Para finalizar

Do que a constelação se trata? Trata-se de autoconhecimento, de entender seu inconsciente e os padrões que ele projeta em seu dia a dia, muitas vezes nocivos. O autoconhecimento em alinhamento com os ensinamentos de Hellinger e as técnicas que desenvolvi são as ferramentas que um indivíduo precisa para alcançar a harmonia. Ao ter harmonia com sua essência, ele será capaz de superar as dificuldades. Este é o *mindset* infalível para o sucesso.

Neste artigo, exponho minhas verdades, várias outras interpretações são possíveis a partir de cada um dos aspectos apresentados, todavia, esta é a visão de mundo que tento demonstrar aos meus clientes, e posso lhe assegurar, querido leitor, que mal nenhum lhe ocorrerá se abraçar estes ensinamentos.

Espero que tenha sido, por mais que minimamente, engrandecido de alguma forma por esta leitura. A você, como costumo me despedir de todos que me rodeiam, gratidão sempre!

48

A voz que vem do coração

Qual é o seu propósito de vida? Neste capítulo, você irá descobrir como o *life coaching* pode ajudá-lo no processo de autodescoberta e transformação, para que seja possível alcançar seus objetivos e viver de forma plena

Sônia dy Ventura

Sônia dy Ventura

Terapeuta transpessoal, palestrante, *practitioner* PNL. Facilitadora em *life coaching* e *ThetaHealer®*. Atualmente, cursa especialização em Psicologia Positiva. Fundou o Instituto Ventura Desenvolvimento Humano. Criadora do Método Naturalmente, Inspirando Mentes Naturalmente Livres.

Contatos
sonia.coach@yahoo.com
Instagram: @institutoventura

> "A gente vive em voz alta. Mas, às vezes, a gente não ouve."
>
> Guimarães Rosa

Nos dias de hoje, a tecnologia avançou muito e, por conta disso, o tempo se tornou cada vez mais escasso. Quando tudo parece mais estressante, é o momento de fazer uma pausa e trazer de volta seus sonhos e objetivos, aquilo que o impulsiona a seguir em frente na vida. Mas, como transformar a sua realidade? O primeiro passo é voltar-se para si mesmo, confiar nos seus instintos e na voz que vem do seu coração. Afinal, todas as respostas para suas perguntas estão dentro de você.

"Ah, mas isso é uma tarefa muito complicada!". A princípio, pode parecer... Mas, com tantos avanços, surgiram ferramentas poderosas para ajudar nessa tarefa. O *coaching* é uma delas. A expressão usada nos esportes consiste em conduzir o cliente (*coachee*) do estado atual, para o estado desejado em vários aspectos. Afinal, todos nós desejamos uma existência mais significativa e plena de realizações.

Certamente, o *life coaching* (ou *coaching* da vida) é um nicho muito amplo, pois trabalha vários aspectos, tais como: relacionamentos, emagrecimento, finanças, inteligência emocional, entre outros. Ao definir o tema a ser trabalhado, o *coachee* precisa estar totalmente comprometido com o processo no qual o *coach* utilizará. As ferramentas utilizadas auxiliam a detectar bloqueios e crenças limitantes que o impedem de alcançar os seus objetivos. A cada sessão é necessário que se cumpram as tarefas solicitadas pelo profissional, pois são elas que o ajudarão a descobrir o seu verdadeiro potencial e aproveitar os benefícios que o *coaching* pode oferecer.

Passar por um processo de *coaching* é uma jornada de autoconhecimento, capaz de despertar a sua consciência para o encontro com a sua verdadeira essência e voz interior. A voz que vem do coração. Os princípios que regem essa ferramenta são intrínsecos aos de duas teorias de aprendizagem e crescimento humano, desenvolvidas nos Estados Unidos: a psicologia positiva e a psicologia cognitiva.

Marting Seligman desenvolveu, nos anos 90, a ciência da psicologia positiva, que atribui a conquista do sucesso à utilização das nossas forças internas. Por meio dela, podemos aperfeiçoar os seguintes valores:

> **Engajamento, interesse.** É a capacidade de estar conectado com a vida, por meio da crença de que o aprendizado é constante e que podemos curtir a vida de forma mais prazerosa quando estamos aprendendo.

Sentido, propósito. É a construção de uma perspectiva de vida com base em objetivos maiores, amplos e que nos impulsionam para uma vida mais plena de realizações.

Autoestima é o amor a si mesmo, como uma forma de valorizar a nossa história pessoal, respeitando nossos limites, sentimentos, fraquezas e forças.

Otimismo é a crença de que o futuro vai ser melhor, que as perspectivas da vida irão trazer novas oportunidades melhores e maiores.

Resiliência é a capacidade de se recuperar de uma adversidade ou obstáculo em menor tempo, e acreditar que é possível ser feliz apesar da dor.

Relacionamentos positivos se constituem em uma forma de manter a nossa humanidade, pois a nossa essência como seres humanos é estar em contato com outras pessoas e construir juntos a nossa identidade.

Essas são seis métricas básicas para orientar você na construção de uma vida mais plena e significativa, retiradas do artigo "A verdade sobre o *life coaching*: o que é? Como funciona? Onde se aplica?", de Paulo Antônio Almeida.

Nos anos 70, Aaron Beck nos trouxe outra visão da psicologia cognitiva. O conceito de cognição está associado ao planejamento dos pensamentos, da linguagem e da memória. Ele nos explica que são as nossas crenças limitantes que influenciam, diretamente, nosso pensamento e geram emoções que nos afetam positiva ou negativamente. Isso cria o modo como olhamos para nós mesmos.

Esse processo o estimula a buscar respostas para diversas indagações, acelera resultados no crescimento de todas as áreas a serem trabalhadas e traz novas perspectivas a partir de um método comprometido com o seu sucesso. Isso o auxilia a transformar as crenças limitantes (ou destrutivas) de modo positivo, estabelecendo uma nova forma de ver e viver com mais confiança em si mesmo.

Alcançar conquistas e vitórias exige esforço, determinação, disciplina e pontualidade. São regras básicas para a conclusão do método. O reconhecimento diante dos esforços é fundamental para a construção da relação entre *coach* e *coachee*. Isso o ajudará a atingir excelentes resultados de equilíbrio emocional e espiritual, gerando, assim, uma maturidade consciente e responsável.

O *life coaching* desperta uma compreensão e um aprofundamento na realização do autoconhecimento e do propósito de vida. Você sabe qual é o seu? O que faz sentido para você? É sobre isso o que vamos falar agora.

Aquilo que desejamos necessita de um propósito, é o que o motiva a conquistar suas metas e objetivos. Reconhecer-se é fundamental para se reconectar com o seu Eu interior. Conectar-se com todas as partes de si mesmo, ter discernimento daquilo que se quer.

Quando nos deixamos levar pela dúvida e não prestamos atenção a nossa voz interior (ou simplesmente intuição), muitas vezes, nos sentimos desestimulados e desistimos, ficamos na procrastinação e não atingimos o que realmente queremos.

Dar ouvidos a sua voz interior o desperta para um propósito de vida, ter uma ação positiva, criar um plano de ação e sair da zona de conforto lhe trará resultados, mudanças e transformações. Criar um passo a passo o ajuda a encontrar uma direção, gerir melhor o seu tempo, se comprometer com os resultados e ter disciplina. Isso aumenta sua capacidade de confiança e empoderamento para realizar seus sonhos e objetivos.

Descobrir seu propósito de vida é dar sentido a ela, ter o domínio das suas necessidades, estar determinado a desenvolver suas habilidades e viver com plenitude. Para isso, é necessário entender suas dificuldades e reconhecer o que está preestabelecido, despertando, assim, sua consciência para encontrar o verdadeiro sentido para caminhar com coragem. Olhar para dentro de si e reconhecer sua história.

> "A felicidade é o sentido e o propósito da vida, o único objetivo e a finalidade da existência humana. "(Aristóteles)

Felicidade realista

A princípio, bastaria ter saúde, dinheiro e amor, o que já é um pacote louvável, mas nossos desejos são ainda mais complexos. Não basta que a gente esteja sem febre: queremos, além de saúde, ser magérrimos, sarados, irresistíveis. Dinheiro? Não basta termos para pagar o aluguel, a comida e o cinema: queremos a piscina olímpica e uma temporada num *spa* cinco estrelas. E quanto ao amor? Ah, o amor... não basta termos alguém com quem podemos conversar, dividir uma pizza e fazer sexo de vez em quando. Isso é pensar pequeno: queremos AMOR, todinho maiúsculo. Queremos estar visceralmente apaixonados, ser surpreendidos por declarações e presentes inesperados, jantar à luz de velas de segunda a domingo, sexo selvagem e diário, ser felizes assim e não de outro jeito. É o que dá assistir tanta televisão. Simplesmente esquecemos de tentar ser felizes de uma forma mais realista. Ter um parceiro constante pode, ou não, ser sinônimo de felicidade. Você pode ser feliz solteiro, feliz com uns romances ocasionais, feliz com um parceiro, feliz sem nenhum. Não existe amor minúsculo, principalmente quando se trata de amor próprio. Dinheiro é uma benção. Quem tem precisa aproveitá-lo, gastá-lo, usufruí-lo. Não perder tempo juntando, juntando, juntando. Apenas o suficiente para se sentir seguro, mas não aprisionado. E se a gente tem pouco, é com esse pouco que vamos tentar segurar a onda, buscando coisas que saiam de graça, como um pouco de humor, um pouco de fé e um pouco de criatividade. Ser feliz de uma forma realista é fazer o possível e aceitar o improvável. Fazer exercícios sem almejar passarelas, trabalhar sem almejar o estrelato, amar sem almejar o eterno. Não sejamos vítimas ingênuas dessa tal competitividade. Se a meta está alta demais, reduza. Se você não está de acordo com as regras, demita-se. Invente seu próprio jogo. Faça o que for necessário para ser feliz. Mas, não se esqueça de que a felicidade é um sentimento simples, você pode encontrá-la e deixá-la ir embora por não perceber sua simplicidade. Ela transmite paz e não sentimentos fortes que nos atormentam e provocam inquietude no nosso coração. Isso pode ser alegria, paixão, entusiasmo, mas não felicidade... O tempo não para! Só a saudade é que faz as coisas pararem no tempo.

(Martha Medeiros)

Vamos pelo menos tentar ser felizes da melhor maneira.

O melhor a fazer é cuidar si mesmo, esse é o caminho que conduz você até a felicidade.

Ter fé e acreditar nos seus desejos mais complexos. Ser criativo nas possibilidades do improvável... Almejar seus objetivos e exercitar o caminho da felicidade.

O relógio. Ah! O relógio. O tempo que já não é sem tempo de acreditar que a vida é um Universo de possibilidades. De fazer a vida acontecer no tempo certo.

Pensar, pensar e olhar pra dentro de si e ver o que o move e o faz pensar que ser feliz vale a pena.

A vida não é simplesmente um jogo, a competitividade pode estimulá-lo a criar metas e objetivos. Reinventando-se nesta jornada, fazendo o impossível tornar-se possível para ser feliz.

Busque a paz do seu coração e encontrará uma inesgotável fonte de vida pulsante pela felicidade.

Ah o tempo, é sempre tempo de ser feliz!

49

A melhor ferramenta para o sucesso

Neste capítulo, vamos falar de maneira prática do que você precisa saber sobre si mesmo para atingir o tão esperado sucesso. Se você é a principal ferramenta para o seu sucesso, temos que aprender a obter o máximo proveito dos nossos talentos, passando pelo processo de se conhecer melhor

Wagner Steffen

Wagner Steffen

Formado em Engenharia de Produção pela Federal de São Carlos, percebi cedo que lidar com pessoas era uma vocação maior do que lidar com processos. Depois de uma primeira mudança de carreira para uma empresa de treinamento e desenvolvimento, resolvi que precisava lidar com o desenvolvimento humano de forma mais pessoal e profunda. Então, passei a realizar processos individuais de mudança de carreira e a ministrar cursos de autodesenvolvimento. Tenho como missão pessoal mudar a relação de todas as pessoas com o trabalho, transformando a profissão em algo prazeroso, significativo e divertido.

Contatos
www.desafiocerto.com
wagner@desafiocerto.com
(11) 98686-2836

Êxito em geral

Ao falarmos de sucesso, é importante refletirmos o que ele significa. Você deve já ter ouvido falar de pessoas que consideram dinheiro um sinônimo de sucesso, enquanto outras acham que uma vida simples e a construção de família, são suficientes para esse sentimento de preenchimento que todos buscamos.

Uma boa dose de autoconhecimento vai trazer não só mais clareza para o significado que esse conceito tem para você, como também vai aumentar suas chances de alcançá-lo.

Já passou pela sua cabeça que não só a principal, mas também a única ferramenta para obter seu sucesso é você mesmo? Sem saber como utilizar das suas próprias habilidades, ou mesmo respeitar suas preferências e desejos, você pode estar caminhando para uma vida não apenas de pouco sucesso, mas também frustrada e triste.

O que vamos tentar fazer neste capítulo é iniciar sua jornada, rumo ao conhecimento sobre quem você é e o que você faz de melhor. Apesar de parecer um pouco nebuloso de cara, garanto que vamos tratar este assunto de forma prática e voltada para o principal resultado de todos – o seu sucesso.

Para mostrar isso, vamos falar do método de autoconhecimento que a grande maioria das pessoas já ouviu falar e que, historicamente, vem sendo uma maneira de iniciar esse estudo sobre nós mesmos.

Testes de personalidade

É difícil falar de autoconhecimento sem falar desse tipo de ferramenta. Testes de personalidade ou de temperamento psicológico têm uma importância histórica nesse assunto. Se usados com cautela, são uma excelente forma de começar a se conhecer melhor.

Você pode ter a opinião que quiser sobre eles – e pela minha experiência, essas opiniões não são as melhores – mas o fato é que eles são, sim, uma boa forma de se autoconhecer. Eles podem trazer algumas verdades doloridas e também confirmar fatos que você já sabia, mas sempre vão ser um reflexo das suas respostas. Por isso, é importante que você tente ser o mais sincero possível ao responder os questionários – cada pergunta é um pequeno momento de autorreflexão.

Exemplos famosos de testes assim são o MBTI, o DISC, eneagrama, inteligência emocional, âncoras de carreira, entre outros – cada um vai fazê-lo entender uma faceta diferente de quem você é.

Os resultados são antigos

Ao fazer um *assessment* assim, você deve se perguntar quem é que inventou tanto conteúdo e de onde veio essa ideia de dividir as pessoas em tipos de personalidade. Pois saiba que essa ideia é bastante antiga. Como exemplo, podemos citar a divisão dos humores de Hipócrates, que consistia em quatro tipos de personalidades baseadas em aspectos como dominância e extroversão. Essa teoria vem de mais de 400 a.C e, mesmo sendo bastante antiga, ainda temos teorias asiáticas que são mais antigas e complexas.

Um CEP, não um endereço

Se quiser tentar fazer um desses testes para começar a ter algumas ideias sobre você mesmo, fique à vontade. O exercício que vamos fazer vai ser bem mais simples.

Mas ao fazer, eu quero que você lembre que apesar de diferentes, todos esses métodos de autoconhecimento são estudos de grupo e, portanto, não devem ser tomados como uma verdade absoluta e completa sobre quem você é.

Essas ferramentas vão posicioná-lo em uma região grande de características, e falar como o grupo no qual você está inserido geralmente se comporta. Ou seja, ele não diz exatamente quem você é, mas te dá características possíveis, que pessoas que responderam as perguntas de forma similar possuem. Há duas armadilhas que vocês podem cair que são igualmente perigosas e que podem ser evitadas, entendendo que o seu perfil é apenas uma região geral de comportamento. Vamos a elas:

1. Desacreditar propositalmente de tudo: com um tom de desafio ao conteúdo disponibilizado, você decide rebeldemente discordar de cada palavra dita a seu respeito. Ao pensar que você é especial demais para ser definido por qualquer teste que seja, você decide que nenhuma descrição vai te limitar. O problema disso é que você pode perder reflexões preciosas e negar características em você, sem ao menos considerá-las. É importante refletir sobre o conteúdo do seu perfil, com uma visão de aceitação crítica, mas não podemos ter a negação como a única diretriz.

2. Aceitação incondicional: como já falamos, o seu resultado é um amplo conjunto de características. Algumas você tem, outras não. Tomar tudo como realidade, pode retirar o seu protagonismo, fazendo com que você justifique ações erradas ou problemas por conta do seu perfil. Além disso, você pode inadvertidamente, simular características que você não tem, apenas porque seu perfil disse que você teria. É importante refletir sobre as características de forma analítica e construtiva.

Exercício de autoconhecimento

Depois de tudo que falamos, vamos começar um exercício bem simples de autoconhecimento, para obter algumas habilidades e comportamentos que mais o definem. Lembrando que isso é um exercício simples, e deve ser tratado apenas como o início do seu processo de autoconhecimento.

Vamos explorar comportamentos primariamente, mas é possível que as pessoas confundam e incluam atividades que você faz bem. Não há problemas com isso. Todo dado é válido nesse momento. Que pessoas, você diz? Vamos falar disso agora.

A primeira coisa que você deve fazer para esse exercício, é mandar a seguinte mensagem para pelo menos cinco pessoas de diferentes ciclos sociais (trabalho, família, etc.):

"Bom dia/Boa tarde/Boa noite.

Preciso de sua ajuda para um exercício que estou fazendo. Por favor, me descreva em cinco adjetivos, podendo ser eles positivos ou negativos. Sua resposta é muito importante e eu agradeceria muito se você respondesse assim que possível! Obrigado!"

Agora, descreva a si mesmo(a) com cinco adjetivos e os coloque na primeira coluna da tabela abaixo:

	Seus adjetivos	Adjetivos dos outros	Análise final
1			
2			
3			
4			

Alguns exemplos de adjetivos podem ser encontrados na planilha abaixo.

Negativo	Atencioso	Falante	Maduro
Criativo	Único	Harmônico	Organizado
Tímido	Sincero	Paciente	Calmo
Empático	Adaptável	Bom Humor	Receoso
Impaciente	Trabalhador	Gentil	Lógico
Versátil	Desanimado	Justo	Questionador

Agora, colete as respostas dos seus amigos e coloque as cinco respostas mais intrigantes na segunda coluna. Essa vai ser a coluna que representa como as pessoas te enxergam. Lembre-se de retirar qualquer inconformidade, como habilidades técnicas. Estamos buscando comportamentos.

Por último e mais importante, faça uma análise final entre os adjetivos que você gerou e os adjetivos coletados das outras pessoas. Na última coluna, coloque os adjetivos que melhor o descrevem. Estes últimos podem ser adjetivos em comum entre as duas primeiras listas, interpretações suas, dos adjetivos, dos seus amigos, ou até mesmo coisas novas.

Fique tranquilo, pois vamos dar um exemplo a seguir.

Um exemplo de preenchimento

Para ficar ainda mais claro o exercício anterior, vamos considerar um personagem chamado Gael. Gael resolveu começar seu processo de autoconhecimento com este exercício.

Primeiro, ele enviou a mensagem para seus amigos. Enquanto aguardava as respostas, preencheu a primeira coluna do exercício. Então, escolheu os adjetivos mais interessantes dentre as respostas dos amigos e os colocou na segunda coluna. Por fim, fez a sua análise final, que será explicada abaixo.

	Seus adjetivos	Adjetivos dos outros	Análise final
1	Autêntico	Simpático	Autêntico
2	Carinhoso	Empático	Empático
3	Empático	Canta bem	Adaptável
4	Resiliente	Legal	Resiliente
5	Adaptável	Adaptável	Carismático

Em sua análise, Gael entendeu que dos cinco adjetivos em que ele se autodescreveu, apenas dois (empático e adaptável) foram adjetivos em comum com seus amigos. Então, colocou esses dois na sua última coluna.

Além disso, sentiu que outros dois adjetivos o descreviam muito bem, mesmo não recebendo uma confirmação de nenhuma das pessoas para as quais enviou a mensagem. Ele sentiu que a sua autoanálise estava correta e os inseriu em sua análise final (autêntico e resiliente).

Por fim, interpretou algumas das outras percepções dos amigos, e adicionou mais um que ele considerou resumir as percepções que tiveram dele (carismático).

Vale também ressaltar que um dos amigos de Gael disse que ele cantava bem e, apesar de ser uma habilidade que ele considera ter, estamos buscando comportamentos. Ele resolveu riscar de sua lista essa consideração.

E agora?

Com este exercício, vamos obter alguns comportamentos que nos descrevem com bastante precisão. Com a percepção interna aliada à percepção de pessoas que convivem conosco, fazemos com que os adjetivos finais sejam um bom início de autoconhecimento.

Agora que você teve um gostinho de autoconhecimento, se faça algumas perguntas-chave:

- Houve algum comportamento que você percebeu que na verdade não tem, apesar de inicialmente ter achado que tinha?

- Qual desses adjetivos foi uma grande novidade?

- A percepção dos outros sobre você o surpreendeu?

- Houve pontos negativos que você não achou que tinha?

- Houve uma reflexão sobre os seus comportamentos reais, ao fazer a última coluna?

- Você quer se entender com ainda mais propriedade?

Após fazer essas perguntas-chave, perceba os seus comportamentos nos próximos dias e tente identificar quando os que você aprendeu que tem, se manifestam mais.

Se você passar a perceber os seus comportamentos com mais propriedade, vai começar a controlá-los com mais facilidade. Seja utilizando um ponto forte de uma forma que você não imaginou a princípio, até controlando um comportamento hostil para que ele não o prejudique.

De qualquer maneira, o autoconhecimento aumenta o controle sobre a sua principal ferramenta de sucesso: você mesmo.

Espero que tenha se utilizado desse pequeno conhecimento para a sua maravilhosa jornada rumo ao seu sucesso, não importa qual seja ele!

50

Encontre o seu propósito

Fazer uma transição de carreira não é uma tarefa simples. Somos influenciados por vieses inconscientes que podem afetar nossa percepção, julgamento e tomada de decisão. Então, o que fazer? O ideal é manter-se flexível, agir com mentalidade de crescimento e buscar seu Ikigai para fazer escolhas com propósito

Yoshie Komon

Yoshie Komon

Coach certificada na metodologia de *neurocoaching results coaching systems* (RCS) do *NeuroLeadership Institute* (NLI). *Associate certified coach* pela International Coaching Federation (ICF). Pós-graduada (Lato Sensu) em especialização em consultoria de carreira pela FIA Business School. Graduada em língua e literatura inglesa pela PUC-SP e pós-graduada em administração de RH pela UnIb-SP. Faz parte da equipe de *trainers*, *coaches* e mentores da metodologia RCS pelo NLI Brasil/Fellipelli. Atua como *coach* de carreira, executivo, de grupo e de equipe. Também atua com treinamentos para liderança e equipe. Carreira de 18 anos na área de treinamento e desenvolvimento de pessoas em empresas multinacionais e nacionais.

Contatos
tser_talentos@yahoo.com.br
LinkedIn: yoshie komon
Skype: yoshie.komon
(11) 99605-8078

Cansado de fazer o que faz hoje? Desencantado com seu emprego? Buscando algo novo para fazer? Bem-vindo ao clube, você não é o único. Mas o que fazer quando surgem essas dúvidas? Ao mesmo tempo que dá uma vontade para se soltar e abandonar tudo para "buscar a felicidade", vem junto uma sensação de medo e insegurança. Dúvidas que passam pela cabeça do tipo: você é louca em abandonar tudo que conquistou até agora? E se não der certo? O que os outros vão dizer? Que preguiça em começar tudo de novo. Pois é, esses pensamentos também passaram pela minha cabeça quando fiz minhas transições de carreira.

Comecei como secretária bilíngue, mudei para analista de treinamento, fiz as progressões hierárquicas tradicionais, mudei várias vezes de empregadora, até chegar na posição de gerente de treinamento. Todas essas mudanças foram por escolha minha, pois me sentia incomodada com a necessidade de encontrar algo que me trouxesse um significado maior para o que eu fazia. Fui considerada rebelde, porque nessa época (década de 1980) o que era valorizado era estabilidade e hierarquia. A mentalidade das empresas não favorecia mudanças como a que eu queria.

Confesso que sempre coloquei minha ambição profissional em primeiro lugar. Mas, por uma série de desventuras, que não é relevante para este caso, em 2008, fiquei diante de um dilema entre o profissional e o pessoal. Foi quando decidi fazer uma nova transição de carreira. Saí de um emprego CLT, para atuar como profissional autônoma, abrindo meu CNPJ como consultora.

Surgiram outras dúvidas e medos tais como: não sou boa em vendas, como farei para atrair clientes? Como lidar com a falta do salário mensal? Como lidar com as burocracias de ter minha própria empresa? Para minha sorte, tive ajuda de uma consultora de carreira, que extraiu de mim um potencial em pedra bruta.

Vieses inconscientes

A forma como enxergamos o mundo é pessoal e única. Como já foi constatado pelos neurocientistas, não há dois cérebros iguais. Por que isso? Porque nossa visão de mundo é formada a partir de nossas experiências, cultura em que estamos inseridos, educação e valores que nos foram passados, entre outras coisas que o cérebro transforma em padrões. Essa bagagem que vamos acumulando ao longo da vida influencia nossa forma de ver, julgar e decidir.

Os ganhadores do Prêmio Nobel de Economia, em 2002, os psicólogos israelenses Daniel Kahneman e Amos Tversky, constataram que "as pessoas tomam decisões baseadas em questões objetivas, mas são igualmente influenciadas por suas emoções, crenças e intuições". Segundo eles, o pensamento é processado por meio de dois sistemas, sendo um mais rápido e intuitivo, quando agimos no "piloto automático" para o qual acionamos os padrões já instalados. O sistema dois é mais lento, reflexivo e racional, opera de maneira reflexiva e analítica.

Como o cérebro é estimulado por milhares de informações por segundo, tem uma capacidade limitada de processamento e tem de tomar uma centena de decisões diariamente, reage rapidamente usando o sistema um. Como esse sistema opera em nível inconsciente, ou seja, não percebemos que isso acontece, nosso comportamento e decisões ficam sujeitos aos vieses inconscientes. Há vários tipos de vieses, mas eis alguns exemplos:

Viés de confirmação: quando consideramos somente as evidências que comprovam nossas crenças. Já dizia Henry Ford: "se você acredita que pode ou acredita que não pode, em ambos os casos estará certo". As consequências disso são não enxergar as oportunidades que surgem à sua frente e não acreditar no próprio potencial.

Viés de aversão à perda: quando decidimos manter um status quo, por mais ruim que seja, por receio de perder o que já foi investido (tempo, dinheiro, energia). As consequências disso são permanecer em um emprego insatisfatório ou se submeter a condições degradantes, por medo de perder algo.

Viés de aversão ao risco: quando evitamos decisões com resultado incerto. As consequências disso são perder oportunidades de maiores recompensas e de realização em fazer algo diferente.

Em contrapartida, segundo Albert Bandura, professor de psicologia da Universidade de Stanford, com vários livros publicados sobre motivação e autoeficácia:

> As crenças de eficácia delineiam os resultados que as pessoas esperam que seus esforços produzam (....). Quanto mais forte a percepção de eficácia, maiores os desafios que as pessoas estabelecem para si mesmas, e mais forte seus compromissos com eles(...).

As crenças de eficácia também determinam como os obstáculos e empecilhos são vistos. As pessoas com baixa eficácia focam nos custos e riscos a serem evitados, ao invés de nas oportunidades. Eles são convencidos facilmente da futilidade do esforço em face às dificuldades. Já aqueles com eficácia alta veem as dificuldades como superáveis por meio de desenvolvimento e esforço".

Comparando com o que Carol Dweck apresenta no livro *Mindset: a nova psicologia do sucesso*, essas crenças de eficácia alta equivaleriam ao que ela chama de mentalidade de crescimento. Em outras palavras, a mentalidade de crescimento considera que as competências e as habilidades podem ser desenvolvidas por meio do esforço e da experiência. Sendo que a mentalidade fixa (eficácia baixa) é aquela que está atrelada a tudo o que o indivíduo já possui, tais como conhecimento e competência, que acredita serem imutáveis, e do qual sente orgulho e tem medo de perder ou de ser julgado. É importante entender que todos nós transitamos entre essas duas mentalidades. O que precisamos fazer é intencionalmente acionarmos a mentalidade de crescimento.

Os vieses inconscientes não são percebidos pela própria pessoa, por isso, contar com um *coach* ou um consultor de carreira poderá ajudá-lo a identificar se isso surgir; bem como na elaboração de uma estratégia de ação, reforçando as crenças de eficácia alta, para conquistar seu objetivo.

Você sabe o que é *Ikigai*?

IKIGAI é uma filosofia japonesa que significa algo próximo de "razão para viver". IKI = vida e KAI = valer a pena. Ou seja, aquilo que traz significado para viver; seu propósito.

Os autores do livro *Ikigai – os segredos dos japoneses para uma vida longa e feliz*, Hector Garcia e Francesc Miralles, realizaram estudos e análises na ilha de Okinawa, no Japão, cujos habitantes têm uma vida centenária (maior índice de longevidade do mundo). Concluíram que o segredo dessa longevidade vai além dos hábitos saudáveis de alimentação e atividade física. Há algo mais que os fazem permanecer ativos e satisfeitos até o fim de suas vidas, que chamam de *Ikigai*.

Segundo eles, todas as pessoas têm *Ikigai*, mas, para descobri-lo, é necessário fazer uma investigação mais profunda em si. Uma vez identificado, pode se tornar um orientador fantástico para nossas escolhas de vida. No nosso caso, darei foco no que tange a questão profissional.

Outro livro chamado *Finding your Ikigai: how to seek your purpose in life*, o autor Eiver Stevens propõe uma reflexão de como usar nossos talentos para fazer diferença no mundo, se sentir realizado e ser remunerado por isso.

As quatro dimensões definidas no conceito do *Ikigai* são: paixão, missão, profissão e vocação.

1. Paixão é a combinação entre o que faço bem com o que amo fazer;
1. Missão é a combinação entre o que amo fazer e o que o mundo necessita*;
2. Profissão é a combinação entre o que faço bem e sou paga para fazer;
3. Vocação é a combinação entre o que precisam e sou paga para fazer.

(*) tudo que gera resultados positivos nas pessoas e no ambiente de maneira significativa, não está associado as causas sociais e ambientais.

Tradução do diagrama apresentado no livro *Finding your Ikigai* (2017).

Segundo o autor, o que acontece na maioria das vezes é que essas combinações são parciais, tais como:

1. Paixão: amo o que faço e sou talentoso, mas isso não traz resultados positivos para o mundo e tampouco recompensa financeira;

2. Missão: amo o que faço e contribuo positivamente com meu trabalho, mas isso não me traz recompensa financeira;

3. Profissão: amo o que faço e sou pago para isso, mas não me traz realização pessoal;

4. Vocação: sou pago para realizar determinado trabalho, embora não tenha todas as competências e habilidades necessárias e tampouco me sinta realizado com isso.

E há quatro emoções que podem afetar o sucesso na busca do *Ikigai*:

1. Satisfação: quando faço algo que gosto, faço bem e sou remunerado, posso me sentir satisfeito. Entretanto, sinto que não me traz autorrealização, mas fico preso a ele (viés aversão ao risco);

2. Conforto: ao fazer algo na qual sou talentoso, atendo as demandas necessárias e sou (bem) remunerado, com isso posso ficar preso na "zona de conforto" (viés aversão à perda) que a remuneração me proporciona. Contudo, posso sentir um certo vazio fazendo coisas rotineiras e sem um senso de realização, que o dinheiro não pode comprar;

3. Motivação: faço algo que amo, atendendo as demandas necessárias e sou pago por isso, o que me gera estímulo e motivação para sair da cama e ir trabalhar. Mas, se não sou muito talentoso naquilo que faço, posso ser tomado por sentimento de insegurança e ansiedade (viés de confirmação), com medo de ser demitido por não atender as exigências ou por surgir alguém melhor do que eu;

4. Prazer: é muito bom fazer algo que atenda às necessidades do mundo fazendo algo de que gosto e na qual sou talentoso. Porém, continuo tendo compromissos financeiros. E não ter retorno econômico torna a atividade inviável.

Então, o ideal é buscar a combinação das quatro dimensões.

Voltando à minha história de vida, não sabia exatamente o que me incomodava na época. Hoje, conhecendo mais a respeito dessa filosofia *Ikigai*, me parece que faz todo o sentido. Aquele incômodo que me fazia mudar constantemente de trabalho era a minha busca de encontrar esse significado.

É provável que eu ainda tenha outras transições a realizar. Alguns estudos indicam que teremos, em média, cinco transições de carreira ao longo de nossas vidas. Faz sentido, considerando que temos uma estimativa de sobrevida chegando aos 90 anos e estou no meio dessa jornada.

Diferentemente do desejo de meus pais, não tenho como meta a aposentadoria para fazer o que eu gosto e ser feliz. Quero fazer o que gosto ao longo da vida, ser feliz a cada momento, e continuar realizando algo que amo fazer, até quando a saúde e as condições físicas e mentais me permitirem.

Mundo líquido

Estamos vivendo uma era dinâmica, em que "nada do que foi será de novo do jeito que já foi um dia", como dizia a música de Lulu Santos. Segundo Zygmunt Bauman, sociólogo polonês e um dos mais importantes pensadores contemporâneos que se dedicou a estudar profundamente a sociedade moderna, o mundo atual é líquido:

"O mundo que chamo de "líquido" porque, como todos os líquidos, ele jamais se imobiliza nem conserva sua forma por muito tempo. Tudo ou quase tudo em nosso mundo está sempre em mudança (...) o que hoje parece correto e apropriado amanhã pode muito bem se tornar fútil, fantasioso ou lamentavelmente equivocado (...) devemos estar sempre prontos a mudar: todos precisam ser, como diz a palavra da moda, "flexíveis".

Além disso, já iniciamos a Quarta Revolução Industrial, orquestrada pelas mudanças tecnológicas que afetarão enormemente nossos paradigmas. Por isso, precisamos nos desapegar do passado e estar abertos para aprender coisas novas, com outras perspectivas. As relações de trabalho estão mudando, os tipos de trabalho também serão bem diferentes, pois muitos dos que conhecemos hoje deixarão de existir e inúmeros outros surgirão.

Isso é bom ou ruim? Eu me arriscaria a dizer ambos. Se por um lado isso nos causa ansiedade e angústia, por outro é extremamente positivo, pois as opções podem ser ilimitadas. Um jovem não ficará mais limitado a fazer uma escolha profissional para o resto de sua vida e os profissionais maduros podem se arriscar em novas transições de carreira.

E se as mudanças são inevitáveis, que tal aproveitar e encontrar seu *Ikigai*?

Referências

BANDURA, Albert; AZZI, Roberta G. *Teoria social cognitiva: diversos enfoques*. Campinas, SP: Mercado de Letras, 2017.

BAUMAN, Zygmunt. *44 cartas do mundo líquido moderno*. Rio de Janeiro: Zahar, 2011.

DWECK, Carol. *Mindset: a nova psicologia do sucesso*. Rio de Janeiro: Companhia das Letras, 2016.

GARCIA, Hector; MIRALLES, Francesc. *Ikigai: os segredos dos japoneses para uma vida longa e feliz*. Rio de Janeiro: 2018.

KAHNEMAN, Daniel. *Rápido e devagar – duas formas de pensar*. Rio de Janeiro: Objetiva, 2011.

STEVENS, Eiver. *Finding your Ikigai: how to seek your purpose in life*. Eternal Spiral Books: 2017.